U0891325

国家社会科学基金重点项目“体育与人的全面发展研究”
（14ATY001）研究成果

SPORTS AND COMPREHENSIVE
HUMAN DEVELOPMENT

# 体育与人的全面发展

常乃军　赵　岷　李翠霞◎著

科 学 出 版 社
北　京

## 内 容 简 介

本书以体育学视域下的人的全面发展为研究主题，将体育与促进人的全面发展紧密结合起来，着重从身体、心理、社会三个维度研究“人的全面发展”问题。本书立足于“创建人的全面发展理论研究的新视角”“唯物史观指引人的全面发展历程”“人的全面发展的实现是历史合力论的体现”“当代中国人的全面发展的差异性现实”“人的全面发展的具体思路”五个研究思路，紧紧围绕“以体育促进人的全面发展”这一研究主题，从宏观理论层面概述了“体育”与“人的全面发展”思想的内涵、特征和演进历程。

本书供体育科研人员、体育专业人员，以及从事相关体育工作的读者参阅。

**图书在版编目（CIP）数据**

体育与人的全面发展 / 常乃军，赵岷，李翠霞著. —北京：科学出版社，2023.6

ISBN 978-7-03-075669-5

Ⅰ.①体… Ⅱ.①常… ②赵… ③李… Ⅲ.①体育－哲学－研究 Ⅳ.①G80

中国国家版本馆CIP数据核字（2023）第099860号

责任编辑：崔文燕 / 责任校对：杨 然

责任印制：李 彤 / 封面设计：润一文化

科学出版社 出版

北京东黄城根北街16号

邮政编码：100717

http:// www.sciencep.com

北京市金木堂数码科技有限公司印刷

科学出版社发行 各地新华书店经销

*

2023年6月第 一 版 开本：720×1000 1/16

2024年1月第二次印刷 印张：16 3/4

字数：300 000

**定价：99.00元**

（如有印装质量问题，我社负责调换）

# 目　录

# 绪 论

## 一、研究背景和意义

马克思、恩格斯是现代性的反思者和批判者，他们对人类最重要的贡献是详细解释了人类的社会发展史，深刻揭示了资本主义生产方式下分工和私有制造成人的片面发展，使人日益陷入物化和片面化的境地。马克思、恩格斯的学说绝不是如“经院哲学”所说的那样只是为了解释世界，其真正的精髓在于致力于改变世界。只有不断地进行社会变革，才能为人的全面发展提供社会条件，创建适合人的全面发展的新环境，历史的不可抗拒性把马克思主义理论与无产阶级解放运动紧密结合起来。哲学把无产阶级当作自己的物质武器，无产阶级也把哲学当作自己的精神武器。马克思恩格斯的解放论绝非仅仅停留在无产阶级的斗争学说，这只是实现人的全面发展的第一步，它还将眼光投向全人类的解放，最终通过共产主义社会的运动及其构建来实现人的本质的真正回归。

马克思主义中关于人的全面发展的主要内涵集中在以下三点：其一，人是自身全面发展的主体；其二，人的全面发展只有在人不断扩大对外部世界的驾驭中（即对象化的实践中）才能实现，实践的层次、水平、范围直接决定着人的发展水平，而实践层次、水平不仅取决于外界条件，更取决于人的实践主体的自身条件，即人的主体意识和主体能力，这是人的全面发展的内在因素和必要条件；其三，社会的发展与人的发展是相对应的，社会的发展以主体素质的提高、潜能的发挥为其发展的动力和前提。

人的全面发展是人类社会发展的价值目标。社会主义与资本主义的最大区别在于，社会主义的各项事业，无论是解放生产力、发展生产力，还是促进社会的全面发展和进步，其最终的落脚点都是促进人的全面发展。人的全面发展既是马克思主义的根本命题和最高价值，也是我国新时代建设的中心任务和治国方略，还是人类社会发展的客观要求和必然趋势，人的发展与社会发展是一个相互促进、永无止境的过程。人的全面发展思想预示着人的全面发展的价值目标，从体育学角度来考察人的全面发展，既有利于我国体育事业的发展，也有利于国家、个人和社会的总体发展。

新中国成立至今70多年的历程中，在人的全面发展问题上，出现过类似苏联的发展倾向。苏联在实现人的全面发展过程中存在三种误区：一是片面地强调物质决定论，注重研究社会宏观理论规律，而忽视了对个体的研究，未处理好“面”与“点”的关系，没有意识到如果“点”出现问题，“面”就不会健康发展，把马克思主义仅仅解释成为物质决定论或阶级斗争学说，人的自由、平等和全面发展以及个性、价值等问题被孤立起来；二是拒绝谈“人”的问题，教条地认为“人”的问题是资产阶级的专利，谁谈人的问题就是与国家机器对着干，就是资产阶级自由化的回袭，专家、学者只能回避这一话题，所以人的自由、公平、正义和全面发展等也就无从谈起；三是如果抽象地谈论“人”，将马克思主义人道化，超越阶级形态去谈论自由、平等和全面发展，忽略人的自由、平等和全面发展的物质基础，这些最终都成为空中楼阁。

“人的全面发展”既是一个富有前进特性的概念，又是一个具有现实设计可能性的概念。在新时代发展的画卷下，人们参照“人的全面发展”所提出的要求，不断进行社会探索实践。马克思主义中国化在继承和发展马克思主义经典的关于人的能力、需要、社会关系、个性等全面发展思想的基础上，结合中国现状，对“人的全面发展”这个广泛而又极具包容性的概念做了富有价值的探索性思考。

《国务院关于加快发展体育产业 促进体育消费的若干意见》于2014年10月印发，明确了“推动我国由体育大国向体育强国迈进”①的发展方向。在体育活动中，人创造了属于自己的文化，同时被这种文化所塑造的健康的身体是健康心理的先决条件，人是肉体与精神的统一。人的超脱世俗生活之上的更高的

---

① 政策解读：推动我国由体育大国向体育强国迈进. http://sports.people.com.cn/n/2014/1022/c14820-25881963.html.（2014-10-22）[2022-12-22].

精神生活把人与动物区别开来。可以说，健康的体魄是人的全面发展的基础。体育是促进人类身体健康的最为直接与有效的手段。因此，从体育角度研究人的全面发展，有利于人类的整体进步。

## 二、研究的现状和创新

虽然西方许多学派，如法兰克福学派、德国古典学派、理性主义、非理性主义、实证主义、新黑格尔主义等，都对人的全面发展有过详细的论述，但是从体育学角度专门来论证人的全面发展的著作少之又少，大多数观点分散在其诸多哲学观点当中，缺少一种系统性的思维和论断。

针对人的全面发展的内涵问题，国内学者从不同的研究视角进行论证，取得了很多富有建设性的成果，归纳起来主要表现为“‘人’和‘全面发展’的内涵界定”“全面发展与自由发展的关系界定”“人的全面发展的实现条件界定”三个方面。

第一个方面“‘人’和‘全面发展’的内涵界定”，分别主张从“人”的角度界定“全面发展”的内涵和从“全面发展”的角度界定“人”的内涵。

从“人”的角度界定“全面发展”的内涵：一是从发展属性上看，认为马克思所说的人的全面发展思想中的人是个体的人、单个的人，或者说是生活中我们见到的某个人，而不是传统意义上的一类人的整体属性。该观点认为马克思所指的人是具体的个人，注重的是个人全面发展和自由个性的形成。每个人的自由全面发展是社会中所有人的发展的前提条件，只有个体全面发展，才会有整个社会所有人的全面发展，并强调“人”是社会化的人，能从事各种社会劳动，并能正确处理社会各种关系、融入社会。二是从发展覆盖面来看，认为人的全面发展，既不是狭义的某一类发展，也不是单个人的自由发展，而是所有个人（即一切人）的自由发展，也就是说社会全体成员同样的共有的发展。当然也不是说人的全面发展是指所有人都具有相同的才能和能力，每个人的发展程度都不会相同，只要在社会的大熔炉中自由全面地发展，不要求发展的程度高度一致。也正是有限的生命中呈现出多样性，才能构成社会发展的多样性。三是从发展互补性看，认为人的全面发展既有类的整体发展，也有个体的全面发展。也就是说，人类发展和个人发展是既存在区别又存在相互不可分割的关系。

从“全面发展”的角度界定其内涵：一是需要论的全面发展。该观点符合马斯洛的需要发展论，指出人的所有发展，都是在需要的前提下进行的，是一个从低级向高级发展的过程，体现出的人的全面发展是一循序渐进的历史过程。二是人的能力的全面发展。该观点肯定人的能力、潜能、才能是人的全面发展的主要内容，只有人的能力得到全面发展，人的个人价值才会体现，才会成为社会广泛认可的全面发展的人。三是人的能力和素质的全面发展。该观点强调全面发展是体力和智力以及社会适应能力的协调发展，没有个体人文素质的发展，也就谈不上人的全面发展。四是人的个性的全面发展。该观点强调个性的自由发挥就是从社会束缚中解脱出来，自由自主地做事，使个性不再受到压制。五是关系的全面发展。这里所说的关系涉及人与自然、人与社会、人与人三个方面，只有处理好与自然、社会、他人的关系，消除片面化的处事思维，才能实现人的现代化与人的全面发展的统一。六是人的道德品质的全面发展。在人的发展中，最难处理的关系是人与人的关系、人与社会的复杂关系，与他人、社会的关系处理是不可避免的，也是社会中的正常个体发展的内容之一。要处理好其中的矛盾，非常有必要引入社会道德层面的介入干预，调节好人们之间的关系，直到有一天建立起共产主义道德约束机制，才会实现真正意义上的人的全面发展。七是人的劳动的全面发展。这里的劳动是指自由自觉的劳动，这种劳动方式只有在原始社会和共产主义社会才会实现。资本主义私有制下的劳动分工，变成了奴役他人的工具，个体也只把劳动看作谋生的工具，这样的劳动不是马克思在《经济手稿》中所指的那种劳动，直到未来实现了共产主义，劳动才是自由自觉的劳动，人的活动才能表现全面性。八是人的文化的全面发展。当前我国正处于社会转型的关键期，结构调整阵痛期和增长速度换挡期，经济、社会、生态等方面出现了一系列极具挑战性的问题。解决我国所有问题的关键是发展。面对这些社会问题，只有在多元文化碰撞下探究多种意识形态的交锋，坚定马克思主义在我国意识形态领域中的指导地位，才能实现人的全面发展。正如党的二十大报告中提出的，“坚持和发展马克思主义，必须同中华优秀传统文化相结合。只有植根本国、本民族历史文化沃土，马克思主义真理之树才能根深叶茂”“我们必须坚定历史自信、文化自信，坚持古为今用、推陈出新，把马克思主义思想精髓同中华优秀传统文化精华贯通起来”。[①]

---

① 习近平. 高举中国特色社会主义伟大旗帜 为全面建设社会主义现代化国家而团结奋斗——在中国共产党第二十次全国代表大会上的报告. 北京：人民出版社，2022：18.

从国内学术界对于人的全面发展的界定可知，不同时期、不同领域的学者大都从自身的研究视角出发对人的全面发展概念进行界定，均有其合理的地方，但更多地强调某一概念或某一方面，总体上缺乏对概念的综合和系统整合。顾名思义，关于人的全面发展内涵，无非由“人”“全面”“发展”组成，无论以哪个为侧重点，都能从该角度解释人的全面发展理论。综合来看，人的全面发展的内涵界定的核心和重点，应该是三者的有机结合，人是发展的主体，全面是发展的内容，发展本身则强调的是属性，在今后的学术研究中，应该更多地关注发展的问题，尤其是全面发展的实现路径。

第二个方面关于“全面发展与自由发展的关系界定”，主要表现在三个方面：一是人的自由发展占主导地位，其地位高于全面发展；二是人的全面发展占主导地位，其地位高于自由发展；三是人的全面发展和人的自由发展都是实现人的全面发展的前提条件。研究者认为马克思、恩格斯的人的全面发展思想中的人的发展自由和全面程度是并列关系。人的自由而全面的发展是马克思对人的全面发展的理想状态的准确描述和理解，在人的发展远景中，二者的地位是平等的；从字面意思上看，通过连接词“而”衔接，本质上就表明没有孰重孰轻，二者的地位是均等的。马克思恩格斯在设计人类发展远景时，始终把人的全面发展和人的自由发展作为整体来思考，坚信将来的共产主义社会“是一个更高级的、以每个人的全面而自由的发展为基本原则的社会形式”[①]。另外“人的全面而自由的发展”并不意味着每个个体都能获得同等、同样的模式发展，它是具有创造性和自由个性的发展。正是这样的全面发展，才能构建有限生命范围内的每个个体的发展，也才会有人类社会发展的多样性和丰富性。人的全面发展说的是个人发展程度，是就主体自身而言的；人的自由发展则是就主体和客体的关系而言的。在国内学术界的广泛讨论中，无论是将马克思关于人的自由发展的论述无条件地作为对人的全面发展的论述，还是把自由发展无条件地纳入全面发展的含义之中，实际上二者都有一定的区别，不能将“全面”和“一面”的概念混淆。

第三个方面“人的全面发展的实现条件界定”，认为马克思从人类社会发展的客观规律出发，将人的发展问题置于实践当中，科学地确立了人的全面发展

① 张锋. 浅谈文学作品教学中的审美教育. 宿州教育学院学报，2001（2）：82-83.

理论，体现了马克思主义理论的先进性。近年来，国内学者对人的全面发展研究也主要集中在实现条件方面，其观点主要体现在客观的外部社会政治环境和生产生活实践中。

其一，生产力和生产关系以及旧式社会分工是实现人的全面发展的制度条件。马克思指出，资本主义私有制条件下的旧式分工是人的异化及片面畸形发展的主要原因，旧式的社会分工指工人在劳动中受到限制，工人的劳动同其自身的意愿存在潜在的对立关系，从而造成物质劳动和精神劳动的分离，使其长期被固定在某一特定场所工作，人的体力和智力以及其他方面的能力难免受到限制，进而使个体的创造力不能得到很好的发挥，就可能造成了人的畸形发展。另外，旧式的社会分工使人的社会活动和社会关系片面发展，不自觉地成为实现人的全面发展的绊脚石。这里还要指出的是，马克思主张消除旧式的社会分工，因为它阻碍了人的全面发展，但其规划的人类远景共产主义社会仍然有社会分工，但这种分工会趋于完美和优化，那时的新式分工会促进人的全面发展。

其二，客观的外部生产实践是实现人的全面发展的先决条件。从增加个体自由闲暇的视角出发，阐释其对个体形成自由发展的作用，是人实现全面发展的基础。有学者从精神生产和教育活动强调对人全面发展所起的作用进行阐释，特别强调生产劳动同智力和体育相结合造就全面发展的人的方法，这和马克思论述的“把有报酬的生产劳动、智育、体育和综合技术培训结合起来，就会把工人阶级提高到比贵族和资产阶级高得多的水平”①是一致的。

其三，社会关系的处理是实现人的全面发展的社会条件。人的本质属性是一切社会关系的总和，要想获得人的全面发展，妥善处理好社会关系是非常必要的。人都不是孤立存在的，人是社会中的人，人与人的交往形成了社会关系，社会关系在一定程度上决定了人的全面发展的程度。这种决定作用表现在以下三点：社会关系决定人的需要程度、社会关系决定人的能力发展、社会关系决定人的个性发展程度。所以人的全面发展取决于社会交往的实现程度，社会的普遍交往促使人的活动的区域更加宽泛，不再局限于一个地区和一个民族，不同地区的物产、语言都最大限度地交流，从而使人与人之间形成“全面依存的社会关系”，推动了社会的全面发展，为人的全面发展创造了制度保障。

---

① 马克思，恩格斯. 马克思恩格斯全集（第 21 卷）. 2 版. 中共中央马克思恩格斯列宁斯大林著作编译局编译. 北京：人民出版社，2003：270-271.

其四，教育的发达程度是实现人的全面发展的文化条件。实现人的全面发展仅靠消除旧式的社会分工、增加客观的外部生产实践、构建和谐的社会关系是不够的，还需要另一个重要的实现手段——教育。教育和生产劳动相结合是马克思所主张的，他认为教育是提高社会生产力的一种方法，是造就全面发展的人的唯一方法，是改造现代社会的最强有力的手段之一。[①]教育是提高人的理论知识和实践水平的主要手段，所以人的发展程度很大程度上取决于其受教育的程度，个体在接受教育的过程中也是一个自身文化素质不断提高和实现自我价值的过程，教育是个人获得文化知识和劳动技能的渠道。教育有利于人在社会中的流动，可以使人很快地掌握整个生产系统，消除整个生产系统的畸形化和片面化。有教育作为支撑，劳动作为实践，可以把无形的知识转化为个人的能力，个人能力的提升过程也是人的全面发展的现实体现。

其五，转型期的社会背景是当代中国实现人的全面发展的客观条件。发展中的中国如何发展？发展成什么样？表面上看，个体接触到各种政治、经济、文化制度的落实，正本清源地去思量这些制度的提出，无一不是为实现社会主义条件下的人全面发展服务的。从社会和人的发展的相互作用、相互影响的角度出发，阐明社会主义市场经济体制的建立和完善，人的全面发展必将为社会主义市场经济体制的建立和完善提供了重要动力，个体的全面发展程度会不同程度地影响社会主义市场经济制度的完善。有学者从市场消费角度来解读人的全面发展，认为当前应建立以人为本的消费文化导向的制度，并以此来实现人的全面发展，该种制度的建立应该清醒地认识到中国社会主义仍然处于并将长期处于社会主义初级阶段的时代特征。[②]还有学者指出，社会主义民主政治的完善为人的自由发展提供有力的保障。[③]其他学者分析了马克思考察人的自由个性发展的三个历史阶段，认为只有在合理的制度框架内，让社会成员拥有较大的物质财富，通过实现个人自由的最大化转而达到社会财富的最大化，也就是通过个人自由而全面发展实现社会共同进步。[④]也有研究者针对当前日益严重的环境恶化、工业化进程加剧带来的社会生态问题来考虑人的全面发展，认为人的发

① 柳夕浪. 论中国特色社会主义劳动教育的地位作用. 中国教育学刊，2023（4）：1-7.

② 徐建立. 当代中国消费文化观与人的全面发展. 消费导刊，2009（12）：229.

③ 张苹. 马克思主义人生观教育研究——兼论“科玄论战”的历史启示. 广西师范大学博士学位论文，2022.

④ 孙正聿. 马克思主义基础理论研究. 北京：北京师范大学出版社，2022：128.

展应该与自然、社会环境协调，注重生态环境对人的全面发展的重大价值。[①]

体育作为中华民族伟大复兴的标志性事业，在实现中华民族体育强国梦、提高中华民族身体素质和健康水平中发挥着重要的作用。随着时代的进步和科技的发展，人在社会发展中的主体地位和作用日益突出，人的问题成为当代哲学和体育领域研究的重点，体育与人的全面发展成为当前研究的热点问题。国内外学者纷纷从不同角度、不同领域对“体育与人的全面发展”进行了探析，希望从体育的视角来审视人的全面发展问题，其研究问题饱含现实关照和学术关怀，研究内容涉猎广泛、视野开阔，研究方法视角多样、新意频出，研究规范站位高远、自主鲜明，但是也存在一些有待进一步完善的地方。

这种理论开掘和现实拓展主要表现在理论和现实两个层面。

一是从理论层面来看，当前研究者大多从人的发展演进历程和文本理论进行研究，较少从全面发展的角度进行考察研究，过分强调理论上的认识与反思，对人的现实发展层面认识不彻底，以及对影响人的现实因素研究不全面。人的全面发展是一个多维度性理念，涉及多学科、多领域，而目前的研究却多停留于单向度的理解和论证，主要集中在价值角度、目标角度等纯理论方面研究人的全面发展，对现实生活中与人的全面发展密切相关的诸如日常生活、社会文化等方面关注度不足，特别是与人的全面发展密切相关的体育领域研究则更少。人的全面发展并不是一个单纯的理论问题，而是一个具有较强现实性和针对性的问题。因此，对人的全面发展的研究不能离开对人本身发展规律的考察，不能离开对影响人的全面发展诸多现实因素的考察。

二是从现实层面来看，健身功能是体育的核心功能，而人的全面发离不开身体的健康发展。国家提出培养德智体美劳全面发展的社会主义建设者和接班人。体育与德育、智育、美育、劳育等共同构成人的全面发展的教育环境和实现条件，是人类自觉追求和不断完善的自身全面发展的理想、观念的重要体现和具体方式。德智体美劳的逻辑结构及关系属性是建立在人由身、心两方面结构体系上的，其中人是身心统一的主体。这一内在结构和关系本质既体现了德、智、体的逻辑结构和关系，又决定了反映时代特征的德育、智育、体育、美育和劳育等具体实践的属性和内容。马克思说人是社会关系的总和，“人的全面发

① 李伟玲. 生态学马克思主义政治观研究. 黑龙江大学博士学位论文，2022.

展”终要落实到一个个鲜活的社会个体的全面发展这一基础，因此，本书从人本主义角度出发，着重从影响人全面发展的身体、心理、社会三大维度对人的全面发展进行研究。

## 三、研究的思路和观点

本书的研究思路主要体现在五个方面。

一是创建人的全面发展理论研究的新视角。通过大量文献考察，国内学术界对人的全面发展从内涵、自由和全面的关系界定和实现条件等多方面进行了深入探讨，按照学术研究的“N+1”范式理解，前人的研究都可理解为“N”的基础模式，后人的研究着重在于“1”的拓展，这个“1”就是对人的全面发展理论的深入，也就是下一步研究的新视角。

二是唯物史观指引人的全面发展历程。人的全面发展理论是马克思恩格斯“人”学思想的核心内容，过去教育理论界对于马克思主义人的全面发展理论的历史渊源和形成过程进行过许多有益的研究，但哲学分析较欠缺，更为重要的是没有利用好唯物史观这一关键武器。唯物史观指出物质决定意识，决定着人类社会生活、政治生活和精神生活的过程，因此，研究人的全面发展必须牢牢把握唯物史观这一主线，强调物质资料生产处于实现人的全面发展的核心地位，规定着人的全面发展进程。

三是人的全面发展的实现是“历史合力论”的体现。马克思主义理论的深入研究告诉我们，人类社会是一种有机整体，是物质生产、人类自身生产、精神生产和社会关系再生产的统一。这一视野引导我们将人的全面发展研究根植于广袤的社会土壤中，熟知人的全面发展绝非局限于单一的物质机械生产决定论，也与恩格斯所提的“历史合力论”观点相吻合。因此，审视人的全面发展应该从社会生产力、生产关系、劳动分工、生态权益、个体能力素质等因素多方发力才是新的研究视角。

四是认可当代中国人的全面发展存在差异性的现实。处于转型期的中国现状决定了人的全面发展是中国化的，在马克思关于人的全面发展人本理论下研究中国特色的全面发展，必须考虑中国的具体国情。马克思主张的人的全面发展在中国“出场”语境、路径和形态上具有明显的社会差异性背景，民族的差异性、经济发展的差异性、个体能力的差异性等因素都会影响人的全面发展，因为这些发展绝非均等的、同步的发展。所以，差异性社会规定了人的全面发展是动态性的有先有后的发展进程。

五是人的全面发展的具体思路。首先，从宏观理论层面概述人的全面发展思想的内涵、特征和演进历程，梳理研究体系，聚焦研究主体；其次，以体育促进人的全面发展为切入点，紧紧围绕这一主题，多角度、多层次、具有较强针对性地展开研究；最后，从现实层面入手，力求从“身体”“心理”“社会”三个影响人全面发展的重要维度出发，着重论述体育对这三个维度的重要影响作用。具体表现在以下四个方面。

第一，人的全面发展是人类发展的历史必然。特别是“推动我国由体育大国向体育强国迈进”发展方向的确定，决定了体育“以人为本”的发展目标，既要坚持以增强人民体质、提高全民族身体素质和生活质量为基点，促进人的全面发展，又做到体育发展为了人民、体育发展依靠人民、体育发展成果由人民共享。

第二，体育是促进人类全面发展的必然选择。体育是人的生命冲动与精神的统一，是人的生物性和文化性的统一。在体育活动中，人既创造属于自己的文化，同时也被这种文化所塑造。

第三，体育是一种影响人全面发展的身心协同运动。健康的身体是健康心理的先决条件，人是肉体与精神的统一。人的超脱世俗生活之上的更高的精神生活把人与动物区别开来。可以说，健康的体魄是人的全面发展的基础中的基础。体育是促进人类身体健康的最为直接和有效的手段，因此从体育角度研究人的全面发展，有利于人类的整体进步。

第四，体育是造就全面发展的人的最佳途径。生产劳动为每个人提供了全面发展和表现自己体力和脑力的能力的机会，但生产劳动必须与智育和体育等相结合才能真正发挥作用。体育和智育等作为培养全面发展的人的方法，能够弥补不同的人的先天差异。

# 第一章　人的全面发展思想的历史嬗变与时代特征

## 第一节　个体的全面发展

个体的发展离不开群体的发展，将个体的全面发展置于群体的视角下进行历史性分析是十分必要的。本节将从西方人、东方人的阶段性发展，人的全面发展的碎片性、整体性理解和追求方面进行相关阐释。

### 一、西方人的阶段发展

#### （一）西方史前人的发展特性

原始社会是人类社会的史前时代，开始于人类的出现，结束于国家的产生，是人类社会发展的初始阶段。达尔文在《物种起源》（1859 年）中揭示了生物的进化规律，其后，他根据生物进化规律的原理撰写的《人类的由来与性选择》（1871 年）则进一步指出现代的类人猿与人类出自共同的祖先。

恩格斯在《劳动在从猿到人转变过程中的作用》（1876 年）中运用辩证唯物主义观点揭示了人类的起源以及人类社会的形成和发展的规律。恩格斯认为古代的类人猿最初成群生活在热带和亚热带的森林，后来一部分古猿来到地面寻找食物，逐渐学会两脚直立行走，前肢解放出来使用天然的石块和木棒，并采集植物和捕捉小动物，一直发展到能够制造工具。直立行走和手的解放使用这种进化现象最终影响到身体结构的一系列变化，进而逐渐出现了人类的各种特征。

美国民族学家路易斯·亨利·摩尔根在《古代社会》（1877 年）中提出，史前社会中人类自身的生产发展是由自然选择决定的，生存和发展在恶劣的自然环境当中，决定了“血缘家庭—普那路亚家庭—对偶制家庭—专偶制家庭”的历史发展变化。同时，摩尔根认为人类自身生产和家庭的发展变化又进一步推动了人类“生存技术”的顺序发展，即人类的食物资源由以植物的根和果实作为天然食物到鱼类食物到由种植得来的淀粉食物到肉类和乳类食物到通过田野而获得的无穷食物的发展，这为人口的繁殖提供了必要条件。摩尔根的论述中包含一个极为合理的思想：劳动越不发达，与此相应的劳动产品的数量（社会财富）越受到限制，社会制度就越受到血缘关系的支配。

在旧石器时代，人类采用石制工具进行采集和狩猎，过着以母系氏族为社会基础的群居生活。到新石器时代，随着冶炼技术的发展，金属制品用在了生产上，农业中播种、管理、收获等方面的技术都有了一定的提高，农副产品越来越丰盛，可以满足人们的食物需要，并有了一定的剩余，人类逐渐退出采集和狩猎的游牧生活，开始定居，这是一场由食物采集到食物生产的变革。在这个发展过程中，经济关系开始作用，其中人类自身生产在社会发展中的决定性作用在减弱，而物质资料生产在社会发展中的作用日益增大，当然人类自身生产对物质资料的生产仍然具有很大的制约作用。

从能人到智人，从旧石器时期到新石器时期，劳动的发展（生产力的发展）伴随着人的进化过程，很难考察到底是谁的影响更多一些。从直立人开始，人类解放了双手，脑容量增大，开始打造和使用工具；声音的出现使人类的沟通有了更好的交流方式，使得分工合作更加协调，大大提高了生产效率；生产力的提高又使得人类获得了更充足的生产资料，生活资料有了剩余，人类开始了简单的交换，促成了史前的社会大分工，农业的发展使得人类开始了定居生活，由此而来的村庄和贸易开启了人类在内容上更为丰富的群居生活。这些丰富了人的社会属性，使人类产生了更多对物质与精神的需求。由此可见，劳动与人是一个相互促进的发展过程，劳动的发展（生产力的发展）与人的发展是一个相关相应的变化发展的过程。

从“人的发展”来看，“人的依赖关系”或人的“不独立”性是原始的、幼稚的，然而正是在这种原始和幼稚之中包含着现代人已经失去了的原始本真性，即每个人都把“类”看作自己存在的前提，看作相对于对象世界的人的独立性存在，从而在整个生活生产活动中“把人看作生产的目的”。马克思指出，“现代世界总是把生产看成人的目的，又把财富看成生产的目的”。比较之下，古代世界的“这种看法比现代世界高明得多”，“古代世界也确是人们寻求一切完善形象、形态和圆满境界的所在”，“那幼稚的古代世界看起来便像是一种格外崇高的世界”。[①]初民的文化生产可以说正是以这样的“比现代世界高明得多”的人格人性创造了表现同样的人格人性的文化。

### （二）古希腊罗马时期的人学思想

古希腊罗马是建立在埃及和两河流域文明之上的后起之秀。人类在文明出现之后渐渐地将视线与焦点从自然转到人的身上，探索人、完善人、发展人以及人的何去何从问题自希腊开始便有了专门的研究。人学思想就是当时眼界宽阔的哲学家对人自身问题与应然状态的一种思考，其流派众多，思想纷杂。普罗泰格拉的人学思想是人学开端的一个标志，自此，苏格拉底、柏拉图、亚里士多德、伊壁鸠鲁，以及斯多亚派、怀疑派等专门研究人学，提出了各自不同的观点。到古罗马时期，在前人发展的基础上，结合罗马的历史特征，西塞罗、卢克莱修和普罗提诺的人学思想出现。可以说从希腊到罗马，人学思想的发展既有一定的继承，也有一定的创新，说明人学思想在不同的时代、不同的环境有不同的因素参与其中，充分体现了人类发展的阶段性特征。但是，在所有人学学派中又有一些共性可循，这些东西就是对人本性的发觉，合理与顺应时代发展的部分理所应当地得到了继承与发展。

纵观古希腊罗马人学思想的发展史，可知在确立人的社会中心地位后，对于人类的研究集中在人自身以及人与人的关系问题上，他们之中对人自身的研究的出发点与目的都以人的发展为中心，虽然存在唯物主义与唯心主义的矛盾，但不可否认的是人的“自我”本体概念之间并没有冲突，人自身的发展最重要的是理性。“理性”观念的提出影响着古希腊罗马社会主体的价值观、人生观。在人与人的关系上，其强调友谊与公德，突出体现了遵守他人、社会、国家良性循环发展基础上的个人自由。这种进步思想对当今社会仍有影响。

### （三）中世纪时期的人学思想

中世纪的西方是一个封建制度与神学相融合的社会。公元 393 年，罗马皇帝狄奥多西一世宣布基督教为国教，从此基督教逐步在意识形态与社会生活中

---

① 马克思. 政治经济学批判大纲（草稿）（第三分册）. 刘潇然译. 北京：人民出版社，1963：104-105.

影响力越来越强。社会的上层建筑，如政治、法律、道德、哲学、文学，都浸透着神学精神。在这样的背景下，中世纪的人学思想不可避免地被打上了宗教的烙印，更为严重的是，原先古希腊以人为中心的研究变成了以上帝为中心，古希腊罗马所提倡的理性、至真、至善、至美以及所有美好品德都被上帝垄断，法律变成了宗教教义与神学观念，公平自由成为上帝统治人民的“枷锁”。人被抽象为一个个体，而所有的主动性、能力、关系全部由上帝统领。上帝就是一切，人能有的只是对上帝无条件的信仰。

基督教西方拉丁罗马教会的第一位神学家德尔图良，是一个近乎疯狂的神学家，他明确宣称上帝是物质世界的造物主，也是人的创造者，人具有第二性，因为人是被上帝创造的。上帝和人是对立的两极，上帝是最高的主宰，最大的善，是至高无上的法律，是最高的生活准则，人则处于十分卑下的地位。离开上帝，人什么也不是。东方希腊教会的第一位神父奥利根认为人生来是有罪的，因为生活中处处有诱惑人犯罪的因素，上帝创造了人至善的灵魂，人类却用来堕落，因此人应该向上帝仰望，即使犯了错，也应该向上帝忏悔，回到上帝的身边。只有坚信上帝才能获得救赎。奥古斯丁也是虔诚的基督教徒，在他的论述中虽然给人留有了一定的位置，但他仍然宣称人是上帝创造的，还有原罪论，因为人类的祖先在最初的时候在上帝面前犯下了错误，整个人类都因始祖亚当的犯罪而具有与生俱来的罪恶。经院哲学家安瑟伦继承了奥古斯丁有关信仰和理性关系的观点，强调人的理解必须以信仰为前提，没有信仰，就不会有经验，也就不可能有理解，“因为我绝不是因为理解了才能信仰，而是信仰了才能理解”[①]。奥古斯丁强调人只有先信仰上帝才能理解上帝，理性应当为理解和维护上帝服务，虽然说过“人是自己活动的主人”，但必须有一个先决条件——上帝，人要服务上帝，信仰上帝，脱离了这个宗旨，就是恶。

由此可知，在中世纪的人学思想中，人处于一个被动发展的地位，人的权利、自由、信仰、幸福都围绕宗教，围绕上帝，人类失去了自我，只是上帝庇护下的“无个性个体”。

### （四）文艺复兴时期的人学思想

文艺复兴运动是一场发现人、发掘人的运动，启蒙运动则是张扬个性的运

① 北京大学哲学系外国哲学史教研室编译. 西方哲学原著选读（上卷）. 北京：商务印书馆，1981：240.

动。当时的社会背景是这样的，资本主义为人的发展创造社会条件的同时，也将人的发展拖入可怕的深渊。文明与文化的矛盾、人的独立性与人的依赖性的矛盾、无产阶级和资产阶级的矛盾等，在资本主义社会极端地尖锐化，带来了人的物性化、机械化、抽象化，人性被严重地扭曲、撕裂，人的发展处于极度片面化状态。古希腊和文艺复兴时期那种饱满的人性不复存在，它被资本主义无情而残酷地解构，成为可怜的碎片，散落在社会的各个角落。一些进步的资产阶级思想家敏锐地捕捉到资本主义的尖锐矛盾及其日益暴露出来的阴暗面，高举人道主义旗帜，运用理性的武器，对其进行无情的批判和揭露，力图寻找走出“牢笼”的理想途径。

### （五）工业时期的人学思想

19 世纪欧洲的情况错综复杂，西欧、中欧一些国家的资产阶级革命已经先后成功，但也有些国家反封建斗争的任务还没有完成。英国在 17 世纪建立资产阶级专制以后，18 世纪完成了工业革命。法国在 18 世纪通过几十年的曲折斗争，不仅建立了彻底的资产阶级共和国，而且迅速发展资本主义经济。

随着资本主义和工业革命的发展，英法两国工人阶级与资产阶级的对立和矛盾日趋激烈和尖锐。社会越来越两极分化。资本家加强了对工人的剥削和压榨，工人阶级生活进一步贫困化。资产阶级革命前通过其启蒙思想家向人民许诺的一切，都化为泡影。“理想和永恒正义的王国”实际上只是新生资产阶级的天堂，工人阶级及广大劳动人民群众仍然处于水深火热之中。所谓自由，只是雇工剥削的自由，对工人来说，只是出卖劳动力的自由。所谓平等，无非是等价交换的代名词，只是资产阶级自由平等的竞争。“法律面前人人平等”在经济地位悬殊的情况下成了一纸空文。“博爱”变成了竞争中的诡计和嫉妒。

空想社会主义者圣西门、傅里叶、欧文，正是目睹了这一切，在对社会现实进行了深入思考后创立了空想主义学说。他们揭露了资本主义制度下商业的种种欺骗伎俩和放高利贷、走私、海盗、贩卖黑奴等罪行，并且指出这些罪行得到了资产阶级政府的庇护，得到了其学者的支持。他们把资产阶级启蒙学者的“社会契约”“天赋人权”等理论与资本主义社会现实进行对比，揭露了这些理论的虚伪性，指出资产阶级的文明制度并没有保障人的天赋权利和义务，在文明制度下，人权成了笑柄。他们尖锐地指出文明制度是靠犯罪来营养的，并公开声明其目的不在于改善文明制度，而在于消灭这个制度，并引起发明更完善的社会机构的愿望。[①]

### （六）现代的人的发展特征

每一次工业革命都是不同的，现代资本主义结构也在不断发生变化。从第一、二次工业革命把人变成机器，到第三次工业革命把机器变成人，工业革命给社会历史的进程以巨大冲击，不仅不断地变更着社会结构、政治体制，更是由此带来人们的文化观念的不断转换、更新。人脑通过计算机的延伸、放大及规范，却带来了可怕的对人的个性的压制，以及严重的数字化、标准化，人类面临着被千篇一律化，面临着被作为生产、消费的符号来对待的现实危险。伴随着技术暴力与个体个别性的是严重冲突和激烈对抗等诸多社会问题，海德格尔继承了尼采以来对科技危害性进行尖锐批判的思想传统，对工业文明无限扩张进行坚决的抵制，揭露工业文明的本质，告诫世人在工业文明基础上产生的西方近代哲学其根本性的特征就是对象化，将一切都置于主客对立之中的表象性思维之中，由此而来的就是人与世界的对峙，人与人的对立，人与自身的异己。在工业文明中，人的异化是普遍的、不可避免的。当然这样的说法有点偏激，但纵观现实生活中，人们周边的东西不管吃的用的都是量化的产品，就连自身也成为一种社会商品。在这个科技高度发达的时代，人工智能已经改变了人类的思想，人们不管在体力或者智力问题上或多或少依赖于科技产品，在这些科技产品给人们学习、生活带来便利的同时，或许对其依赖也导致人本能地退化。

“现代化”是用来描述社会变革的特征和结果的尺度，指文艺复兴以来西方社会的新型外在现象与内在关联性，以及所发生的一系列深刻变化，当然主要包括进步的变化及其过程与结果。现代化同时也是人类社会发展目标，即现代化是一个历史范畴，是对一段历史进程、演变过程与其结果的总体描述，被看作社会各个领域中的理想型变迁的过程、结果和目标。

至此，西方整个历史阶段生产力与人的发展已经描述分析完毕。从史前人类到当代社会，随着生产力的发展，人类已经从那个只为食物的动物阶段发展到现在创造事物的阶段，在物质上无疑取得了巨大进步；在精神上人类生产了

① 张曙光. 人的世界与世界的人：马克思的思想历程追踪. 北京：北京师范大学出版社，2022.

更多的精神需要以及相应的社会消费品，虽然每个时代不同的劳动者总是受到统治阶级的压迫与剥削，但是人类在生产过程中促进了自我意识的觉醒，他们认识到，社会上绝大部分财富是每个劳动者辛勤付出的结晶。为了改变这种绝大部分生产资料被少数人占有的不平衡状况，从工业革命开始，工人阶级的斗争便开始了。虽然现代社会主义国家仍然处于社会发展的初级阶段，资本主义社会也想尽办法缓和社会矛盾，人类迎来了短暂的和平，但是随着矛盾的发展，终有一天在生产力获得极大发展的时候，之前所有的斗争与努力将迎来最后的结果——无产阶级的胜利，到那时，每个人都有条件和能力充分发展自己，每个人也都有获得全面发展与自由发展的条件与机会。

## 二、东方人的阶段发展

### （一）东方史前人类发展特性

#### 1. 东方史前人类发展的内在特性

人格化的“神”性统治着人的理性。神的变化发展与社会的变化发展大致相适应。古代人对自己周围事物的原始的、扭曲的观念，是在形成人类有灵魂的认识后才开始把自然界想象成有灵魂的，并赋予自然力人格的形式。自然作为被崇拜的对象，已不是其本身，而是活生生、有形象可见、有感觉的实体，也就是成了主观的、人格化的东西。人们按照意志、动机和需要对这些神进行塑造，同时这种形象又高于人类本身。这是一种自发性宗教，起源于蒙昧认识，但在其发展中逐渐获得了社会属性。

在印度吠陀时期，吠陀诗人在他们的诗歌中提出对宇宙形成、人的构成、灵魂、生死等问题的看法，提出原人、生主、金胎、梵天等是人类和世界的本原。在《金胎歌》中他们写道，“太初出现了金胎”，“他给予呼吸，赋予力量”，“他通过威力成为能呼吸的、能闭眼的，他是两足和四足的主宰”，诗歌中还提出金卵，金卵产生了诸神、天地、人（两足）和牲畜（四足）。[①]另一首《原人歌》中描写了原人，“原人有千头、千眼、千足，他在各方面拥抱着大地”，“原人是现在、过去、未来的一切，他是不朽的主宰”，“从原人生出遍照者（即原初物质），从遍照者也生出原人，太阳、月亮、雷神、火神等都由它生出。这种

① 转引自孙鼎国. 世界人学史（第1卷）. 石家庄：河北人民出版社，2003：32.

原人就是拟人化了的最高存在。这种拟人化，就将本原与人在本质上等同起来，它包含着小宇宙等于大宇宙，即个人本性与宇宙本性同一的思想，初步描述了'大我'和'小我'的关系，这些观点后来被发展成'梵我同一'"。[①]

中国远古时期的敬天保民思想也能说明这一点。商代的统治者一般很迷信。他们相信天，相信鬼神，频繁地对各种各样的鬼神进行多种方式的祭祀，而且祭礼一般很隆重。他们祭祀时用许多牺牲，甚至杀奴隶以为牺牲。一次献祭用上百人的现象在卜辞中屡见不鲜。但是要注意到卜辞中记载商人用以祭祀的奴隶经常与牛、羊一起或单独地用作牺牲，这些奴隶不被当作人来看待。商朝极盛时期，武丁在位时就曾大量用人作牺牲，当时的1000多条卜辞中就记载了上万人被用作牺牲的事实。[②]

由此可见，在东方史前人类出现以后，人类对于世界的认知受到生产发展水平的限制，许多现实而又未知的事物依赖于抽象出来的人格化的"神"，东方神灵的地位是明显高于人类本身的，不同于西方的"神人同形同性论"，东方神灵左右着人的思维，这种抽象意义上的未知，极力同化不同种群的思想认知和精神依赖。神灵的出现虽然荒谬，但在人类自身发展的历史过程中却扮演了极为重要的角色，进一步证明了人的发展过程中内在的精神认知的重要性。

### 2. 东方史前人类发展的外在特性

马克思指出"劳动创造了人"。历史学家也指出劳动使人同动物分离，随着完全形态的人的出现，便出现了人类社会。马克思在《摩尔根〈古代社会〉一书摘要》中指出，血缘家族是第一个社会组织形式。也就是说，尽管最初人类社会组织机构十分小，而且极其不稳定，但它具有一定的社会功能，可以进行许多简单的生产劳动。

从当时的生产力水平可以看出，原始人类的生存能力还较低，还要与大自然进行生存斗争，既缺少经验，又缺少相应的知识与能力，他们的大脑还不具备设计较为抽象的动作和拟定较为复杂的活动目标的先决条件——比较成熟的抽象能力。而且当时自然条件十分原始、简单，人类依附身体的本能去完成较为复杂的动作，因此，在劳动中表现出来的也是一种身体运动，并在内容上也局限于

① 转引自孙鼎国. 世界人学史（第1卷）. 石家庄：河北人民出版社，2003：32.

② 萧璠. 先秦史. 北京：九州出版社，2010：90-94.

劳动生活中的一些跑、跳、投掷、攀登等技能。可以说，当时的劳动是以身体活动为内容、以形成某些动作技能为结果的。体育思想的萌芽也可以说是在生产劳动过程中逐步形成的。可以想象，原始人类在劳动之余或心情愉快时，或大家猎获一头野兽饱餐后，他们手舞足蹈一番，以示庆祝。也就是说，在最初形成的社会里，除劳动、生活过程中作为准备阶段的劳动教育外，还存在一种由人的身心需要所引发的活动。

人类从动物界分离出来是一个漫长的过程，在这个过程中，他们逐渐向现代人进化。在这个漫长的时期，人类依然保留着若干与猿类接近而又和现代人不同的特征。而且离我们这个时代越是遥远，这种特征所占的比重就越大。因此，在其由身心需要引发的身体活动中，动物的本能因素还在继续发挥作用，从而在这一阶段，人类的这种身体活动还有自发的随意成分。在这一活动中，人类通过运动达到身心两方面的愉悦，于是人类通过这种活动逐渐达到对自我能力的认识。自觉意识在人类身体活动中出现，不管它在何种运动中复苏，一旦成为人类的自觉行为，就会使这种身体活动向自觉的、能动性的活动形式演进。这样，人类与动物便在不自觉中发生了变化，二者之间有了本质性的差异。

由于东方人类发展形态多样，我们就简略地以中国各个历史时期的人类发展特性为例进行剖析。

### （二）先秦时期人的发展特性

自从开始创造工具，人就开始改造自然，原始人在客观上日益与自然界区分开来，可是在主观上没有也不可能认识到这一点。原始人可以把作为本氏族、部落的图腾的非人的生物当作自己的同类，也可以把本氏族、部落以外的原是同类的人当作异类的牲畜一样。当时的人还没有“人类”的概念，他们只知道氏族、部落的界限，而不知道人作为一类的界限，只知道氏族、部落内部的关系，而不知道人类内部的关系。随着生产的发展、城市的兴起、文字的出现、国家的形成，人类开始进入文明时代，开始有了一种人为万物之灵的自豪感。

但是当时生产力的水平仍然很低，人在自然面前仍然软弱无力，所以人把自然当作神来崇拜，把人与自然的关系当作人与天或神的关系。随着国家代替氏族、部落，原先的氏族、部落界限也被阶级和国家的界限代替。残杀敌国的俘虏，不把奴隶当作人看待，在文明的早期不仅是常有的事，而且也没有人对此有过反省。到公元前 6 世纪，中国、印度和希腊开始出现哲学家。他们开始对人与天或神的关系和人与人的关系问题做了认真的思考。在此以前，中国已有《尚书》《易经》，印度已有《吠陀》《梵书》，希腊已存《伊里亚特》《奥德赛》，等等，它们都不同程度地为公元前 6 世纪开始出现的古代哲人提供了思考的资料。

### （三）秦汉三国时期人的发展特性

秦汉时期具有更广阔、更深厚的社会文化背景，对人本身的认识也有了更深入的探索。他们不再停留于一般地提出人贵于物、人性的善恶等人学的基本问题，而是力图进一步探索人在宇宙中的位置、人性本质的根源、人的性与情的内在联系和区别等一系列人学问题，并在天人关系的高度和广阔的视野上，对人的地位、人的力量、人的特征、人的价值、人性完善的道路与方法、人的道德修养、人格尊严、人格理想等做了深入探讨。同时，汉代人学还深化和充实了中国传统道德论中的君臣、父子、夫妇的相互关系，以及仁、义、礼、智、孝、悌、诚、信等人的道德范畴的内涵。

《吕氏春秋》的人性理论是从天人关系开始的，天人关系是《吕氏春秋》人学思想的要点。该书认为天成阴阳，阴阳化而生人，人的所有特性均受之于天，而不是人自己创造的。由天生人而产生了两种结果，一是人法天，二是天人具有内在一致性。天道圆，地道方，圣王法之。所谓圣王法令布于四方，四方应顺，圣王知之，是谓法天道。圣王使百官各处其职，各守其分，是谓法得道。这是人法天的最高层面。其次，天使人有欲，人不得不求，天使人恶，人不得不避，“欲与恶所受于天也，人不得兴焉，不可变，不可易”，这是人和天的普通层面。但是，“人气天地也同，万物之形虽异，其情一体也”，天与人的一致性，表现在天地与人同样地炃生、贵生，以及人一旦能胜天顺性，则可以聪明长寿。《孟春纪》等文将人事与自然规律比如农时等相联系，从而说明“天地万物，一人之身也，此之谓大同”。《吕氏春秋》还把这种“顺天之道”做了推演，以为大凡帝王将兴之时，天必定先降祥瑞于下民，而上天欲降祸患之时，亦会有怪异之象出现，所谓“天之所诛，人之所仇也”，这是汉代天人感应论的先声之一。天人一致还表现在人的能动作用上。人虽然受天光性，可以闻见，但如果没有后天之所学，依然是有耳若聋，所以学的目的不是增加天所没有给予的东西，而是实现史所赋予的潜能。就历史而言，武王与纣王相遇同一时代，是天之所为，非人事的故意安排，但武王修身积善，而纣王忧劳人民，则是人之所为，所以武灭纣，毕竟不全是天的作为。总之，只有“上揆之天，下验之地，中审之人”，才能达到“是非可不可无所遁”的结果。

在人性问题上，董仲舒不同意孟子的性善论和荀子的性恶论，提出了“性三品”的说法。董仲舒认为，“质朴之谓性”，“性者生之质也”。人性是生而具有的，受后天教育而起的东西不可称作人之本性。他把人性分为命、性、情三个方面。“命”是上天的命令，“性”是人天生的资质，“情”是人的欲望。据此，董仲舒把人性分为三个等级：不教而善的圣人之性，教而后善的中民之性，教而不善的斗筲之性。董仲舒提出“天令之谓命，命非圣人不行；质朴之谓性，性非教化不成；人欲之谓情，情非度制不节。是故，王者上谨于承天意，以顺命也；下务明教化民，以成性也；正法度之宜，别上下之序，以防欲也。修此三者而大本举矣”[①]。可见，顺从天命、教化人性、防范人欲是君主的三项重要的任务。此处，董仲舒所谓的“性”，显然是天生的资质，和荀子相近，与孟子不同。董仲舒从天人合一的前提出发，认为人是天地的精华：“莫精于气，莫富于地，莫神于天。天地之精所以生万物者，莫贵于人。”所以人都有先天的善性，“身之有性情也，若天地之有阴阳也。盲人之质而无其情，若天之无阴阳也。言人之质而无其情，犹言天之阳而无其阴”。此处，阳为性，表现为仁，阴为情，表现为贪。“人之诚有贪有仁，仁贪之气，两在于身。身之名取诸天。天有阴阳之施，身亦有仁贪之性。”这二者都是人的先天的资质。在天地，阳为主，阴为从，所以人性也以仁善为主，贪戾为从。这就是说，人的资质中善是主要的部分。同时人也应该控制情。董仲舒认为人有善质并不是说人性已经就是善的了，犹如禾可以生米却不能就叫米一样。董仲舒指出，“性比于禾，善比于米，米出禾中而禾未可全为米也；善出性中，而性未可全为善也”。[②]

以元气自然论为出发点，王充论述了人性问题，“凡人禀性也，清浊贪廉，各有操行，犹草木异质，不可复变易也”[③]。在王充看来，人的性是“天禀元气，

① 中国科学院哲学研究所中国哲学史组，北京大学哲学系中国哲学史教研室. 中国哲学史资料简编：两汉—隋唐部分. 北京：中华书局，1963：8-41.

② [汉]董仲舒. 春秋繁露. 叶平注. 郑州：中州古籍出版社，201：124-153.

③ [汉]王充. 论衡校注. 张宗祥校注. 郑绍昌标点. 上海：上海古籍出版社，2010：151-158.

人受元精”而成，因此犹如“草木异质”不可变更一样，人之性有清有浊，有贪有廉，不可改变。那么为什么同是禀气而成的性，却有“清浊贪廉”的不同呢？王充认为这是由于禀气不同。人性的本质在于先天所禀受的气，气决定了人的本性。又因禀气有清浊、厚薄、多少的不同，故形成先天的善与恶。因此善恶是有其根据的。王充认为孟、荀、扬雄的人性论都只反映了某一类人的人性，只有把这些理论综合起来，表明人性有“上中下之差”，才能构成一个比较完善的人性理论。而这种人性上的等级之分恰恰反映了封建等级秩序，用王充的人性理论讲，上品人性对应了社会统治阶层，中品人性则是社会富户，下品人性则是平民百姓，正常来说，下品人性就应当向上品人性看齐，接受上等人的教化，服从统治。

我们不难看出，这个时期不管哪个门派提出的所谓的理想人性理论都置于正在成熟的封建伦理之下，他们站在统治者或者“神”的高度，以理想中的统治者认可的伦理纲常作为了评判人性好坏的标准，无疑是封建的、片面的。但这一时期对人类本性的思考却是历史的一大进步。人的主体作用进一步被发掘，民意成为统治者治理国家考虑的一个方面。

### （四）魏晋南北朝时期人的发展特性

公元 263 年，魏灭蜀。公元 265 年，司马炎篡魏称帝，国号晋，定都洛阳，史称西晋。公元 280 年，西晋灭吴。公元 316 年，西晋被匈奴所灭，北方出现了 16 个政权，史称十六国时期。后又历经北魏、东魏、西魏、北齐、北周各朝，史称北朝。西晋灭亡后，司马睿于公元 317 年在建康称帝，史称东晋。公元 420 年起，江南先后建立宋、齐、梁、陈诸朝，合称南朝。南北对峙的局面，史称南北朝。这一时期在中国历史上是一个分裂割据、战乱频繁的时代，民族矛盾、阶级矛盾和统治阶级内部夺权斗争纵横交错。黄河流域的经济遭到严重破坏，相比之下，南方政局稍稳定，经济发展也超过了北方。与此同时，魏晋南北朝又是佛教较为活跃的一个时期。佛教的“因果报应”“神不灭”思想，对开展健康的养生活动具有不利的因素，但该时期道教、玄学的发展导引养生术得到了一定发展。

佛教自汉代“丝绸之路”打通以后，就从印度逐渐传入我国。东汉永平七年（公元 64 年），汉明帝派人去西域求法。永平十年（公元 67 年），白马驮经，回到洛阳。到南北朝时，佛教得到空前发展。

道教的起源可以追溯到奴隶社会的巫术和神仙方术，它不但能占卜吉凶，亦能医治疾病。秦以前，道家思想以老子为代表，提倡清净无为。后来道家中的一些神仙方士替代了早期巫师，喜欢辟谷，善于行气导引，掌握了一定的养生术。汉代神仙方士又把谶纬学接了过来，并吸收老庄、墨家思想，以《太平经》为自己的神书。汉末黄巾首领张角利用道教"祛病去灾、永生不灭"的教义，组织农民起义。三国时期，道教葛玄从当时著名方士左慈学道，世称"葛仙翁"。他的从孙葛洪也是两晋时著名道士，著有《抱朴子》一书，把道教信仰系统化。两晋南北朝是我国导引行气术发展的重要时期，这与神仙道教的提倡密不可分。

道教在魏晋南北朝时期作为一个本土宗教在统治者的支持下发展起来，代表的是统治阶级的利益，推崇的是封建的等级制度，利用玄学中的一些内容参以道教教义，衍生出一套完整的神秘的神仙等级制度。道教是统治者维护统治进行思想禁锢的工具，但我们不能完全否认它所提倡的养生之道对今天人类的身体发展仍有一定的指导意义。

魏晋南北朝是高门士族权势膨胀的时期。由葛洪创建的以追求长生成仙为宗旨的道教，正适应了士族阶层永享荣华富贵的渴望。道教获得了很大发展。葛洪和齐陶弘景在继承和发展早期道教的信仰和方术方面都不遗余力，成为中国道教理论的奠基者以及两晋南北朝时期道教养生领域有影响的人物。他们除了提倡服食金丹以外，也致力于导引行气术的研究和整理，使两晋南北朝成为我国古代导引行气术发展的重要时期，并对隋唐导引行气术的发展产生直接影响。

### （五）隋唐五代时期人的发展特性

人学思想的大碰撞是这一时代人类发展的文化特性。南北朝时期的社会动乱为各种新思想的产生提供了机缘，隋唐二代则以政治统一、经济繁荣为根基，以恢宏包容的气势对这些新思想进行了消化吸收。历史进入隋唐时期，人学思想的发展及其理论架构出现了新的变化。其最显著的特点有三。

第一，儒佛之争进一步深化，出现韩愈、李翱复兴儒家人文主义的新思潮。韩愈表彰《大学》，创立儒家道统说，企图全面复兴儒学，故重新提出天人关系、人性善恶、性情关系、道德修养等方面的人学问题。韩愈的"性三品""圣人立教""博爱之谓仁"等命题，李翱的"性善情邪""复位抑情"以及道德论、修养论等思想，都从不同角度提倡向儒家人学的复归，从而为宋明理学的出现奠定了基础，成为从隋唐时期的儒家人学向宋明时期的儒家人学过渡的中介。

第二，佛教的中国化，出现以慧能为代表的禅宗哲学。禅宗哲学围绕佛教内部佛性问题的争论使“佛性论”向儒家人性论靠拢，慧能的“人人都有佛性”“本性是佛”“三世诸佛俱在人性中”等命题都表现了儒佛融合的倾向。禅宗的佛教改革是佛教中国化的明显标志，它所强调的“佛法在世间，不离世间觉”，是对今世人生修炼的重视，从而冲淡了追求彼岸的宗教狂热和外在超越的宗教精神，使佛教更具世俗性格，甚至成为人生修养的不二法门。从这一意义上说，禅宗乃是隋唐时期的一种佛教人学，成为宋明时期理学家吸收思想营养的一个重要来源。

第三，随着韩愈、李翱对儒家人学全面复兴的努力和佛教禅宗的中国化，隋唐时期出现了以柳宗元、刘禹锡为代表的不拘一格、吸纳百家的综合派人学思潮。这一派既不同于韩愈、李翱，也不同于佛教，它在吸收了道家天道自然观念基础上，继承了荀子、王充、范缜的传统，以清醒的理性思维恢复汉代元气论。柳宗元、刘禹锡在人学思想方面，是对儒、道人学的扬弃。

### （六）宋辽西夏金元时期人的发展特性

北宋年间的哲学家程颢认为“天理”与“人欲”是势不两立之物，因此主张存天理而灭人欲。程颢这里显然是对孔子“克己复礼为仁”（《论语·颜渊》）的话进行了改造，其内涵主要包括：一是如何取“仁”，方法就是“私心去”，去了私心也就是去了“人欲”；二是说“礼”本身便是无“私心”的，因此就是“天理”，而“复礼”就是“复天理”。这么一来，“克己”就是去“人欲”，“复礼”就是复“天理”。所以程颢特别强调“人心莫不有知，惟蔽于人欲，则亡天德也”（《二程集》）。要从天理，不需外求，因为“人心莫不有知”，只要克服人欲，求之于心即可。纵观程颢的思想，他主张人人都去私欲，最终复天理，这种将人的合理性要求都加以否定的观点，无疑是具有禁欲主义苦行僧色彩的说教，在现实生活中是无法实现的。

朱熹的人学在基本内容上并未超出周敦颐、张载、二程以来的理学人学的范围，所使用的范畴、概念也与其基本一致。朱熹的人学的最大特点在于建立在坚实的哲学理论基础上，从根本上改变了中国传统的人学只在人性论基础上进行循环论证而显得说服力不强的局面，用充分、严密的理性论证赋予人学及其内容不容辩驳的客观必然性。

朱熹人学的理论基础便是他的“天理论”。“天理”或“理”是朱熹哲学体系中的最高范畴，被看作万事万物的根本，即“未有天地之先，毕竟也只是理。有此理便有此天地，若无此理，便亦无天地，无人无物”“合天地万物而言，只是一个理”（《朱子语类》）。既然“理”是天地万事万物的根本，天地万物只是它的表现，它自然就是人的根本，人伦也就成了它一个方面的表现。朱熹用“天人本一理”这个对中国人来说较能普遍接受的观念，顺理成章地把“天理”的内容引入人学范围，这样礼仪、威仪等伦理规范就有“天理”作为根据。“天理”的至高无上、不可侵犯，保证了伦理的权威。

朱熹用“天理”来解释伦理，或者说纯粹把“天理”当作对伦理的抽象化、客观化，是有很深用意的。朱熹之所以能把抽象的“天理”转换成现实的、具体的伦理规范，是因为他运用了从佛教华严宗、禅宗那里借用来的“理一分殊”哲学方法。“理一分殊”包含两方面的意思：一是每一人每一物都以“天理”为它存在的依据，每一物每一人都具有“天理”的全部，而不是“天理”的一部分。从人学的角度来说，即指每个人都天然地禀受了全部的封建道德的最根本原则，没有超出封建伦理的人，强调了伦理的普遍性。二是每一具体事物虽然都具有“天理”的全体，但因各物所禀受的气不同，所以天理在各个具体事物上表现出来时，受到气的影响，就有偏有全而各不相同。

### （七）明清时期人的发展特性

明清时期是中国封建社会由鼎盛转而走向日益衰弱的时期。中国封建社会的矛盾充分暴露，一些进步思想家认真思考历史（特别是明王朝的胜败兴衰）的经验和教训，对宋明理学进行了批判和总结。因此，这一时期也是中国古代人学承续宋元人学进一步丰富和发展转而走向分化瓦解、具有近代启蒙色彩的人学思想的酝酿和产生时期。

在一些人的观念中，一提到“文人”，脑海中出现的是些面色苍白、身体瘦弱、四肢无力的人，似乎动脑必伤身，文人无长寿。反过来也有人认为，搞体育、动体力的人，虽然可使身体健康、四肢发达，却难免知识贫乏、头脑简单，在文化科学上不可能有高深的才智和成就，这样就把智育与体育对立起来了。

于是，有的人重文轻体，有的人则重体轻文。殊不知，德智体三方面不仅互为依存，而且能够相互促进，这是已被古今中外许多卓有成就的名人的实践所证明了的事实。

## 三、人的全面发展的碎片性理解和追求

### （一）“生物人”的观念

“生物人”是根据人适应环境的行为来观察人和研究人所产生的一种概念。按照这种概念，人的个体和社会、人的身体和意识都是通过自然选择、基因遗传而产生的一种自然行为，这种自然行为可以通过人的神经系统、行为模式或语言模式得到科学理解或合理说明。一般来说，英美的人类学、社会进化论、生物社会学、进化认识论，以及实用主义、语言哲学和心灵哲学关于身心关系问题的讨论都渗透着“生物人”的概念。

达尔文的进化论不仅仅是生物学理论，而且是现代西方很多人学理论，特别是现代英美人学理论共同遵守的一个范式。这一范式的核心是自然选择论，是在一种特殊的人学理论——马尔萨斯人口论的影响下产生的，产生之后又反过来改变了人的自我观念，发展出社会达尔文主义、种族优生学等人学思想。

达尔文的进化论不但使人们第一次掌握了生物进化的自然机制，而且从根本上改变了人的自我形象和自我概念。达尔文的进化论所揭示的自然选择的机制说明了生物与自然界的其他部分的和谐关系，以及人与自然界其他部分的关系，使得人能够在更大范围内更加细致地认识人与自然的和谐。人与自然的和谐是西方人学的主题，也是人的自尊形象的重要来源。更重要的是，达尔文的进化论为西方人学提供了一个新的具有方法论指导作用和理论示范意义的范式。总体来看，现代“生物人”的观念与传统的“自然人”的形象有所不同，“生物人”的本质虽然是生物的自然属性，但与“文化人”“社会人”却是一致的。

现代“生物人”的观念继承了传统“自然人”观念的一个重要因素，即认为人的本性和本质是天生的本能，自然先于文化，先天决定后天。这些观念在遗传学建立之前，表现为“种类遗传决定论”。

在基因遗传学建立以后，最近又出现了“基因决定论”。在当今西方，特别是在美国的文化氛围中，人的一切行为和社会现象被大量地渲染为基因的产

物，由此出现了越来越多的“文化基因”种类。正如一些评论家所说基因已经成为一种符号，“一种以具有社会意义的方式定义人的特征和人际关系的便利工具”[①]。“基因决定论”不仅是对人的一种解释，而且也是对人的一种改造。

人的理性在“生物人”的观念中占有显赫位置。理性仍被视为将人与其他动物区别开来的主要特征，但这是基因的特征，是在长期的进化过程中高度适应环境的生物机能。与社会生物学同步发展起来的进化心理学和进化认识论考察了人的理性的基因特征。与传统心理学和认识论的考察不同。首先，进化论对理性的考察揭示人与动物的基因的连续性，以及产生理性的基因突变。其次，进化论的考察指出理性与其他心理特征，如激情、冲动等是相互作用的，纯理性只是理论的抽象，并不存在单独的“理性基因”。

进化认识论的一个内容是意识发生学，它所依据的是基因变异机制的进化。按照这一解释，在进化过程中，有些动物在神经中枢出现某些警告信号，如不安、不舒适或疼痛，警告信号使得动物改变行为方式，从而避免更大的损害。随后，在神经系统中出现了代表警告信号的想象符号，使得动物能够采用想象的试错法代替以身试错的实际试错法。这样他们能够在不受痛苦或损伤的情况下就可以排除错误。想象的试错之后，出现的是动物对试错后果的反应，这样就产生了虽然是想象的试错，但这种想象试错的反应依然是逃避。期待和逃避都是合目的性的行为，目的和意图便是意识的萌芽。进化到人类阶段，出现了意识现象，伴随着意识出现了语言以及其他文化的现象：艺术、宗教、道德和科学技术。

### （二）“宗教人”的观念

从人学的发展来说，“宗教人”的观念在整个西方人学思想中占有一定的地位，而这种“宗教人”的观点又和西方整个发展相联系。古希腊时期，以古希腊神话为主体的教义强调“神”的观念。此后随着基督教的逐步发展，基督教在西方各国中占统治地位。基督教思想家以《圣经》为依据，发展出特有的基督教人学思想。这种人学思想以古希腊人学思想为先导，为后来的人文主义发展奠定了一定的基础，是西方人学思想的重要组成部分。

---

① 杰里米·里夫金. 生物技术世纪：用基因重塑世界. 付立杰，陈克勤，昌增益译. 上海：上海科技教育出版社，2000：230.

基督教思想和文化的主要载体是《圣经》，包含来源于犹太教的经典《旧约》和基督教创始人耶稣及其使徒言行的《新约》两部分内容。从人学的角度讲，《圣经》就是一本记载和描述人和神之间关系的书籍。《新约》突出的是耶稣，强调耶稣既是人也是神，同时具备人性和神性两种特质。由此可以看出，《新约》中的上帝更加接近人，神与人之间的关系也更加紧密，这些都为基督教神学家的人学思想奠定了基础。中世纪基督教的人学是这样一种特殊形态的人学，围绕人神关系而展开，在此基础上构建出“宗教人”的观念，而这种观念和古希腊时期的“宗教人”的观念又有所不同。这种“宗教人”的观念发端于基督教神学教义，但其主体形象并没有脱离古希腊神话，而是在神话基础上更加强调人与神的差别，即基督教的神是全能、无限的神，但又承担着拯救人的任务，与人关系密切。

### （三）“自然人”的观念

17—19 世纪是自然科学兴起并不断发展的全新时代。在这一背景下，人类关于知识、世界的认识逐渐深化，自然事物成了人认识一切的基础，而对人本身的研究也开始以观察人这种自然存在的事物为前提，“自然人”的观点逐渐兴起。探究“自然人”的观点，就要清晰自然人的一些内在特点：“自然人”指的是自然界独立的个体，每个个体都拥有一定的权利，生存、发展都是自然所赋予的权利，就像其他自然事物的生存发展一样，遵循着基本的自然规律，即“自然法则”。在这一基础上，每个“自然人”都是社会中不可或缺的一部分，是构成国家的基础，在享受权利的同时，也要承担应尽的义务。

### （四）“文化人”的观念

“文化人”的观念是与自然科学同时兴起的文化研究的产物。近代的文化研究者都自觉地意识到研究人的方法与自然科学的方法的根本区别，要求运用与自然科学不同的新方法研究人。他们特别强调人的创造性和自由不能用自然规律的决定论来解释。“自由”和“创造”是“文化人”的观念的核心内容，是各门文化研究学科集中的焦点。

“人的发现”这一历史使命主要是由人文主义者完成的。“人文主义”这个词最初的意思是指人文学科（studia humanitatis）。15 世纪，意大利恢复以古典拉丁文为主的人文学科，它的培养目标是个人的表达能力和文化修养。教育内容的变化反映了时代精神的变化，对西方人学的变化有深刻的影响。人文主义者摆脱了神学的束缚，重新发现了古希腊人作为“万物的尺度”的“文化人”的形象。

德国浪漫主义是对法国启蒙理性的反动，认为“文化人”的举动应不受近代文化所体现的那种古典主义的清规戒律的束缚，是真实感情的自然流露。浪漫主义文学作品所刻画的主人翁往往是自由奔放和自我陶醉的人物，是“文化人”形象的典型。

### （五）“理性人”的观念

17—19世纪上半叶的欧洲号称“理性的时代”。西方文化始终存在着理性主义传统，但是近代西方所崇尚的理性不是古希腊人和中世纪人所谓的“理智”或“理性灵魂”，而是运用了新兴自然科学的理性。近代西方哲学发生了“认识论转向”，哲学与自然科学结盟，把科学知识的基础、性质、方法和范围作为哲学研究的主要任务。通过认识论的论证，哲学家把理性的核心界定为“自我”或“自我意识”。崇尚自我是近代理性主义的显著特征。

近代的科学理性和哲学认识论极大地改变了西方人对人自身的认识。“理性的时代”产生出理性主义的人学。第一，理性主义人学认为理性的本质是自我意识。人的一切意识活动都受自我意识的规定和制约，一切意识内容都围绕自我意识展开。为了认识人，首先必须认识自我意识。第二，自我意识是反思的意识，通过对意识自身的反思，“理性人”不但认识外部世界，而且把握自身的内在世界。“理性人”是从事理性认识的人。第三，自我意识同时也是实践的理性，“理性人”也是实践着的自我，能够在道德、宗教、审美等精神活动中体现自我，完善自我。第四，“理性人”的自我是独立的、自由的个人，具有存在和活动、权利和目的的主体性，能够自觉地维护个人的主体性，自主地实现自我的价值和目的。第五，“理性人”的哲学不是无条件的个人主义，而是“合理的”个人主义，合自我反思之理。自我意识不但使单个的“理性人”获得共同的人类知识，而且使“理性人”能够按照理性的要求和规律建立合理的社会。

“理性人”是“自我意识”的化身，是近代西方认识论所包含的理性主义人学精华，唯其如此哲学家们抽象的思辨和晦涩的语言才成为时代的最强音，哲学从来没有像在近代时期那样集中反映着时代精神和民族精神。恩格斯指出启家学者是“非常革命”的，“他们不承认任何外界的权威，不管这种权威是什么宗教、自然观、社会、国家制度，一切都受到了最无情的批判：一切都必须在理性的法庭面前为自己的存在作辩护或者放弃存在的权利，思维者的悟性成了衡量一切的唯一尺度”[①]。黑格尔把康德的“纯粹理性”和费希特的“绝对自我”改造成先于及高于人与社会的“绝对精神”。但是绝对精神不过是被神化了的、高度抽象的人的精神。

近代思想家把人的理性看作天然合理的存在，黑格尔却把理性意识作为一个历史形成的过程来考察。这一历史的过程同时也是辩证的过程。自然意识在知性阶段达到了抽象普遍性，社会意识在苦恼意识达到外在的个别性，即彼岸的个人的权利和自由。理性是自然意识和社会意识的合体。理性知识的发展经过了从外在到内在、从抽象到具体、从概念到实际的过程。黑格尔的体系终结了近代理性主义的人学。近代“理性人”的观念，在他的体系中被推到极点，成为无限的、完全自由的、神圣的绝对精神。这样的精神不是别的，正是上帝的化身。

### （六）“行为人”的观念

20 世纪，英美国家流行的哲学具有强烈的科学主义的精神和语言分析的方法，因此经常被当作欧陆人本主义的对立面，似乎缺乏人学思想。但如果熟悉英国近代的“自然人”以及现代英美等国流行的“生物人”的观念，进而理解这一人学传统的特殊方法和风格，那么在英美国家高度技术化、专业化的现代哲学中，丰富的人学思想就可以被解读出来。如果用一个概念来概括这些英美人学思想的“家族相似”的特征，这个概念就是“行为人”。

“行为人”这一概念概括了人的哪些特征呢？首先，按照“行为人”的概念，人就是他所做的一切行为的总和，不存在什么看不见的人性和本质。与中文“行为”相应的英语单词很多，哲学中经常出现的有 conduct、behavior、performance、act、action 等。这些词的意义虽然有差别，但都有一个共同的特征，就是指示一个可以观察的经验活动。现代英美哲学要求排拒形而上学，这也是现代英美关

---

① 马克思，恩格斯. 马克思恩格斯选集（第 3 卷）. 中共中央马克思恩格斯列宁斯大林著作编译局编译. 北京：人民出版社，1995：355.

于人的哲学研究的要求：要研究人，就必须观察人，观察人就是观察人的行为。这样人学的对象就被集中在人的行为上。

集中于人的行为，为解决人的本质问题提供了新的途径和方法。在历史上，人的本质被当作“灵魂”、“身体”或“身心关系”。但是除了人的身体，“心灵”和“身心关系”都是不可观察的。英美思想家要求把观察人的行为作为研究人的准绳，他们并没有把人的本质归结为身体行为。可观察的行为包括生理行为和心理行为，两者是相互作用的，身心相互作用不仅表现为身体的变化，而且表现为大脑神经活动。对生理、心理和大脑神经活动的观察需要把心理学和心灵哲学、行为科学和认知科学结合起来，对身心关系的科学研究同时成为对人的哲学研究，这种研究体现了现代英美人学的科学精神。“行为人”和“生物人”这两种观念是哲学和科学对话交流的产物，它们使人学问题进入科学，使人学获得经验证据和科学方法。

如果把观察人的要求局限在实证科学的经验研究范围内，那么人学固有的人生价值、人文精神和社会作用就会大为降低。事实上，英美现代人学的科学精神并没有产生这样的副作用，其中一个主要原因是哲学的“语言学转向”为人学开辟了新的途径和领域。

人们早就注意到语言对于人的行为的重要性，比如 19 世纪的德国思想家洪堡指出语言是人的世界观。但是人们还只是从语言和思想联系的意义上评价语言的重要性。20 世纪初，英国哲学发生了语言学转向，从此语言分析哲学成为英美哲学的主流。第二次世界大战后，分析哲学发生了语用学转向。大多数分析哲学家不再热衷于分析语言逻辑结构，或探讨语言与实在的关系，而是把语言的使用作为最基本、最重要的人的行为，通过对语言行为的研究考察、解释人与人交往的方式、待人接物的态度和一般的生活形式。语言分析哲学关于人的语言行为的讨论虽然表现出一种自然主义的态度，但与达尔文的进化论范式还有一些隔膜。在民间心理学中，两者的隔膜被打通了，我们再次看到了达尔文范式对英美现代文学的深刻影响。

语言哲学的对象好像是语言，但实际上是一种关于人的哲学。语言之所以成为哲学关注的焦点，正是因为语言行为是最熟悉的可观察的人的行为，通过语言行为，我们可以更全面地理解人际关系和人的社会。人的语言行为大量的是日常行为。对语言行为的观察和研究不但与人的日常生活休戚相关，而且把人的科学、道德、政治和经济等领域的行为建立在日常生活的基础之上。在研究语言行为的基础上发展起来的人学既没有抽象空洞的道理，也没有关于人生的说教，它以日常生活为素材和背景，以脚踏实地的风格扩大和深化了人对自身的认识。19世纪与20世纪之交，美国人才有了第一个产生于美国本土的哲学——实用主义。这是一种把行为的实效作为一切思想的准则的行动哲学。实用主义把行动放在一切的首位，用行动的实效衡量思想，用行动的性质解释人、社会和世界。这种哲学是彻底的人的哲学。

身心关系问题涉及人的体质，是西方人学史和哲学史上长期争论而又莫衷一是的问题。“行为人”的观念在很大程度上有助于解开这一“宇宙之谜”。人的本质既不是不可观察的心灵，也不是身体的机械运动，而是身心统一的行为。通过对人的行为的经验观察和研究，我们就可以得到关于身心关系的可靠知识。但是从人的行为入手来解决身心关系问题并没有完全解开这个谜。问题的关键在于身心统一的行为是什么样的行为？如果那是生理行为，那么身心的统一以身体为基础，这是行为主义的立场；如果那是大脑和全身的神经活动，那么身心统一以生化属性和结构为基础，这是物理主义的立场；如果那是有因果关系的信息输入反馈的状态，那么身心统一以信息处理的系统模式为基础，这是功能主义的立场；但是如果认为所有这些行为都不能解释身心的统一，心灵具有另外的、独立的活动、状态和属性，那么又回到过去的二元立场。不管哪一种立场都不是对传统的观点的重复，它们都以充足的经验证据和跨学科的科学解释，极大地丰富了人们对自身的认识，对身心关系的认识更加具体和深入。

## 四、人的全面发展的整体性理解和追求

### （一）人的全面发展思想的发展历程

关于人的发展问题自古以来就是人类孜孜不倦研究的话题，寄托了人类无限的遐想和美好的追求。马克思站在人类社会发展的高度对人的全面发展进行了一系列探讨，并逐步将其发展成为一种科学理论。这一过程伴随着马克思对前人理论观点的研究，以及对人的发展本质认识的不断深化，经历了从萌芽、形成、发展、完善到成熟的阶段。

在马克思理论形成的前期，马克思就开始对人的全面发展问题进行了探讨。

1835年，马克思在中学毕业论文《青年人在选择职业时的考虑》中就曾提出，“如果我们生活的条件容许我们选择任何一种职业，那么我们就可以选择一种使我们最有尊严的职业，选择一种建立在我们深信其正确的思想上的职业，选择一种能给我们提供广阔场所来为人类进行活动、接近共同目标即完美境地的职业……在从事这种职业时，我们不是作为奴隶般的工具，而是在自己的领域内独立地进行创造；这种职业不需要有不体面的行动，甚至最优秀的人也会怀着崇高的自豪感去从事它”，“神也给人制定了共同的目标——使人类和他自己趋于高尚”。[①]在该文章中，马克思阐述了自己对职业生涯的认可，并提出了自己的规划，与此同时，提出了自己对人的发展的一个新的抑或关键的看法——使人类和自身趋于高尚，这种高尚来源于人类所从事职业，这是一种最适合自己，也最有尊严的职业，通过这一职业，实现一个“共同目标即完美境地”。在这里，无论高尚抑或完美，都体现了马克思对人的发展蓝图的一种美好描绘，蕴含着马克思的人的自由全面发展思想的初步萌芽。

探讨马克思的人的全面发展思想的形成，我们就必须和马克思主义史观相联系，从《神圣家族》到《共产党宣言》的过程，正是马克思唯物史观的形成过程，也是马克思关于人的全面发展思想的形成时期。

马克思、恩格斯合著的《神圣家族》逐渐发现，隐藏于物与物背后的人与人之间的生产关系。这种变化表明马克思对人的看法开始由“抽象的人”向“现实的人”转变。

马克思的《关于费尔巴哈的提纲》研究了“实践”的概念，并将其作为自己全部认识论的基础，划清了与唯心主义的界限。在此基础上，马克思以唯物史观为依据，揭示了社会生活的本质和人的本性，确立了新的人的本质观。这种人的本质观既强调人的本质的社会性，也强调人的本质的历史性，认为人的本质是历史生成的，在不同的历史条件下，人的本质发生着变化，因此实现人的本质也是不断变化的。马克思强调要从实践的角度来理解人的本质，认为人的历史是实践的历史，人的社会关系也是在人的不断实践中形成的。这种人的本质观和马克思的人的发展思想是一致的，对人的本质做出“现实生活”和“社会关系”的理解，为人的发展思想，尤其是人的全面发展思想，提供了有力的支撑。

① 马克思，恩格斯. 马克思恩格斯全集（第40卷）. 中共中央马克思恩格斯列宁斯大林著作编译局编译. 北京：人民出版社，1982：6.

1848年，马克思、恩格斯合著的《共产党宣言》正式问世，其中首次正式明确提出，未来共产主义社会的本质特征不是别的，就是个人的全面自由发展。“代替那存在着阶级和阶级对立的资产阶级旧社会的，将是这样一个联合体，在那里，个人的自由发展是一切的人的自由发展的条件。”①在马克思、恩格斯看来，人的自由全面发展首先是摆脱私有制的束缚，获得解放，其次就是摆脱社会分工的限制，实现每个人发展自己多方面能力的可能。而这一切，只有在共产主义社会中才可能成为现实，在自由的人的联合体中，人的全面发展才能成为可能。

在这一时期，马克思的人的全面发展理论比之前有了较大的发展，这一切都基于马克思在认识理论上的不断深入，尤其是以唯物史观为其认识的基础。在这一理论的指导下，马克思从生产力的发展、消灭私有制和社会分工、发展教育等方面阐述了人的全面发展的实现条件和途径，这些都为人的全面发展思想的成熟奠定了坚实的基础。

唯物史观创立后，马克思恩格斯对人的全面发展的研究开始走向理论和实践相结合的道路。1843年，马克思开始以英国的古典政治经济学为基础，研究政治经济学的相关内容，并着重剖析资本主义生产关系下人的发展问题。《资本论》手稿的相继诞生标志着人的全面发展思想的成熟。

与此相同，马克思认为人的全面发展历程和整个人类历史的发展一样，是一个自然的过程，也经历三个不同阶段：前资本主义社会、资本主义社会、共产主义社会。在前资本主义社会，马克思认为人的劳动活动的特性造就了人的能力的“全面性”和“丰富性”，这种丰富性因为那个时期的人的活动还没有被分隔开，与他人共同从事多种劳动或者一种劳动的多个方面，形成劳动的共同体。在社会关系方面，人们的关系也只限于个人对劳动共同体的依赖，而个人与个人、共同体之间以及不同共同体的人之间则缺乏相应的联系。对人的社会关系和个性发展的特征的认识，可以被称为“人的依赖关系”。个人被局限于特殊的社会职能和共同体中，无法实现全面的发展。在资本主义社会中，由于机器大工业的发展和社会分工的出现，个人发展变成一种“畸形发展”，因为社会分工导致人的物质劳动和精神劳动分离，劳动也被训练成单一的活动，对物的依赖变

① 马克思，恩格斯. 马克思恩格斯全集（第1卷）. 中共中央马克思恩格斯列宁斯大林著作编译局编译. 北京：人民出版社，1979：294.

强，个人发展的空间越来越小。在共产主义社会中，个人才能得以全面发展，这得益于共产主义社会形态下极大丰富的物质以及人对各种束缚的摆脱。在这一时期，人的关系也将演变成对个人能力的一种依赖，而不再依赖于劳动的共同体和物，个人和社会保持高度的一致。

### （二）人的全面发展思想的精神核心与科学内涵

#### 1. 从“人”的视角看人的全面发展

众多学者长期以来对人的全面发展的认识，存在“人”和“类”两种不同看法，类似对“个人”和“整体”的认识。马克思在唯物史观中把“现实的人”看作是人的发展的前提，这种“现实的人”把人从历史的角度进行认识，是在一定的物质条件和社会关系中从事实践活动的有生命的感性存在。马克思在对人的发展的探讨中，站在个人和社会发展统一的角度，把人看作“社会的人”或者“每一个人”，在马克思看来，真正的人的发展是全体社会成员共同的发展，而不是一部分人的发展，也不是少数人的发展。因此，对于人的全面发展，“人”和“类”所包含的内容是一致的，个人的发展在前，整体的发展在后，由个人扩展到整体，这是必经的过程。

#### 2. 从“全面”的视角看人的全面发展

全面发展的核心必然是每个人都能够平等地享有发展的机会，每个人都能够得到发展，每个人的发展都是完整的。

（1）人的生存需要的全面发展

人作为自然存在物和社会存在物，对自然和社会有各种需要，这些需要既包括基本的生活需要，也包括更高级的社会交往及实现自身价值和社会价值的需要，而这些需要都要靠人的活动去满足，人的活动的最根本的体现是生产劳动，其活动能力决定着满足程度的大小，也决定着使人之为人的社会关系的丰富程度。因此，个人发展和社会发展必然是一个统一的、共同发展的过程，“人的本质，在其现实性上，是一切社会关系的总和”[①]。

人的需要是人对其生存、享受和发展的客观条件的一种心理依顺和心理期

① 刘艳丽，王爱敏. 对“人的本质‘在其现实性上，是一切社会关系的总和’”的再认识. 哈尔滨学院学报，2008（6）：12-15.

盼状态，是人的本质的一种体现，是人自身的规定性，是人的全部活动的内在动力，是人类一切活动的源泉和动力。从个体的发展角度看，个体的需要结构除了低层次地满足衣食住行的生理和生存需要之外，还有更高层次的社会交往的需要、尊重的需要和自身价值实现的需要等精神需要及社会需要。但无论什么样的需要，都是和人的本质联系在一起的，“他们的需要即他们的本性”①。

人的需要是人的自然本性和社会本性的统一。作为自然存在物，人与其他自然生物一样，有自然的本性需要，这是保证生命存在和种族繁衍所必需的、普遍的自然本性。“吃、喝、生殖等等，固然也是真正的人的机能。但是，如果加以抽象，使这些机能脱离人的其他活动领域并成为最后的唯一的终极目的，那它们就是动物的机能”②，因此人的需要又具有社会性。作为社会存在物，人的需要主要是社会需要、精神需要等发展性需要。人的生存需要是人的发展性需要的前提和基础。人的发展性需要是人的生存需要的发展和升华。人的需要随着社会的历史发展，呈现出一种上升的趋势，是一个不断反复的、永无止境的发展过程，这必然使人的需要日益丰富和全面。因此，人的全面发展需要是人的发展需要的重要组成部分，是人的最高和最终的需要。

人的发展是伴随着人的需要的发展而发展的，人的现实需要的结构反映着人的生活方式的性质，体现着人的发展水平和自由程度。只有在共产主义社会，由于生产力高度发展，社会产品极大丰富，人的多方面的全方位的需要本身也才能获得最大限度自由而充分地释放和发展。“我们已经看到，在社会主义的前提下，人的需要的丰富性具有什么样的意义，从而某种新的生产方式和某种新的生产对象具有什么样的意义：人的本质力量的新的证明和人的本质的新的充实。”③马克思认为需要和生产一样是人类生存和发展的基础和必须前提，人的发展包含多方面需求的发展，因此人需要多方面、自由而充分地发展是人的自由而全面发展的一个重要内容。

（2）人的劳动能力的全面发展

马克思主义认为劳动是人以自身的活动来引起、调整和控制人和自然之间

---

① 马克思，恩格斯．马克思恩格斯选集（第 1 卷）．中共中央马克思恩格斯列宁斯大林著作编译局编．北京：人民出版社，1972：243.

② 李佃来．马克思政治哲学中的人道主义意蕴．求索，2020（2）：26-35.

③ 李辉．论新时代语境下思想政治教育思维再定位．探索，2019（4）：164-172.

的物质、能量、信息的交换过程。所以人的需要应通过人的活动来满足，人的需要充分发展必然要求人的劳动或活动能力的充分发展。人的发展的本质是人的劳动能力的发展。需要的发展是“人的本质力量的新的证明和人的本质的新的充实”。

马克思在《1844年经济学哲学手稿》中指出，“人的类特性恰恰就是自由的自觉地活动”[①]。马克思所说的自由自觉的活动就是人的劳动。因此人的发展首先就是人的劳动能力的发展，它包括多方面的内容，但与人的全面发展相联系。马克思谈得最多的还是人的体力与智力。在《1844年经济学哲学手稿》中，马克思提到“劳动者自己的肉体和精神的能力”[②]。在《资本论》中，马克思指出“劳动力的发挥即劳动，耗费人的一定量的肌肉、神经、脑等等”，并明确指出“我们把劳动力或劳动能力，理解为人的身体即活动的人体中存在的，每个人生产某种使用价值时就运用的体力和智力的总和”。[③]马克思主义认为人的劳动是一种自由自觉的活动，是人的类本质，但在资本主义私有制条件下，它却发生了异化，这种异化劳动使劳动者受到限制，造成劳动者的片面发展和畸形发展。

在马克思主义看来，正是体力与智力的分离导致分工的出现，而分工则直接造成劳动者的片面发展，使人畸形发展，使人受到限制，只有消灭旧式分工，才能打破这种限制，消除脑力劳动与体力劳动的界限使人能够适应不同的劳动要求，把不同的社会职能作为互相交替的活动方式，人才能获得自由而全面的发展。因此，要从人的片面发展走向人的全面发展，就要改变劳动的性质，将异己的、外在的、强制性的劳动变成自主的、自觉的、能动的劳动，实现从异化劳动到自由劳动的转变。而这个条件的实现是建立在共产主义社会的基础上的，只有到了共产主义社会，“在迫使个人奴隶般地服从分工的情形已消失，从而能力劳动和体力劳动的对立也随之消失之后；再劳动已经不仅仅是谋生的手段，而且本身成了生活的第一需要之后；在随着个人的全面发展，他们的生产力也增长起来，而集体财富的一切源泉都充分涌流之后——只有在那个时候他们才能完全超出资产阶级法权的狭隘眼界，社会才能在自己的旗帜上写上：各尽所

① 马克思，恩格斯. 马克思恩格斯全集（第42卷）. 中共中央马克思恩格斯列宁斯大林著作编译局译. 北京：人民出版社，1979：96-100.

② 马克思，恩格斯. 马克思恩格斯全集（第23卷）. 中共中央马克思恩格斯列宁斯大林著作编译局译. 北京：人民出版社，1979：190-192.

③ 马克思. 资本论. 北京：人民出版社，1975：245-250.

能，按需分配”[①]。

正是劳动“使生产者也能改变着，炼出新的品质，通过生产而发展和改造着自身，造就新的力量和新的观念，造就新的交往方式、新的需要和新的语言”[②]，劳动的结果就是“人的本质力量的充分展示”。人类社会发展的历程证明，劳动的产生就是人类的产生，劳动的异化就是人类的异化，劳动的解放和发展就是人类的解放和发展。因此，人的劳动能力的全面自由发展是人的全面发展的根本内容和前提条件。

（3）人的社会关系的全面发展

人不仅是自然存在物，更是社会存在物，人的类特性反映到现实性当中就是人的社会特性，亦即人的社会关系。人的劳动能力（亦即人的本质力量）的充分发展反映到现实性当中就是人的社会关系的充分发展。

人是社会的人，人的内在的、全面丰富的本质只有在丰富的、全面的社会关系中才能得以表现和实现。社会关系是人们的活动关系，是在活动基础上形成和表现出来的人与人之间的相互关系。物质资料生产是人类最根本的活动，进而成了社会关系中的最基本关系——生产关系。物质资料生产是不断变化的，因此社会关系也是处于不断发展变化的历史进程中。

人类初期作为不发展的特征之一就是个人没有任何丰富的社会关系，人们之间处于平等状态，但是“那正是因为他还没有造成自己丰富的关系，并且还没有使这种关系作为独立于他自身之外的社会权力和社会关系同他自己相独立”[③]。因此这种原始的自由和平等是人们基于生存需要而产生的本能的依存和自发的结合。“无论个人还是社会，都不能想象会有自由而充分的发展。因为这样的发展是同（个人和社会之间的）原始关系相矛盾的。”[④]在这一时期，人的活动及其社会形式只是表面上呈现和谐状态，进入资本主义社会，人对物的依赖关系取代了人对人的依赖关系。“毫无疑问，这种物的联系比单个人之间没有联系好，

---

① 何中华.《德意志意识形态》“费尔巴哈”章的诠释之商兑：兼评魏小萍《探求马克思》一书中的几个观点. 山东社会科学，2010（9）：5-14.

② 吴雪龙，汪先平. 马克思人的全面发展理论视域下大学生素质教育探析. 成都中医药大学学报（教育科学版），2019（3）：24-26.

③ 马克思，恩格斯. 马克思恩格斯全集（第46卷上）. 中共中央马克思恩格斯列宁斯大林著作编译局译. 北京：人民出版社，1980：109.

④ 马克思，恩格斯. 马克思恩格斯全集（第46卷上）. 中共中央马克思恩格斯列宁斯大林著作编译局译. 北京：人民出版社，1980：485.

或者比只是以自然血缘关系和统治服从关系为基础的地方性联系要好”[①]，但资本主义社会形成的普遍的社会物质交换和全面关系只是作为一种外在异己力量与人相独立，人们无力加以把握，只能从属甚至服从于这种关系。正如马克思所指出的，“资本在具有无限度地提高生产力趋势的同时，又在怎样程度上使主要生产力即人本身片面化，受到限制”[②]。也就是说，资本主义社会由于私有制造成的这种异己的、片面化的社会关系，不仅不能成为人自由而全面发展的条件，反而成为人自身发展的束缚。

在共产主义社会，劳动不再是一种负担，而成了以发展人的能力为目的的活动，成了人生活的第一需要。人们的选择越来越多，这种生活内容的丰富性带来个人的社会关系的丰富多样性，使个人摆脱个体的、地域的和民族的狭隘性。在交往中，人们之间得到自由的交流，使自己获得充分而自由的发展。因此在共产主义社会，人们将在自觉、丰富、全面的社会关系中获得全面而自由的发展，成为有自由个性的人。

（4）人的自由个性的全面发展

人的全面发展不仅应当是全面的，而且应当是自由的。人的个性的自由而充分地发展是人的全面发展的最高形式、目标和结果。人的个性的成熟发展是马克思关于人的发展的重要内容和主要标志之一。人的个性的发展的一个很重要的方面是人的主体性发展，只有自主的人才可能是真正的有个性的人。人的个性发展从根本上表现为个人主体性水平的全面提高，也就是人的自觉能动性、创造性和自主性的全面发展。正是在这个意义上，马克思把人的个性称为自由个性。

在阶级社会中，个人的政治自由只是对那些统治阶级范围内的个人来说的，广大的劳动者阶级则丧失了自主性，很难形成和展示自己的个性。在共产主义社会，在生产力高度发展的基础上，在实现人的能力和社会关系全面发展的同时，人的个性也将获得充分自由的发展。所以马克思和恩格斯认为人的全面发展、人的自由个性只有到了“外部世界对个人才能的实际发展所起的推动作用

---

① 马克思，恩格斯. 马克思恩格斯文集（第 8 卷）. 北京：人民出版社，2009：56.

② 马克思，恩格斯. 马克思恩格斯全集（第 47 卷）. 中共中央马克思恩格斯列宁斯大林著作编译局译. 北京：人民出版社，2004：190.

为个人本人所驾驭时，才能真正实现”[①]。

马克思指出，“人是最名副其实的政治动物，不仅是一种合群的动物，而且是只有在社会中才能独立的动物。孤立的个人在社会之外进行生产——这是罕见的事，在已经内在地具有社会力量的文明人偶然落到荒野时，那可能会发生这种事情——就像许多个人不在一起生活和彼此交谈竟有语言发展一样，是不可思议的”[②]。马克思就是将一切社会关系的总和当作人的本质，因为人是社会的存在，所以人总是通过社会的发展来实现自身的发展，并且人的发展总是和社会的发展相适应、相一致的。首先，人的发展离不开社会实践，尤其是劳动过程，人的发展归根到底取决于劳动本身的发展；其次，人的发展离不开社会关系，在创造着越来越丰富的社会关系同时，人成为越来越具有全面性的人；最后，社会发展是人的发展的基础和限度，制约着个人的发展和创造活动。

马克思通过对三大社会形态下人的发展的考察，揭示了人的发展与社会发展的一致性。在这里，马克思既揭示了社会的发展规律，又揭示了人的发展规律，指出人的发展状况总与社会发展的特定历史阶段相一致，人的依赖性是与前资本主义社会相适应的，人的独立性是与资本主义社会相适应的，人的自由个性是与共产主义相适应的。一方面，社会发展决定着人的发展，人的发展状况总是与现有的生产力和社会关系的发展状况相适应的；另一方面，社会的发展也离不开人的发展，正是人类自身力量的进一步发展，才使得社会形态的社会不断进步和发展。“人们的社会历史始终是指他们的个体发展的历史，而不管他们是否意识到这一点”[③]，人的发展只有成为社会发展的手段，才能借助社会发展的条件来实现自身发展的目的。在共产主义社会，人的发展与社会的发展将达到高度的和谐统一。马克思通过对人的发展与社会发展的历史考察，坚信越是发达的社会形态，越能容纳社会生产力的更大发展，最终必然使人本身得到更为成熟的发展。

总之，马克思从唯物史观的立场出发，从人类历史的发展和社会现实入手，把握和研究了人的全面发展问题，科学地揭示了人的全面发展的内涵，并通过

① 张曙光. 人的世界与世界的人：马克思的思想历程追踪. 北京：北京师范大学出版社，2022.

② 马克思，恩格斯. 马克思恩格斯选集（第 1 卷）. 中共中央马克思恩格斯列宁斯大林著作编译局译. 北京：人民出版社，1972：2-13.

③ 马克思，恩格斯. 马克思恩格斯全集（第 27 卷）. 中共中央马克思恩格斯列宁斯大林著作编译局译. 北京：人民出版社，1972：478-482.

对社会生活现状的认识和对未来社会发展趋势的预测进一步分析了人的全面发展的实现条件。

## 第二节　群体的全面发展

### 一、群体特性的全面发展

#### （一）群体的基本含义

群体相对于个体而言主要是指由两个或两个以上的人组成的，为了达到共同的目标，以一定的方式联系在一起进行活动的人群。群体可以分为正式群体和非正式群体。正式群体是为了实现组织赋予的任务而建立的，在组织法规或组织系统中，有明确的组织地位、权责关系及职责范围。非正式群体指其成员为了满足个体需要，以感情为基础自然结合形成的多样的、不定型的群体。非正式群体既没有正式结构，也不是由组织确定的联盟，是个体为了满足社会交往的需要在工作和生活环境中自然形成的。

卡特尔认为既然人们的许多行为是由他们的群体隶属关系所决定的，那么尽可能详尽了解其所属的群体就显得至关重要。“人格”一词包括个体的特质，而“群体特征”这个术语则包括群体的特质。卡特尔用研究个体的同样方法研究了诸如宗教、学校、同辈人及民族等各种群体，例如在一个研究中，卡特尔就评价了40个国家中有关群体的72个变量，并对所有测量结果做了相关因素分析。[①]

#### （二）群体的基本特性

群体中，成员有共同的目标和价值观，对群体有共同的认同感和归属感。群体的价值和力量在于其成员思想和行为上的一致性，而这种一致性取决于群体规范的特殊性和标准化的程度。群体规范具有维持群体、评价和导向成员思想及行为、限制成员思想和行为等功能。在群体中，与正式规范同时存在的还有非正式规范。当非正式规范与正式规范一致时，人们往往按照非正式规范行为。群体规范对个体行为的制约表现为服从和从众。群体规范通过内化和外化的机制影响个体思想和行为的变化，是管理上通过建立和维持良好的群体规范培养师

---

① 衣新发. 卡特尔心理健康思想解析. 杭州：浙江教育出版社，2013：112-130.

生好思想、好品德的心理依据。

尽管群体之间的类型、大小、性质、规模等方面千差万别，但所有群体都有如下几个基本特性。

第一，各成员具有共同的群体目标与利益。任何一个群体必须具有群体目标。群体内有相互协作与配合的组织保证。群体内每个成员有着共同的兴趣，并为实现群体目标而做出自己的努力。群体目标通常是单个个体无法独自实现的。

第二，各成员都具有群体意识。群体中每个成员都意识到自己是群体的一员，意识到其他成员的存在，并与他们相互影响，建立起相互依存的关系与情感，群体成员之间经常进行必要的交流与沟通。群体的成员资格有助于成员建立积极的社会认同，有利于其形成一体化的自我感觉。几个人或更多人集合在一起，若彼此在心理上没有多大联系，就称不上群体，只能将其看作一伙人或一群人。

第三，各成员之间能够密切协作和配合。群体内部要有群体分工，有一定的组织结构。群体中的每个成员都在群体内占有一定的地位，扮演一定的角色，执行一定的任务，有一定的权利和义务，即群体分工。例如，一个公司群体有董事长、总经理、供销、技术、宣传等分工，做到各司其职。

第四，群体要满足各成员的归属感需要。归属感是个体自觉归属于所属群体的一种情感，在心理上有依存关系和共同感。有了这种情感，个体就会以群体目标为准则，进行自己的活动、认知和评价，自觉维护群体的利益，并与群体内其他成员在情感上产生共鸣。

### （三）群体特性全面发展的基本条件

群体特性全面发展的基本条件主要包括以下几个方面。

一是经常性的社会互动。群体是以一定的社会关系为纽带的个人集合体，群体成员间保持着经常性互动关系。群体中的人际关系以彼此了解为纽带，并以一定的利益和感情关系为基础，转瞬即逝的互动不能形成社会群体，群体互动关系的形成与发展需要一定时间的交往。

二是相对稳定的成员关系。群体一旦形成，便有着相应的成员身份，这些身份便结成特定的社会关系。这种社会关系表现为相当明确的社会关系和相对模糊的社会关系两个方面。家庭中的成员关系便是相当明确的。家庭成员通常是由父母及子女组成，他们之间存在的夫妻关系、父子关系、母子关系、兄弟姐妹关系等都是明确的，不能随意混淆。在相对模糊的群体中，也存在成员身份，其中有着相同爱好并经常在一起活动的人，大家能够彼此接受；对于不认识的人，则往往不愿意接受其参加自己的活动。这就是成员身份的一种表现，在这种模糊的成员关系中，成员之间的关系具有不确定性。

三是具有明确的行为规范。在群体最初形成的时候，可能只有简单的互相认同关系。随着群体的发展，往往会在内部形成稳定的交往方式，进而形成一定的公认规范，用来协调成员的行为，以保证群体的功能得以实现。不论是简单的、非正规的、通过互相信任和彼此接近形成的一些承诺，还是复杂的正规规章制度，都是群体内部有一定行为规范的表现。

四是具有一致的群体意识。群体要求成员在群体活动中保持一致，并以此与群体以外人员区分开来，这种独特的群体活动特征使成员能够明确区分群体内成员和群体外人员，并把群体视为一个整体，形成一致的群体意识。具体说来，群体意识也就是一种群体归属感，就是成员认为自己属于某个群体。这种意识一旦建立起来，群体成员就有了与群体外人员明显的区别感，对群体有了相应的期望和归属意识。

## 二、群体能力的全面发展

### （一）群体能力的基本含义

能力是直接影响人们顺利有效地完成活动的个性心理特征，总是存在于具体活动中并在活动中表现出来。人的能力就其社会实质而言，是人类社会历史的产物，是人的先天素质和后天实践活动相互作用、相互结合的产物。

群体能力是两个及两个以上的个体为了共同的组织目标，按照一定规律和一定结构方式进行有机结合，产生综合协作效应而形成的一种积极推动社会发展和人类进步的系统能力。它不是个体能力简单相加的总和，而是群体成员工作绩效以及成员之间相互作用的反映。群体能力的大小是由群体规模大小、规范原则、领导素质、凝聚力等因素决定的。

### （二）群体能力的基本特性

人才学认为人才的成团出现是人才成长的一个规律。人才的高度集聚形成了美国的硅谷、日本的筑波、中国的中关村、印度的班加罗尔等，现代人才群落在科技竞争中纷纷形成，其群体能力呈现出动态性、系统性、创造性的特征。

第一，群体能力具有动态性。信息环境的高流动性使得人才群体在与环境的不间断交互作用中，信息与人才源源输出与输入，因人才群体充满活力，群体能力处于动态发展中。由于群体目标随社会需求的变化而变化，组成群体的人才个体因子的知识和技能因不断学习而更新和提高，加之人才竞争中“优胜劣汰”法则和新陈代谢过程的作用，使得个体能力因子在实践活动中不断获得锻炼和提高，推动群体能力的动态化发展。

第二，群体能力具有系统性。系统科学思想已经广泛渗透到各学科领域。要运用系统科学的方法观察、分析、塑造群体能力，应首先根据系统的目标选取人才，然后依照系统原理组织人才，再采用系统方法管理人才，最后依据不同的时空环境调整系统的结构。这样使群体人才具有目标的一致性、才能的互补性、行为的协同性、心理的和谐性、道德规范的稳定性、对社会贡献的整体性，以此形成能力的群体效应和系统效应。

第三，群体能力具有创造性。由于个体人才先天素质、后天实践、主观兴趣爱好等方面千差万别，人才智力、成熟程度、专业技能等方面也因之呈现不同的发展态势。成功的人才群体应根据成员的能力、特点合理使用，按照专业结构、智力结构、技术职务结构、年龄结构等方面的构造差异，进行最佳组合，做到人尽其才，使其发挥各自的独创精神。发展个体能力，并把个体的相对优势集中起来互相补益，在协作创新中形成一种新的群体优势。这种优势使个体的创造力在群体环境中得以放大、扩张，并凝聚成群体创造力。

### （三）群体能力的培养途径

第一，培养群体能力首先在于优化群体结构。

群体结构是指群体成员的成分和关系，包括年龄结构、能级结构、知识结构、专业结构、信念结构等。理想的人才群体结构应是群体内各种有关因素的最佳组合。群体如果结构合理，其成员紧密团结，工作协调一致，就会产生好的工作效率和效益。当代科学技术发展呈现出许多新的特点：科学技术本身成为知识形态的生产力，促进生产力的要素发生质的变化，提高了劳动生产率；自然科学与社会科学日益渗透，出现许多边缘学科、交叉学科、综合学科，科学与技术形成高度统一的整体结构，并向国际化发展。

20 世纪 80 年代中期，世界气象组织首次发起了由 100 多个国家参加的全球规模的大气研究实验。自此，合作研究与国际研究日益成为当代科学研究的主导力量，科学创新在当代社会进一步向国际化发展。在这种科技发展形势下，人才群体也相应地国际化。不同国家的各类人才以不同语言和文化知识背景使用各自国家的研究方法进行阐释，因此现代群体能力的最佳发挥应建立在具有动态性、适应性、社会性的群体结构之上。这种结构应兼具弹性化、柔性化，根据群体目标的不同，着重进行科技人才的分类分析和聚类分析，并对未来活动进行预测，加强横向协作，以发挥群体成员的积极作用和整体的最高效能，并使科学技术与社会紧密结合。现代群体结构是随社会结构、科技结构的变化而形成的，合理的群体结构必将促进社会结构、科技结构的合理发展。

第二，要协调群体动力，就需要强化群体凝聚力，扩大驱动力，压抑群体耗散力。

协调群体动力要强化群体的凝聚力，使群体成员保持相对稳定，应考虑他们的物质需求与精神需求。群体应以显在的物质形态满足个体的物质需求，为其提供物质利益和工作条件，应满足其成员较高层次的精神需要，实现其归属需求与合作需求，使个体的创造价值得到承认；还应发挥优秀群体领袖的凝聚能力，形成民主、和谐、奋发向上的群体氛围，产生一种面向群体目标的凝聚趋势。

协调群体动力要扩大驱动力，使人才个体的能力、才干、兴趣、意志等元动力在群体势场中相互激发和振荡、互补和放大、协调和共振，形成取向一致、力度强化的势场效应，即创造力共振激发效应、能级互补的放大效应、竞争激励效应等群体现象，产生个体分散劳动无法取得的系统绩效。

协调群体动力要压抑群体耗散力。耗散力根源于冗员效应、官僚体制、群体冲突以及破坏互补关系的不匹配效应等，其中群体冲突有个体行为与群体规范的冲突、人际冲突、角色冲突等。各种耗散力结合也会造成一个耗散势场，形成内耗，导致群体离散。群体领袖应以灵活的凝聚作用，产生更大的驱动力，形成更强的激励势场，一方面，使压力和危机感充分显露，使个人的能力得到充分体现，形成良好的群体心理氛围；另一方面，致力于引导冲突，消除摩擦，恰当、适度地在各种作用关系之间保持一定弹性和有效的张力，逐渐形成一种有效的自组织机制，使群体在竞争与合作中达到自我完善。

协调群体动力要综合协调群体动力各因素。任何一个人才群体，三种动力因素都同时并存、相互制约。动力协调是复杂而系统的工作，更多地取决于高超的领导艺术和良好的群体风范。富有成效的群体领导以其巨大威望对其成员产生影响，使组织目标内化，激发个体积极性、创造性及主动精神、合作态度，并建立畅达的沟通渠道、协调的关系，平等地协商，形成宽松、和谐的团体氛围，最大限度地发挥个体成员的智慧和才干，使其围绕群体的最高利益和目标发挥作用。

## 三、群体发展的结构特征

### （一）群体形成的基本要素

群体形成需要的三个基本要素包括成员间的相互关系（成员间的信任、成员间的和谐共处和安全感）、工作任务（群体的目标、使命和具体的工作）和角色分配（由谁负责、由谁具体做），通过发挥其成员间的协同作用发挥群体的增效作用。在角色方面，可以尝试以下几种不同角色的作用：发起者（对群体目标提出设想或改进方法的成员）、信息提供者（提供权威性事实和概括性信息以解决问题的成员）、协调者（协调群体内部矛盾、缓和群体内部紧张气氛的成员）、传达者（善于倾听、鼓励群体成员发言并促进群体决策实施全过程的成员）和评价者（对群体建议的现实性、积极性和具体步骤做出评价或提出疑问的成员）。

### （二）群体发展的基本阶段

一般可以将群体发展依次分为形成、磨合、成长和成熟等阶段，群体发展的不同阶段，其工作中心不同，管理方法也不同。

第一，形成阶段。群体建立之初，管理工作的重点主要是确定群体目标和实现目标的工作计划，明确群体内部的权责关系、分工设岗，创造群体成员相互熟悉和接近的机会，初步建立基本的规章制度和信息沟通网络。

第二，磨合阶段。随着工作的逐步展开，成员间的接触日益频繁。群体内部会出现大量成员的工作关系和人际关系等方面的问题。因此，该阶段管理工作的重点主要是进一步补充、细化和明确各种规章制度，严格规范各岗位的责权关系，鼓励成员提出合理化建议，适当调整机构。

第三，成长阶段。经过磨合期，群体内部的工作关系、人际关系逐步协调，合作意识得到强化，制度基本健全合理，内耗降低，进一步完善沟通网络，加强沟通，特别是上下级的沟通，注意研究成员的需要结构，建立合理的激励机制。

第四，成熟阶段。经过成长阶段，群体的各项规章制度已基本完善，每个成员已找到合乎自己能力和兴趣的位置，成员的相互配合日益熟练，群体已经进入成熟阶段。该阶段管理工作的重点主要是形成并稳定群体的工作方法。

## 四、群体关系的丰富和发展

### （一）群体关系的基本内涵

群体关系是群体为了共同的目标所形成的群体意识、群体行为和群体凝聚力的总称。在人类现实社会，只有组合成强大的群体，才能在各个领域立于不败之地，才能有更好地表现个体发挥才能的机会。群体也就是人们所说的团体及团队。相应的群体效应需要个体之间相互团结，这也是群体发挥最大效能的基础。

群体关系从逻辑上看，性质与概念发生了变化，利益的获得与受损是一个分化过程，而上层、中层、下层则是利益分化的一种结果。社会学理论指出，利益受损者往往怀有敌视或仇恨心理。当弱势群体将自己的境遇归结为获利群体的剥夺或侵犯时，社会就潜伏着冲突的危险。利益群体的冲突必然影响民族亲和力，产生民族离散力，导致社会的不稳定。当前，工农关系、干群关系、新生私营企业主阶层与其他阶层的关系等都不同程度地存在矛盾。从社会群体的角度看，协调发展就是不同社会群体特别是强势群体与弱势群体之间合理的平衡，有了这种平衡，才能维持社会的稳定与和谐，增强凝聚力。从现实来看，中国针对弱势群体的社会政策模式应当是补偿性政策与发展性政策相结合。前者主要指针对弱势群体的社会保障政策、社会救助政策以及其他各种基本权利的保护政策等；后者主要指有关促进弱势群体的社会参与机会、提高弱势群体的社会参与能力，以消除社会排斥、实现社会整合的政策。

与此同时，还须着力提高人的文化素质。人的文化素质是指人所表现出来的认识世界、改造世界的能力、水平和潜质，它制约着人对生产资料的利用程度，决定着人对劳动对象和交往对象的选择与阐释结果。一个民族的文化素质是该民族凝聚力的制约性前提，民族凝聚力则是该民族文化素质的外在体现。

文化素质的提高能缩小群体间的认识差距和利益差距，促进中华民族内部关系的协调，进而增强中华民族的凝聚力。当然，民族内部关系的协调不只体现于各民族、各利益群体之间，还体现于个人与个人、地区与地区之间。故而协调上下关系、人际关系，缩小工农差别、城乡差别，平衡区域经济发展，实现祖国完全统一等，是增强中华民族凝聚力的题中应有之义。

### （二）群体关系的发展途径

第一，增强群体间的吸引力。一个群体是否有吸引力，取决于该群体的精神风貌和领导艺术，良好的精神风貌是其他群体是否乐意与之交往的最直接的心理条件，优秀的领导艺术是群体风貌的形象代表。良好的群体风貌、优秀的领导艺术是群体间心理距离和心理联系的纽带。要发展和改善群体间的关系，必须增进群体成员间的人际吸引力。

第二，加强群体间的人际沟通是人际关系形成和发展的基本条件。首先，人际沟通总是指向人际关系的满足，因此，端正沟通动机，在交往中尽量满足对方的情感需要，是维持和发展人际关系的基本条件。其次，人际沟通是面对面的双方沟通，交往信息能获得及时反馈，因此，在沟通过程中，要随时控制过程，进行及时反馈，注意消除来自语言和心理两方面的障碍，排除干扰，达到沟通的预期目的，促进人际关系的改善，从而达到群体沟通和发展的目标。再次，在人际沟通时，双方都应把握好语言及非语言手段的效能和技巧，以便充分地传递信息和进行情感交流。最后，在人际沟通中，要注意缩小角色差距，力争进行地位平等的沟通。通过上述办法可以使沟通顺利完成，从而改善人际关系，为构建良好的群体关系做人际准备。

总之，克服心理障碍，创设良好的人际关系，在管理中还要注意群体成员的各种心理障碍，如偏见、嫉妒、逆反心理等。在控制人与人之间的关系时，首先是防止偏见，如果出现偏见，就要及时消除，弄清事实真相再下结论，要用辩证的观点，防止片面性，克服心理定势和固执的心态。

## 五、群体解放和自由的实现

马克思人类解放理论最终目标就是实现个人的解放和自由全面发展。自由个性作为人的发展的最高层次，自由人的联合体作为群体发展的最高阶段，自由王国作为人类发展的最高阶段，三者是同一个层次的范畴，三者的统一就是马克思所指的人类解放。

在马克思看来，解放主体包括个体、群体和类主体。个人的解放就是个体解放，无产阶级的解放就是群体解放，人类解放就是类主体解放。所以三者是互相联系、密不可分的统一整体，其中个体解放是立足点，类主体解放是终极价值目标，群体解放是个体解放和人类解放的突破点，即无产阶级的解放是每一个个人解放和人类解放的突破点。人类进入文明社会的历史，一定意义上就是群体解放的历史，从奴隶主的解放、地主的解放到资产阶级的解放。

然而，这些群体的解放仅仅获得了本阶级成员的相对自由，个人自由只是对统治阶级范围内的个人存在的。这就是说，奴隶主的解放、地主的解放、资产阶级的解放是以其他群体（即奴隶阶级、农民阶级和工人阶级）的被奴役、被统治为代价的，对于被统治阶级来说，其不仅没有获得解放和自由，反而套上了新的桎梏。正如马克思总结的，过去一切阶级在争得统治之后，总是使整个社会服从于它们发财致富的条件，企图以此来巩固它们已经获得的生活地位。①

无产阶级的解放在政治上不以获得新的阶级统治和压迫为目的，而以消灭阶级统治、消灭阶级差别，进而以国家的消亡为目的。无产阶级的解放在经济上不是要维护本阶级的利益，而是要扬弃私有制，废除全部现存的占有方式，取得社会生产力。无产者没有什么自己的东西必须加以保护，他们必须摧毁至今保护和保障私有财产的一切。无产阶级的解放在文化上不是发展那种“把人训练为机器”的教育和科学，而是为每个人的自由全面发展创造条件。

## 六、群体活动的效果与发展

我们都知道一个很简单的数学题“1+1+1=?”，也会不假思索地回答等于 3。但我们在讲到群体生产效益时，就会发现等号后面将是一个因具体情况而异的不定值。这里我们且以两句日常的谚语来说明。第一句谚语是“三个臭皮匠顶个诸葛亮”，那么 1+1+1 显然大于 3，这时群体的力量要大于个体力量的总和，表现为一种群体的增力作用。第二句谚语是“一个和尚挑水喝，两个和尚抬水喝，

① 孙正聿.《资本论》哲学思想的当代阐释（上、下）. 北京：北京师范大学出版社，2022.

三个和尚没水喝”，这下 1+1+1 就等于 0，这时表现为群体的减力作用。群体构成后是产生增力作用还是减力作用？在什么情况下会发生这两种截然相反的作用？

第一，要视活动的任务而定。从造一栋房子来说，一个人即使是能工巧匠，也难以独立完成这个任务。如果十个人组成一个施工队，尽管成员的能力、技术、气力可能参差不齐，但各尽其能，就能较容易地造一栋房子，这是因为工作的性质要求成员合作完成。现代化生产中许多工作需要各种合作，其生产效率远远高于个人单独的工作效率。比如，要 5 个人解决 10 个问题，先让每个人选择自己最胜任的两个问题独自完成，然后 5 个人再把结果凑起来，这样的总体效果就远好于 5 个人独自完成 10 个问题的效果。

第二，从上述情况我们还可以看到，活动任务是否可分也会影响到群体活动的效率。换言之，如果一项群体合作的任务可以分配到具体的个人，每个人都集中精力，发挥特长，就有利于充分调动其最大潜能，使其对群体的共同目标做出最大贡献。农村实现的联产承包责任制，既大大发挥了个体的生产积极性，又提高了集体的总生产率。而过去的平均主义、大锅饭的致命弊端就在于没有明确的职责分工，干好干坏一个样，个体也就没有动力和压力去完成任务。在一个群体中，个人如果没有感受到自己的责任，就不愿担负这种责任，甚至会逃避这种责任。实践表明，在一些反常情境中，如果个体单独在场很可能做出反应，但若他人在场，就会相互依赖，较少做出反应，这也表明群体中往往有一种“责任分散”的现象。

第三，群体活动的效率还受群体气氛的影响。一般来说，群体中如果有较高的凝聚力，每个成员目标一致，齐心协力，就能有较高的工作效率。个体在凝聚力强的群体中会比单独时有更强的动机和激发起更多的智慧。另外，在凝聚力强的群体中，人们的思维方式乃至态度、观点都趋于一致，这样群体气氛就会表现出整齐划一的社会标准化现象。这种一致性对于从事需要高度纪律性和合作精神的工作能起到明显的增力作用，对于需要尽可能发挥每个个体的智慧和创造力的工作来说，则可能产生一种阻止作用，因为标准化的压力大就可能发生从众现象。尽管有人本来有独到的见解，但看到其他人员众口一词，与自己不同，就悄悄地掩藏了自己的见解，附和众人的观点。20 世纪 50 年代，美国的奥斯本提出“智力激励法”，他强调的一个基本原则就是消除群体对个人的压力，即对任何一个人提出的任何新观念先不做批评和挑剔，只能加以鼓励，这样每个人都能不受拘束地抛出尽可能多的新观念，而且能多方面地从别人的观念中得到启发，只是到最后才对这些观念进行选择和评价。在相同时间内，这种智力激励法比个人独自思考能产生两倍多的新观念，也曾在技术革新方面取得了一定效果。

## 第三节　全面发展的多维形态

人类发展（或人的发展）本身是一个经久不衰的理论命题，同时也是人类的实践进程。西方哲学家卡希尔的《人论》中有“认识自我乃是哲学探究的最高目标”[①]的表述。古希腊的智者学派也对人类的发展有较早的探究，“人是万物的尺度”“要想成为有教养的人，就应当应用自然的禀赋和实践，此外还应当从少年就开始学习”。[②]这些观点承认人的发展通过后天的学习和培养得以实现。那么当代人类社会如何发展？自然引入马克思主义经典作家对人类发展问题的归结，即“人的全面发展”命题，人的全面发展是多维的发展，人的发展是涉及人的潜能、需要、能力以及社会关系得到良好的发展，从而构成一个涉及平等、完整、和谐、自由、个性等多维度的发展。

### 一、人的平等发展

人的全面发展使权利的均等化得以实现。人的全面发展涉及人的政治、经济、社会、文化等诸多权利在社会发展的整体环境下得以扩展并变为现实，正如《发展权利宣言》中所表述的，“每个人和所有各国人民均有权参与、促进并享受经济、社会、文化和政治发展，在这种发展中，所有人权和基本自由都能获得充分实现”[③]。个体享有均等的社会赋予的权利，才能保证在诸多社会事务中得到均等机会，人的全面发展现实也就能顺利实现。

人的全面发展是平等的发展。在人的全面发展内涵的界定中，“人”有两层

① 恩斯特·卡西尔. 人论. 甘阳译. 上海：上海译文出版社，2004：3-12.

② 北京大学哲学系. 古希腊罗马哲学. 北京：商务印书馆，1982：112-118.

③ 发展权利宣言. http://www.scio.gov.cn/ztk/dtzt/34102/35574/35577/Document/1534188/1534188.htm.（1986-12-04）[2022-10-27].

含义：一是指个体的人，二是指“类存在物”。唯物史观认为一切社会的进步和发展，首先应该有现实的“人”存在，作为一种“类存在物”即人类，人的全面发展还应包含人与人之间发展水平的协调，即平等发展。也就是说，个人发展与人类发展是一个互为因果的关系：一方面，每个人平等地获得个人的发展，是人类发展的先决条件，俗语云“物以类聚，人以群居”，个人的发展必然存在于复杂的社会关系中，人类由个体组成，人类的发展依托于个人发展而实现，“要不是每一个人都得到解放，社会也不能得到解放”[①]；另一方面，只有整个人类获得了平等的发展机会，才能保证每个人的发展。人的平等发展应该是无条件的，任何限定的条件都会无形地束缚人的全面发展。

## 二、人的完整发展

人的完整发展衍生于马克思主义经典文本中的“完整的人”。“完整的人”的提法最早出现在马克思《1844年经济学手稿》原著中的“tataler Menschen”，后被国内相关翻译者译作“完整的人”“总体的人”“十分完满的生命表现的人”等，相关研究者更倾向“完整的人”。何为“完整的人”？要正本清源地厘清这一概念，就要和马克思所讲的“片面”联系起来才更容易理解。马克思指出，“私有财产使我们变得如此愚蠢而片面，以致任何一个对象，只有当我们拥有它时，也就是说，当它对我们来说作为资本而存在时，或者当我们直接占有它，吃它，喝它，穿戴它，住它等等时，总之，当我们消费它时，它才是我们的”[②]。这里的“片面”不是我们熟知的量和广度的片面，而是指“拥有欲”替代一切的片面，也就是平常所提到的异化的人，异化的人和“完整的人”是相对应的。要作为“完整的人”必须摒弃被异化的特质，恢复人与客观世界的真实关系，也就是说，完整的人是全面发展的人，它以全面的方式，而不是以片面化、拥有欲的方式，发展自身。人的完整发展等同于全面发展的人。

人的完整发展是对马克思主义人的全面发展的理论归纳，是对人与社会发展更为深刻的认识和表达，也可以理解为与关注人的发展问题的精神实质是一

---

① 马克思，恩格斯. 马克思恩格斯文集（第9卷）. 中共中央马克思恩格斯列宁斯大林著作编译局编译. 北京：人民出版社，2009：310.

② 马克思. 1844年经济学-哲学手稿. 刘丕坤译. 北京：人民出版社，1979：78.

脉相承的。人的完整发展在构建马克思主义的人的全面发展观中居于核心地位，也更积极地体现了马克思的“人学”思想。[①]完整的人包含具有自然和社会属性的人具有的种种能力和特性，生活在社会实践中的个体，既认识自身的完整性，也在与他人的交往中认识了他人作为“完整的人”所表现出来的特性。

## 三、人的和谐发展

人的和谐发展是人的全面发展的未来指向。反思马克思主义经典关于人的全面发展理论，只有在未来的共产主义社会中才能得到实现，才能将现在抽象的人的全面发展理论演变成具体化的内容。人在社会中产生，在社会中存在，也必定在社会中发展，必然受到其所在的具体社会体系中地位的制约，人的需要和能力的全面发展又是以人与社会关系的和谐发展为前提的。[②]因此，人的全面发展又可以理解为人与社会关系和谐发展。在理想的社会中，人与社会、人与体制之间能够达到最佳的和谐状态，在此种状态下生活的个体能够充分展示自身能力、活动、社会关系和精神状态的全面性。

人的和谐发展也是现阶段人的全面发展理论的具体化表现。首先，人的和谐发展是现阶段的社会在马克思人的全面发展理论下，结合具体社会历史现状与时俱进提出的，它既关注现实社会中人自身内部各要素的发展，也关注人与其生活中的外部世界的和谐统一以及人类社会的和谐发展。[③]其次，人的全面发展从最开始演变成一种新的哲学理论时，就应该是一个动态的发展过程，最终的实现时间是完全消除了资本主义私有化和旧式的社会分工。因为资本主义机器大工业生产导致人的发展畸形和片面化，所以只有消除私有制，才会有现实意义上人的全面发展，而人的和谐发展是现阶段社会不断为之奋斗并有可能逐步实现的发展状态。

人的和谐发展和人的全面发展理论是一脉相承的。人的和谐发展是现阶段根据现实社会的经济、文化、社会历史发展条件提出的，明确了当下社会人的发展的具体目标。人的全面发展包含人的和谐发展。本质上讲，人的全面发展是指

① 高强，韩飞，季浏. 从人的全面发展到完整的人——重释马克思主义体育观的理论基础. 体育学刊，2013（1）：14-19.

② 林国标，张黎琼. 人的全面发展与人的和谐发展. 中南大学学报（社会科学版），2009（2）：155-160.

③ 王慧，周秀清. 人的全面发展与人的和谐发展辨析. 江苏高教，2014，（2）：64-65.

人所具有的属性的发展。人的属性由人的自然属性和人的社会属性构成。人的内部各要素的和谐发展可理解为现阶段人的全面发展的具体表现。人与外部客观世界的和谐发展可理解为现阶段人的全面发展的另一体现。我们已经获得人的本质是一切社会关系的综合体的概念，所以说人的社会关系的和谐发展同样是包含在人的全面发展之中的，这就与前面提到的人的和谐发展理论中人与客观外部世界和谐发展是一致的。

## 四、人的自由发展

“每个人的全面而自由的发展”是马克思恩格斯经常在著作和论述中谈到的和表达的语句和思想，把“人的全面发展”与“人的自由发展”并提。人的自由发展受两方面的影响和限制：受客观世界的限制，主要包括自然界和社会历史条件；受人类自身主观条件的限制，主要指人类自身体力和智力发展程度，而人类自身体力和智力的发展程度又受到社会历史条件的制约，即人类认识世界、改造世界的主观能力受到人类社会历史条件的影响和限制。

综上所述，社会的每一个成员都能完全自由地发展和发挥他的全部才能和力量，每个个体的体力和智力获得充分的自由的发展和运用。[①]马克思恩格斯关于人的自由发展的论述说明，人的自由发展是在人类社会所处的客观世界的环境中进行的。

## 五、人的个性发展

人的个性发展是差异性社会造成的。通过研究马克思主义的人学思想，必须承认人的全面发展是有差异的全面发展。世界上的万物都是不同的，没有差异性的表现就不会有世界。所谓人的全面发展，在人与人之间，只能合理地理解为每个个体尽可能地在各方面充分发展。对于个体来说，就是使自身各项素质得到提高，并且别人也尽可能富有个性地发展自己。

人的全面发展是人的个性发展的基础。从人类的发展规律和趋势来看，人的全面发展程度是随着社会的发展而提高的。社会越向前发展，对人的素质要

① 马克思，恩格斯. 马克思恩格斯选集（第 1 卷）. 中共中央马克思恩格斯列宁斯大林著作编译局译. 北京：人民出版社，1972：217-220.

求就越高，进而人的文明程度也会相应地提高。社会的进步是以人的创造能力与个人潜能最大限度地发挥为现实基础的，因此要达到人的全面发展的理想程度，必须最大限度地开发人的智力和创造力，也要求社会重视人的个性发展。也就是说，人的全面发展的基础是人的个性发展程度。

人的个性发展制约着人的全面发展。在一定的社会关系中，人既有共性也有个性，正如马克思所表述的，“即使在一定的社会关系里每个人都能成为出色的画家，但是这决不排斥每一个人也成为独创画家的可能性”①。人的个性不仅不能被抹杀，相反，如果能够培养良好个性发展的人，当然这里的个性发展是在人的全面发展基础上进行的，对整个社会的全面发展就有促进作用，反之会制约人的全面发展的程度。

## 六、人的群体性发展

人的群体性发展包含在人的全面发展之内。常言道：“物以类聚，人以群居”，研究人的全面发展，必然要考虑人的群体性发展。刚认识一个人的时候，人们往往会不自觉地问他是哪个单位的，因为单位对于一个个体来说很重要，单位为个人提供了工资报酬、福利待遇、社会认同感等，可以让个体找到自己在社会中生存的价值感。也就难怪有些人即使离开了工作岗位，也仍然希望紧紧依偎在单位这棵参天大树之下生活。除了单位，我们每个人还有自己的朋友圈、家庭圈、同学圈、学术圈等，可以知道，作为个体的人，一生中会融入很多群体，作为个体的“我”，无论有多大的能量，都是有限度的，但是一旦与别人结合构成群体，就可能激发出无穷的力量办成所谓的“大事”，就可能产生“1+1>2”的效应。人的发展是群体性的，群体性的发展是实现个人全面发展的一部分。

人的群体性发展有时会压制人的全面发展。人是在群体中发展的这种观点被广泛认可，但是事情往往没有那么简单，“我”一旦融入一个群体，成了群体中的一员，“我”与“我们”在价值取向和利益诉求上就不可能总是一致的。这就与中学政治教科书上所讲的“集体利益高于一切，个人利益与集体利益发生矛盾时，个人利益应该无条件服从集体利益”一样，“我”与“我们”的利益发

---

①　马克思，恩格斯. 马克思恩格斯全集（第 1 卷）. 2 版. 中共中央马克思恩格斯列宁斯大林著作编译局编译. 北京：人民出版社，1995：36-38.

生了矛盾该如何抉择？群体类似一台机器，个体相当于机器中的某个零件，群体这台机器要高效运转，个体零件就必须把兴趣、热情和愿望抛在一边才行。从这个活生生的例子可知，如果不能够科学合理地处理好人的群体性发展与人的全面发展之间的内在关系，群体性发展有时会压制个性发展，人的全面而自由的发展也就无从谈起。

人的群体性发展是现代社会实现人的全面发展的必然选择。现代社会是追求效率的社会，高效率更加依赖团队和合作，也就是说，更加重视群体性发展的意义和作用。与传统社会相比，现代社会更加重视个人的全面而自由的发展。只有充分挖掘个体全面而自由的发展能力，才可能实现群体的既有高效率又合乎人道的发展，所以说，真正意义上的群体发展应该以人的全面而自由的发展为基础。

# 第二章　体育与人类社会发展的宏观考察

## 第一节　角色探讨：体育在人类社会发展中的地位

当今社会是一个以知识信息化、市场网络化、金融电子化和经济全球化为鲜明特征的开放社会。在这样的社会格局下，体育与人类社会的发展日益紧密联系在一起，研究人类社会发展中不同角色视角下的体育地位问题，实质上是研究其对社会发展的推动程度，实际上反映了体育与人的全面发展的内在关系。

### 一、角色越位：竞技体育在一定时期代替体育的地位

体育是存在于人类社会的一种普遍的社会活动，在人类漫长的历史中一直扮演着其客观存在的社会角色。体育伴随着历史的车轮一直在进步，且已经达到相当高的水平。研究者在阐述其社会地位时有时会出现角色越位的情况。

#### （一）体育形态的社会地位的理解偏差

不同的体育形态在社会生活中所起的作用不尽相同，导致研究者对其理解产生偏差。客观地把握不同体育形态的社会地位是有一定难度的：一方面，体育的社会地位受所在社会发展阶段的政治、经济、文化等方面的影响，更客观地讲，同一时期的各种体育形态的社会地位也未必能达到同等的社会地位，所以，从总体上把握人类社会中的体育的地位是有难度的；另一方面，不同研究者受个人的研究思维、研究习惯、研究方法的影响，以及参与体育活动的程度不同，会对体育的社会地位做出不尽相同的论断。按常理来讲，研究者一般会从自己熟悉的体育形态来探讨体育的社会地位，也有一种可能是大方向讨论的是体育的整体地位，实质上还是不可避免地研究着自己熟悉的某种体育形态。综上所

述，在研究体育地位的过程中可能出现角色越位。

### （二）竞技体育的国家地位普遍偏高

地位指人和事物在社会中所处的位置。①位置的确定类似于物理学的参照物理论知识，它不是一个绝对性概念，而是一个相对性概念，能够对不同的事物从不同维度进行叙述和描绘。从横向视角上讲，地位有中心、次中心和边缘之分；从纵向视角去分析，地位也可有高、中、低之分。大体上讲，体育在人类社会发展中的地位是与其他领域相比较而存在的，能用高、低来区分，或用轻、重来区分。这里我们想要表达的体育地位，是指将体育放在人类社会发展中，与其他领域相比所处的位置。研读与“体育地位”相关的文献可知，发展中国家竞技体育在不同体育形态中的地位普遍偏高，与国家层面的其他领域相比地位也偏高，主要原因是发展中国家其他领域在国际上总体比较落后，上层建筑要提升自身的国际知名度和扩大在某一领域的话语权，一般会优先发展竞技体育，并将竞技体育的发展纳入国家发展战略。能把体育的发展上升到国家战略的高度来看待，也就从另一个视角衬托出竞技体育在人类社会发展中的特殊地位。新中国成立以来，体育制度总体上实行的是举国体制的竞技战略。这样的例子在其他发展中国家也是不胜枚举的。这种全民办竞技体育的社会制度必然使国家在国际上的知名度有所提升，不仅振奋了民族精神，而且奠定了竞技体育在社会发展中的突出地位。所以，从角色越位的视角分析，同其他形态的体育相比，发展中国家的竞技体育扮演了这样的越位角色，但是总体上是被社会认可的。中国的体育就是这样的发展思路，东南亚的韩国、朝鲜、日本也是这样的发展历程。

## 二、角色缺位：群众体育在社会发展中的地位偏低

在体育地位的研究中，存在理论和现实两种情况。由于体育大体上具有竞技体育、群众体育、学校体育三种不同的形态，它们在社会中的具体地位也不尽相同。理论上说，各种体育形态都应有重要的社会地位，但实际上在社会发展中，各种体育形态还是会不自觉地表现出先后发展的问题。主观上讲，不同形态

---

① 李庚全，张玉田. 从和谐社会建设的角度审视体育本质和体育地位. 北京体育大学学报，2010（11）：5-7.

的体育要协调发展，但客观上，在不同历史时期会有轻重缓急之分。前文已经提到，竞技体育在社会演进中的地位偏高，而从角色缺位的视角分析，群众体育在社会发展中地位则偏低。

## （一）发展历程：群众体育的制度建设有待加强

宏观上考察，体育地位在社会发展中扮演着重要角色。理论上，有学者认为群众体育“是当代社会中不可缺少的领域；是现代社会中的桥梁；是现代社会人民精神生活活力的源泉；等等”①。我们还可以从各国政要对群众体育地位的评价中可以感知这一理论特征。

以我国群众体育的发展历程梳理其制度的变迁：新中国成立初期，我国提出“发展体育运动，增强人民体质”的发展口号。20世纪五六十年代，在借鉴苏联体育制度的基础上，诸如劳卫制、广播操与工间操制度、职工体育制度、基层体协制等体育制度相继出现。这些制度呈现为政治服务的特征，强调体育为国防建设服务，为社会生产服务，群众体育无形中被赋予极强的政治功能。

历史的车轮运转到20世纪七八十年代，群众体育逐渐以单位制为主体，并如火如荼地开展。到了20世纪90年代，特别是进入21世纪，群众体育蓬勃发展的格局逐步形成，在人们日常生活中扮演着越来越重要的社会角色，特别是随着社会的发展，还有加快发展的趋势。党的十三届四中全会以来，特别是我国加入世贸组织以来，我国政治体制改革逐步深化。但与之相比，群众体育制度改革的步伐迈得似乎小了一点。群众体育在组织管理、运作模式、活动空间、活动内容上都发生了深刻变化，而在与群众体育发展相对应的指导思想、运行机制、发展手段等方面还有待加强，从角色理论上来讲，与社会发展相对应的群众体育制度发展出现缺位。我国有关体育的法律法规有《中华人民共和国体育法》《国家体委体育科学技术保密规定》《国家体育锻炼标准施行办法》《学校体育工作条例》《关于专项体育基金管理暂行规定》等，却缺少有关群众体育的法律法规。党的二十大报告指出，要“促进群众体育和竞技体育全面发展，加快建设体育强国”，所以建议出台相关的法律法规，进一步明确和规范发展群众体育的具体实施要求和措施。

---

① 王素强. 体育在当代社会中的地位和作用. 山东体育科技，2004（3）：69-70.

## （二）回归个体：群众体育的人本思想有待进一步提高

从社会学、哲学的视角看人和社会，人是社会的主体，社会是人的社会，社会系统的发展本质是人类自身的发展。伴随着人类社会的发展，体育文化作为人类肢体运动的文化，无形中促进着人类自身的完善和文明的嬗变。在我国从“群众体育”这一名词产生之日起，就一直受政府主导下大体育的影响而存在，综合分析我国体育体制的历史发展进程，从“锻炼身体，保卫祖国”“团结拼搏，振兴中华”“革命加拼命”“冲出亚洲，走向世界”“同一个世界，同一个梦想”等不同时期的体育口号可以看出，体育与政治有着千丝万缕的关系，群众体育是社会发展的客观选择。

为了跟进不同时期国家的发展，群众体育的发展更多地站在政治的高度上，较少考虑个体的特质，从社会发展和角色理论来考察这一问题，本身体现的就是一种角色缺位。改革的目的就是为了解放人，给予人更多的自由，进而促进个体的全面发展，发挥人的积极性、主动性和创造性，既需要人的价值回归，也需要独立人格的形成和人的能力的充分发挥。马克思曾在其论著中多次指出人是迄今为止世界上最复杂的社会存在物，人的存在是与社会、自然和精神相统一的存在，人的需要也是与社会、自然和精神相统一的需要，人的活动也是与社会、自然和精神相统一的活动。总体来看，其核心观点是人是由自然因素、社会因素和精神因素构成的有机整体。从马克思主义关于人的概念的宏观解释去微观地分析群众体育发展现实，如果把“人”分裂开来，从身、心的分裂再到身体的分裂，所谓的发展其实只是一种分裂式的发展。[①]这就是说，从主观上片面地强调了器官、系统的发展，没有很好地从人的整体发展上去考虑群众体育的可持续发展。这也就回到研究的中心问题：群众体育在社会发展中应如何提高？体育在特定的历史阶段，用来追求阶段性的政治目标是可以的，但其最终不能取代体育的终极目标。党的二十大报告指出，“推进健康中国建设。人民健康是民族昌盛和国家强盛的重要标志。把保障人民健康放在优先发展的战略位置，完善人民健康促进政策”，所以为了推进健康中国建设，应进一步提升人本思想，切实落实各项政策，关心群众体育，让体育价值回归，实现人的全面发展。

---

① 杨文轩，陈琦. 体育原理. 北京：高等教育出版社，2004：40-43.

## 三、角色定位：重构体育在社会发展中的应然地位

社会转型期涵盖经济和社会结构的转型，其影响着社会的各个领域，势必也辐射到体育领域。随着我国社会主义市场经济体制的逐步确立和国际体育的迅猛发展，结合当前我国体育制度和马克思恩格斯的人本思想，如何与时俱进地重构体育在社会发展中的应然地位，是从角色视角研究体育地位的难点所在。

### （一）政府与市场：体育在社会发展中的角色选择

在我国，体育被视为国家和人民的事业，同时体育服务于国家的目的也决定了政府的核心位置。审视我国的政府运行机制，国家从宏观上管理着大部分社会资源，体育的运行机制大多表现为一元化格局。政府先后制定了“普及与提高相结合”“以青少年为重点的全民健身战略和以奥运会为最高层次的竞技战略协调发展”“加强青少年体育工作，促进群众体育和竞技体育全面发展，加快建设体育强国”等指导方针，不同时期的战略实施推动了不同时期体育的发展，同时也夯实了体育在整个国家中的社会地位。2008 年，北京奥运会成功举办，我国在竞技体育方面取得了举世瞩目的成绩，这一切都归功于政府主导下的体育管理体制。国家奥委会副主席、中国奥委会主席何振梁先生曾撰文：“2008 年以后我们怎么办？我们是把黄金时期持续下去，还是像有些国家那样，奥运会对推动体育事业只起了昙花一现的作用？这是每一个体育工作者都必须面对的问题。”[①]面对这样的现实，结合我国体育体制和被社会广泛认可的体育地位，在国家层面，应该因势利导地做出符合社会需求的角色选择。

新的发展形态必然是由社会大环境的形态决定的。在高度集中的计划经济体制下，举全国之力办体育，把办体育当作政治任务来完成，是符合当时中国国情的。随着市场经济体制改革的深入、体育事业的蓬勃发展以及体育需求的进一步提高，政府在体育发展中应做出必要的角色调整，进而理顺自身在体育发展中的应然角色。

新时期市场经济体制逐步完善，政府的职能也做出了前所未有的调整，已经逐步把属于市场的职能和角色交还给市场，政府的职能和角色更具有宏观性

---

① 何振梁. 北京奥运会对我国发展的影响. 体育文化导刊，2004（3）：3-6.

和调控性、权威性和规则性、供给性和保障性、矫正性和弥补性等特点。在处理政府在体育发展的角色定位上，我国不能完全照搬西方国家的模式，即不能把政府办体育和社会办体育的关系太过理想化，片面地夸大社会组织办体育的作用，完全脱离政府办体育也是不符合现阶段我国国情的，而是希望政府在社会经济和社会结构变迁中，逐步找到一条既符合世界体育发展趋势，又能较好地把握中国经济发展阶段性特征的且有明显地域优势的特色化道路。

### （二）个体利益场域：体育在社会发展中的角色回归

体育的发展与进步最终体现在个体的全面发展上。作为个体的人，其社会地位的提高也必然包含体育因素，因为这样才是马克思关于人的全面发展的具体表现。从个体利益场域的视角研究体育在社会发展中的地位是不可或缺的，这也是被大众广泛认可的视角。在这个探讨中，准确地把握个体利益场域、廓清个体在体育发展中核心角色，正是全面认识体育在社会发展中的地位的一个切入点。

从伦理学的观点看，构成个体利益场域的基本要素有三个内在的规定性。

一是个人的限度。十五六世纪欧洲文艺复兴运动以来，个体的人在一定程度上获得了完全意义上的生存和发展的权利，人的主体性精神也自然地被重新确定，人的解放、进步和发展所赖以存在的所有丰富条件从个体利益自身找到了生长点，人的限度所包含的人的个性、人的存在的多样性和丰富性才真正占有地盘。近现代以来，经济的不断发展进一步打破了人身依附关系，为独立人格的形成创造了社会经济条件，强调个人的限度，意在“人应该以自己为唯一的目的，而不是服务于任何超越于人的意图的工具”[①]。当个体主体忘却自身利益的基本特征和存在精神而纯粹地着眼于他人的利益时，讨论人的发展必然是纯概念的纠缠，不仅难于廓清个体利益的场域，也无法言说人的全面发展。如果失去个体利益，社会的其他主体（如群体主体、社会主体或国家主体）的利益也就荡然无存。所以说，个人的限度是个人获得存在的基本的自然法理规定性，也是个体获得全面发展的原初条件，实践中能够尊重个人的限度、个人的独特性，也就是尊重人的生存权利、发展权利、进步权利。

二是个人的尊严。个人的尊严就其本质而言是内化的人格力量，是个人作

① 埃·弗洛姆. 为自己的人. 孙依依译. 北京：生活·读书·新知三联书店，1988：133.

为自己存在的精神因素。[①]通俗地讲，如果尊严可以转换成计量单位测量的话，它就是一把尺子的第一刻度。如果第一刻度被忽略或者污损，这把尺子的有用性就大打折扣，甚至将被废弃。13 世纪以来，人文主义者就倡导人应该是全面发展的人，一直肯定人的尊严和人的价值。

三是个人的责任。在伦理学理论视野中，责任与义务是等量齐观的，人的行动所指向的义务与责任是和谐一体的。没有义务自然不会有责任，有责任必然有义务，责任是先于义务的，因而应当坚持人格至上的立场，把责任作为个体利益的构成要素。

从个体利益场域来分析体育在社会发展中的地位，实际上是从微观层面来考量这个问题的。前文解读了国家与社会、政府与市场中体育在社会发展中是如何享有其应有的地位的。从微观层面来看，马克思主义认为社会的发展首先表现为人的发展，只有人得到全面发展，国家和社会才能体现出其进步性、开放性，所以从个体利益场域的个人限度、个人尊严和个人责任三个要素去探寻个体在参与体育活动中的表现，能恰如其分地廓清体育在社会发展中的应然角色。

第一，个人限度是个人获得其存在的最基本的自然法理规定性，也是个体获得全面发展的最原初条件。尊重个人的限度、尊重个人的独特性，也就是尊重人具有生存权利、发展权利、进步权利。[②]在体育发展中，片面地回避个人限度的因素，也就是不关注个体利益，如若失去对体育发展中个体利益地位的考虑，那么体育中的不同形态体育（如竞技体育、群众体育、学校体育）的地位就难免偏颇。在探讨体育在社会发展中的应然地位时，应首先考虑人的生存、发展、进步的权利，因为如果不能合理地保障这些基本权利，就无法言说人的全面发展，体育在社会发展中的地位就无法得到保证。

第二，个人尊严是人之所以为人的支撑点。人若在追求幸福和自由、财富和地位、民主与权利的同时，丢掉了最宝贵的尊严，或者摧毁了赖以生存的精神支柱——人格力量，那么也就失去了人在生活世界中的意义。基于此种理论，探讨体育的应然地位时，也应该考虑个人的尊严，不能因为追求以上所列举的方方面面的个体利益而丢弃了马克思恩格斯所说的做人的尊严，否则体育的应然地

① 杨竞业，姜晓丽. 人的全面发展问题的当代论域. 武汉：武汉大学出版社，2009：125.

② 杨竞业，姜晓丽. 人的全面发展问题的当代论域. 武汉：武汉大学出版社，2009：127.

位无法被社会认可。

第三，个人责任是人践履义务时对自我生命的一定程度的超越，在于不断完善个体自身，合法获得个体利益，进而实现个体全面发展的义务实体。体育植根于一个个鲜活的个体，个体在履行体育义务的同时，不自觉地担当了发展体育的责任。个体在参与体育的过程中，从个体场域微观角度看，在提升个人能力和水平的过程中，由于持久地担负了责任，变得有能力影响自己周围的人，也能激发他人的勇气和能力，从而带来人类普遍追求的体育利益，所以在理顺体育应然地位时，应该加强对个体体育责任的培养。

## 第二节　价值探讨：体育在人类社会发展中的作用

### 一、价值的教育效用：体育是人类文明的重要组成部分

#### （一）体育在人类文明的发展进程中起重要的教育作用

马克思在《临时中央委员会就若干问题给代表的指示》曾指出，教育由智育、体育和技术教育构成。这里的体育指体育学校和军事训练所教授的内容，对青少年和产业工人应当按照不同的年龄段，通过循序渐进的教育方式教授他们智育、体育和综合技术教育的课程。马克思在《资本论》中提出，未来教育对所有已满一定年龄的儿童来说，就是生产劳动与智育、体育相结合。

马克思在论述教育的本质、方针和政策问题的经典理论中，关于全面发展的教育范畴问题都很明确地将体育包括在其中，认为体育是不可或缺的教育内容。马克思主义领袖人物对体育是实现人类文明的重要教育范畴多有论述。古今中外的教育家也把体育的内容涵盖在教育之中。中国古代的礼、乐、射、御、书、术“六艺”教育涵盖原始体育的内容。欧洲的古代哲学家亚里斯多德也曾把教育分成三个阶段：7 岁以前的儿童要注意健全教育的培养，多进行肢体活动；8—14 岁步入学校教育时期，这个阶段应该以体育、音乐教育为主；15 岁以上主要进行智育教育，在其理论中其认为尽管教育在各个不同阶段有不同目标，但锻炼健美的体格是终生的事情。近代中国两位重量级改良派人物——梁启超、康有为，前者认为德、智、体三育是教育中必有之物，后者主张大、中、小学校应开设体操课程。另外，大教育家蔡元培也曾提出要有完全的人格，首先在于体

育的论断，认为健全的人格要“五育并举”。

纵横梳理国内外政治家、教育家、思想家关于体育的思想问题，无一例外地把体育归属到教育的范畴，认为体育是实现人类文明的不可或缺的部分，要培养拥有健全人格和完美个性的学生，就必须把体育与德育、智育等结合起来。在某种意义上，体育既是一种教育手段，也是教育的目的。不讲体育的教育是片面的、野蛮的，自然也无法实现人类文明的历史跨越。

### （二）体育是实现人类文明的重要教育手段

凝聚力、感召力和团队意识在参与体育各类活动中潜移默化地形成。对于青少年来说，各种比赛中的金牌效应，辅以升国旗、奏国歌的仪式，运动员激动的泪水，都是进行爱国主义教育的良好时机与手段。赛前的刻苦训练与比赛中的奋勇拼搏是革命英雄主义的最佳教育；比赛中运动员为集体争光而拼搏的决心与信心，能够促进集体主义思想教育；比赛中的遵守规则、尊重裁判是遵纪守法的现实教育；教练员结合现代科学进行训练，对队员因材施教的训练手段是科学求实的现实教育；运动员克服身体伤病，不怕辛苦、勇于争先是艰苦奋斗精神的教育。此外，体育给予人美的力量、艺术上的享受、精神情操上的陶冶，也是其他教育手段所不及的。

### （三）体育是实现人类文明的教育新契机

身体是革命的本钱，体育是全面提高人的身体素质的重要手段，亦是一种全民教育。从某种意义上讲，群众积极参与健身是社会进步与人类文明进步的主要标志。要推动整个社会的精神文明建设，就要从群众出发，提高其生活质量，使其生活方式科学化。改革开放后，人民群众的生活质量得到普遍提高，从温饱型逐步发展到小康型，人民群众更加关注自身的健康状况，对文明健康的生活方式需求日益增长。“有了好身体，才有好日子”“每天锻炼一小时，健康生活一辈子”“参与健身，强国强民”等运动意识逐步深入人心，并落实在现实中，全民健身已被纳入国家发展和社会主义建设的总体规划，这是社会主义精神文明建设的巨大推动力。对于坚持社会主义核心价值体系、建设社会主义文化强国，其教育作用不可或缺。

## 二、价值的经济效用：体育产业是国民经济新的增长点

### （一）体育产业是支撑国民经济的“朝阳产业”

体育是具有产业性质的公益事业，它既是事业也是产业，如同教育既是事业也是一种战略性产业一样。随着社会发展和人民生活水平的逐步提高，未来体育必然向着“朝阳产业”的方向发展。体育只有走产业化、社会化的道路，才符合社会的发展趋势，并且它的市场效应、产业开发的潜能都是巨大的。

体育产业市场广阔、成本低，不会污染环境，是国际公认的绿色高回报产业。全球超过10亿美元的体育用品公司有几十家之多。受国际体育产业化的影响，我国国内的体育用品市场也逐年升温。体育产业的大力发展对促进国民经济相关产业发展起着不可替代的作用。

### （二）体育产业是扩大对外开放和参与竞争的新生力量

改革开放以来，特别是我国加入世贸组织以来，我国对外开放的脚步逐步加大，体育用品成为出口创汇的重要产品。从宏观经济学角度看，资源配置是经济发展中的根本问题，就资源配置方面讲，如今的经济模式比之前的计划经济有更大的优势。体育产业在我国巨大的劳动力、物资、企业现有存量方面的资源的合理挖掘与利用中仍有巨大的潜力。对于中国传统的体育产品，在其开发与创新方面亦有很大潜力。同时，中国的体育产品在应对国际潮流时，应不断提高产品质量，积极寻找市场机会，走出国门，打入国际市场，更好地参与国际竞争，为我国经济的可持续发展贡献力量。

### （三）理顺体育产业中体育与市场的关系

体育与市场接轨，竞赛与经济联姻，是体育产业发展的必然选择。在体育没有完全产业化的时候，举办体育比赛往往意味着赔钱，举办国和地区常常为举办体育大型赛事发愁。近年来，各大城市争做体育比赛这块利益丰厚的“蛋糕”，通俗的理解就是，因为现在具有一定规模的体育比赛能够拉动地方经济，使得一些发达城市的体育中心、健身俱乐部得到迅速发展，在我国一些省份，乡镇建成了规模宏大的体育场馆，这些都是体育产业经济效应的结果。

同时我们也看到，基于我国体育市场体系尚未形成、运作机制尚未健全、消

费领域开发尚不全面，还需要政府通过宏观调控激发市场活力，规范体育市场，引导体育消费，创建与现实市场机制相协调的体育市场环境，改变以往计划经济时代体育“吃皇粮”“等靠要”的作风，以及没有财政预算就不能很好地开展体育工作的状况，应使体育事业逐步走上“投入—产出—积累—效益”良性循环的轨道。只有走这样的产业道路，体育的经济价值才能得到充分发挥。

## 三、价值的人本效用：体育是人的全面发展和社会进步的前提和基础

### （一）体育是人作为生产力第一要素的先决条件

生产力三要素包括劳动者、劳动工具和劳动对象。劳动者，即人，是作为第一要素的，也就是说人是生产力要素中最为关键的，生产力的发展首先依赖于人的素质的提高。这里的素质既包括身体素质，也包括心理素质等，其中身体素质是其他素质提高的前提。没有健康的体魄，发展生产力就是毫无意义的空话。参与体育锻炼的人，其身体素质得到提高，能更好地发展其他方面的素质，从而成为全面发展的人。中国是一个人口大国，人口多，一方面是制约我国经济发展的因素；另一方面，可能是我国的巨大优势，前提是开发好人力资源，使其成为社会发展的红利，成为社会发展的丰富的人力资源。这就需要开发人力资源，不仅要靠其他方面的教育，还要靠体育。把这些教育切实、扎实地做好，国民就可能转化为高素质的劳动者，并使我国长久立足于国际舞台。

### （二）体育是社会发展的基础和人类进步的标志

社会发展到知识经济时代，知识、信息、智力、能力成为社会经济发展的重要元素，科学技术成为第一生产力的论断被社会广泛认可。这为人的全面发展提供了更加丰富的内涵，解放生产力首先应该解决人对知识的需求问题，因为所有的科学技术都是由人创造的，而健康的身体能够促进人更好地创造和发明。

我们所熟知的知识经济，其真正的含义不仅包括人对经济的挑战，也包括人对自身身体素质的挑战。人的创造、创新能力不仅受社会和环境的影响，还受自身身体素质的影响，由于身体素质不足以应对复杂的工作和生活环境的例子屡见不鲜。一些科学家、学者由于一心扑在事业上，在工作过于劳累，往往无暇顾及自己的身体，最终遗憾离去，给国家和社会带来了巨大的损失。他们的不幸离世提醒人们，在工作岗位上奋斗的同时，也要注重身体素质的提高。在人与自

然、社会的较量中，每个人都必须进行包括体育在内的全面发展。

## 第三节 内在与外在：体育与人类社会的发展逻辑

### 一、内在：体育的实践本质是人类社会发展的首要前提

#### （一）实践是现实的个人的本质规定

人类以实践的本质从动物界脱离出来时，就开始了实践本质的对象化活动。这里的人是“以一定的方式进行生产活动的一定的个人”[①]，这就注定了人存在并生活于现实世界、从事物质生产劳动，并与现实社会产生不同程度的社会关系与政治关系。人类一方面根据自身的愿望、需求与能力改造着自然世界，另一方面又被所存在的现实世界影响，同时吸取对自身发展有益的积极因素不断发展与进步。“整个所谓世界历史不外是人通过人的劳动而诞生的过程”[②]，这种通过人不断占有自己的本质的双向互动为社会发展的演进提供了前提。人的实践本质是一种超越性本质，即超越现有追求理想的本质；人的实践方式是一种创新性生存方式，即变革旧世界、创造新生活。马克思从实践的角度对现实的人的本质及其生存方式做了解释，特别是对人与社会的关系做出了科学的分析。人只有通过实践的方式才能改变自己和社会的现实存在方式，才能超越现实，不断调整和生成更符合人类本质存在的理想生存方式，去追求人的发展与社会发展的最完美的和谐一致。

#### （二）人的体育实践是社会历史演进的承担者

人是社会发展的主体，“人们的社会历史始终只是他们的个体发展的历史，而不管他们是否意识到这一点”[③]。通俗地讲，就是社会的发展是以实践为基础的人的发展在时空中的展开，社会中的每个人都不同程度地参与了社会历史活动，每个人的活动和选择都影响着历史的进程。其中，每个人的活动都或多或少

---

① 马克思，恩格斯. 马克思恩格斯全集（第 1 卷）. 2 版. 中共中央马克思恩格斯列宁斯大林著作编译局编译. 北京：人民出版社，1995：71-80.

② 马克思，恩格斯. 马克思恩格斯全集（第 3 卷）. 中共中央马克思恩格斯列宁斯大林著作编译局编译. 北京：人民出版社，1960：48-52.

③ 马克思，恩格斯. 马克思恩格斯全集（第 4 卷）. 中共中央马克思恩格斯列宁斯大林著作编译局编译. 北京：人民出版社，1995：532-533.

包含体育实践活动。因此，社会发展绝不能离开现实的个人，现实中的个人生产和生活活动也必然囊括体育实践。从更微观的角度说，体育实践者也必然是社会历史的承担者。

人按照自己的愿望与需要发挥着躯体与精神的潜力和力量，改造着自然界，使自然界按照人的劳动所改造的程度与方式存在。一方面，未知的、原始的自然界随着人的不断扩展与深入，进入人的生活范围，从而发展成人化的自然；另一方面，人类仍在不断扩展自己的实践范围和对自然界的统治。因此在某种程度上说，人类的历史是不断丰富自己的规定性的、生产人自己的全面性的、发展人自己的普遍性的历史。[①]社会历史并非一个独立于人的主体性而行进的、被决定了的过程，而是内在于历史主体活动中的。在这种不断追求和创造新的规定性活动的历史过程中，体育实践活动是人的实践活动的一部分，它必然使人在参与体育活动的过程中结成小社会，使社会与个人的发展呈现历史的形式，而且从人的社会发展本质来看，这一实践活动——人的体育实践活动构成了社会发展的动力源泉。

### （三）体育的发展是检视人类社会发展的必要尺度

“人是人的最高本质”这一论断是马克思《〈黑格尔法哲学批判〉导言》提到的哲学命题。这个命题中的两个“人”有不同的指代。其核心实质便是提出了人的核心地位，即人是人类一切行为的最高原因和最高目标，衡量一切事物的基本标准也是人。根据马克思的观点分析人的现实状态，人的生存和发展的需要、现实的满足程度都是衡量社会发展的基本出发点和价值尺度。社会是人的社会，社会发展离不开人的发展，人是社会发展的最终目的，因此，人类生存和发展的价值必要性便是社会发展的客观必然性的基础，从而实现其全面发展而追求并实现社会的发展与进步。

一个社会是否比另一个社会更进步，其价值判断的根据在于这个社会是否能够创造更好的条件，提供更多的机会，使人的创造性和自主性得到更好的发挥。诚然，宏观的人的发展与社会的发展是这样的一种关系。我们将体育的发展引入这种逻辑中，就不难理解其是检视人类社会发展的必要尺度：体育是提高人的素质的必要手段，良好的身体素质是提高人的智育水平的保障，不仅使人

---

① 夏甄陶. 认识的主-客体相关原理. 武汉：湖北教育出版社，1996：240.

摆脱自然奴役，更使人获得最大限度的发展。机器生产逐步代替手工劳动时，科学技术的广泛应用为个人才能的发展提供了越来越充分的条件和日益广阔的空间，这时候仍离不开体育的发展，因为体育锻炼可以保证人有良好的身体素质，更能促进人的全面而自由的内在发展。也只有人的内在发展达到较高水平，才会外显为人类社会的发展。所以从这个角度上说，体育的发展是检视人类社会发展的必要尺度。

## 二、外在：人类社会的发展为体育的发展提供条件和手段

对于人类社会的发展，可进行考察的方面有形态、内涵和本质三个方面。从形态方面看，人类社会的发展是社会整体的政治、经济、文化等方面的发展和进步；从内涵方面看，人类社会的发展是其在内在结构在具体历史环境下不断趋向“合理化”的演变与进步；从本质方面看，人类社会发展的实质是社会发展的主体及其生存方式不断完善的过程，也是处于不同历史时期的人对其理想状态追求的过程。从社会发展到人的发展，其间要经过一些中介环节和中介过程的转换，这些中介主要涉及客观的实体，比如社会发展是人们通过交往建构起来的社会存在，只有人类社会得到整体发展，才能为个人的发展（包括体育）创造条件、开辟道路与提供实体可能。

### （一）社会生产力的发展是体育发展的物质基础

马克思认为人的发展程度取决于现实生产力水平，而不是由人的主观意愿所决定的。体育的发展是以人的生命存在为前提条件的，人作为存在物，其衣食住行等基本需要在社会生产力发展过程中才能得到满足，社会生产力的发展水平越高，人的基本需求越能得到满足，体育发展的程度越有可能提高。马克思指出，生产力的发展、交往的普遍性是“个人全面发展的可能性”[①]。在生产力是人类社会和个人发展的物质基础及决定因素的命题下，把生产力的发展看成个人生存和发展的“绝对必需的实际前提”是正确的论断。只有社会生产力不断发展，才可以不断改善人们的物质生活，同时带给人们新的交往方式、新的需要和新的观念，其中新的交往方式必然融合体育的发展。综上所述，体育的发展归根到底必须以社会生产力发展作为物质基础和前提。

① 马克思，恩格斯. 马克思恩格斯全集（第46卷）. 中共中央马克思恩格斯列宁斯大林著作编译局编译. 北京：人民出版社，1980：36-42.

### （二）社会关系的变革是体育发展的基础条件

关系是指两个或两个以上事物之间的相互作用、相互影响、相互依赖、相互比较的一种形式。任何事物只有处在一定的关系中才能存在和发展，其特性才能表现出来。事物的存在和事物之间的相互关系是统一的。事物的发展变化使得事物与其他事物原有关系的改变、消失和产生新的关系，同一事物与其他事物关系的变化也会引起该事物发生相应的变化。[①]对于人来说，关系不仅是客观存在的，而且是必不可少的。对于体育的发展来说，关系也具有重要意义。宏观上讲，关系是协调个人与整体的手段，旨在消除社会发展和个人发展的背离状态。从某种意义上，人生活在世界上，就是生活在关系之中，没有关系，就谈不上人的存在，人总是在一定的社会关系中生存和发展的。

社会关系指由一定的生产方式所决定的生产关系的总和。有了社会关系的存在，才能使个体的人变成社会的人。人是社会关系的产物，只有在社会交往关系中，作为社会的人的发展才有可能。体育运动的游戏性、竞赛性和娱乐性，使它不仅能够娱人娱己，丰富文化生活，满足人民日益增长的精神需要，还可以令人忘却烦恼，增进心理健康，这些体育功能客观地体现在人与人交往的社会关系中。随着社会生产力的发展，必须有与之相适应的社会生产关系。随着社会的进步，在交往中的社会关系开始由贫乏变得丰富，由封闭变得开放，由片面变得全面。参与体育的个体若能积极参与社会生活的多个领域并与外界互动，就会同很多人进行交往，从而也就同世界的物质生产和精神生产进行了普遍交换，使个人摆脱地域的局限性和民族的狭隘性，在交往中逐步形成和谐、全面的社会关系，并实现自身的发展。

### （三）社会文化包含体育发展的程度和方式

“文化”一词起源于拉丁文 cultura（cultus），意指与自然存在的事物相对的通过耕作、培养、教育、发展出的事物。之后，其词意延伸为人的心灵、智慧、情操、德行、风尚等的培养与教育，再之后发展为泛指一切知识以及整个人类社会生活的内容。在社会发展过程中，社会文化统一于人类社会发展进程中，是人

---

① 冯契. 哲学大辞典（马克思主义哲学卷）. 上海：上海辞书出版社，1992：660-661.

类社会发展不同层面的表现，这里的不同层面当然包括体育的发展程度，为人提供认识世界、改造世界和认识自我的知识和方法，还提供道德、审美、价值、理想等关于生命的意义及其选择和评价的尺度，其程度是衡量人的发展的标准之一。文化及其活动方式的每一次重大更新和优化都极大地推动了人的发展。

就社会文化对体育发展的作用而言，文化与体育的发展之间的影响作用是相互的，即人的体育活动创造文化，文化也包含人的体育文化及活动。文化将人类社会历史经验以浓缩的信息进行跨越时空传递，维持社会历史的延续性，为体育发展奠定历史文化基础。从社会文化对体育的发展的后果看，作为人类经验的载体，文化通过知识体系和行为方式培养、塑造体育，使参与体育的人成为社会的人。只有作为整体的社会文化得到发展，才能实现体育的发展，也就是说，体育发展的真正实现在于社会文化程度和方式的转换，这种转换则意味着体育的生存和发展方式的变迁。

## 第四节　俱进与前行：体育与人类社会发展的美好未来

### 一、与时俱进：国民体育观念将逐步改善

改革开放 40 多年来，我国经济实现了跨越式发展，人民的生活水平得到了普遍提升。在经济普遍发展的同时，体育发展也达到了前所未有的高度，民众的体育参与意识显著增强。为什么社会经济发展后，体育意识会随之提升？根据马斯洛的“需求层次理论”，人的温饱等生理需求得到满足后，就会追求更高层次的需要，逐步向安全、情感和尊重方面的需求跨越，最终实现其自我实现的需要。国民的体育观念也会伴随着经济的发展、社会的进步而转变，与人类社会发展的美好未来保持步调一致。

#### （一）理性反思：二战后日本竞技体育史对体育观念的影响

1955—1972 年是日本经济的高速增长期。20 世纪 70—80 年代，日本经济的增长进入稳定期，GDP 年均增长 5%，这一时期在其国内的增长速度与前 20 年比较是下滑的，但同期与其他发达国家相比，仍然是增长最快的国家。20 世纪 80 年代末到 90 年代初，日本出现了“泡沫经济”问题，之后十多年的时间，

日本经济进入持续的衰退期。1999 年后，日本的经济又呈现增长趋势。纵观日本经济的发展历程，大体呈现“先快后稳定再加速”的格局，其间虽然受“泡沫经济”的影响，1990 年后经济出现不景气，但放在国际环境中，日本的总体经济实力却在不断增强，曾居于世界第二经济强国的地位。

为了加快国民经济的发展，消除战败国的负面影响，赢得和平民主国际形象，日本一直积极参与奥运会，还多次申办奥运会：1960 年获得了第 18 届东京奥运会申办权；1964 年东京奥运会上，日本凸显了战后的体育竞技水平，取得了总成绩排名第三的水平，仅次于当时的美国和苏联，也创造了日本在奥运史上的“神话”。但是，20 世纪 80 年代以后，日本的竞技水平没有继续保持强劲的势头，而是出现了明显滑坡，不仅表现在奖牌数大幅度减少，还表现在奥运会成绩名次的急剧下降：在巴塞罗那奥运会上，其名次下降到第 16 位，被远远地甩出竞技第一集团的行列；1996 年的第 26 届亚特兰大奥运会上，日本的奖牌榜名次跌至第 23 名，这一成绩是日本奥运历史上的最低纪录，引起了日本社会的巨大反响。总体来说，这一时期日本体育在竞技水平上失去了 1964 年东京奥运会的光环。

1964 年东京奥运会后，日本的经济仍然处于高速发展时期，但其竞技水平为什么每况愈下，而且在国际上的排名一落再落，陷入低谷，出现一个经济发展与竞技体育的剪刀差，似乎经济水平越高，反而竞技体育水平越低？用常人的思维看这个问题，完全是不可理解的，也没法做出合理的解释。日本的经济水平那么高，为什么竞技水平突然那么低？究其根本原因，应该是国民的体育观念出现了变化，整个国家的竞技水平高，并不代表这个国家的国民身体素质就好，脱离举国体育体制后，国民更关注、更热衷于与个人身体素质息息相关的群众体育和学校体育的发展，毕竟竞技体育一时的高水平表现仅仅代表小部分人的身体素质好，而这部分人的身体素质是大强度训练的结果，这样的身体素质还可能伴随伤病的折磨和困扰。也就是说，这并不是真正意义上的体育精神所追求的身体素质好，从长远的角度考虑，群众体育和学校体育的健康发展是大势所趋。

### （二）舆论引导：圆谷幸吉自杀事件是体育观念改变的风向标

1964 年东京奥运会的成功举办，不仅促进了日本的经济发展，而且振奋了其民族精神，也在一定程度上改变了战败国在国际上的政治和外交。但是东京奥运会后，随着经济的迅猛发展、国民生活水平的逐步提高、余暇时间的增多，更多的民众有主动参与体育活动的意识，并重新审视竞技体育的现实。特别是日本著名的马拉松运动员圆谷幸吉自杀事件成为民众体育观念改变的风向标。

马拉松运动是日本民众喜欢的体育运动之一。圆谷幸吉在东京奥运会摘得马拉松比赛铜牌，曾在日本轰动一时，成为国民崇拜的偶像，国民对他的期待相当高，希望他成为下届奥运会马拉松比赛的金牌得主。由于巨大的社会压力和自身伤病的困扰，再加上运动成绩不佳，圆谷幸吉深知不可能实现国民的盼望，于是在 1968 年 1 月 9 日写下“跑不动了”的遗书后自杀身亡。该事件发生后，对日本国民的触动很大，引发了日本社会各界的普遍关注，有记者在《朝日新闻》发表了“无视人性的期待”的文章，分析了该事件发生的社会背景，激烈地批判了现代竞技运动中狭隘民族主义的危害，痛斥了缺少人性的竞技运动。这样的社会舆论逐步形成后，国民的体育观念悄然发生改变，他们不再片面地追求高水平的竞技运动，认为回归大众、有益于身心健康的体育才是国民应该追求的，高水平的竞技运动更多代表的是上层建筑的政治利益。

学者也力挺国民的观点，认为应该重视大众体育的开展，不应该把大量的经费用于少数精英的高水平竞技运动，要解决体育场馆不足的现状，与其花巨资建设大型体育场馆，不如用同样的资金建设一些便于国民活动的小型场馆。他们主张作为文化的竞技运动应该真正归还给国民，他们还认为资金先用在群众体育，可能会出现一定时期内奥运会金牌榜名次的下滑，但只要有稳定的群众体育为基础，在金牌榜的真实位置还会回归。事实也的确如此，2004 年后，日本的奥运会金牌榜又排在了前列，其基础正是日本群众体育的蓬勃开展。这一点从日本的体育人口、体育俱乐部、体育指导员、体育场馆和体育经费上都有客观反映。

### （三）民众获得感：体育观念改变的目标

日本成功举办东京奥运会的实例促进了社会政治、经济的快速发展，也激发了国民积极参与体育活动的热情，在很大程度上掀起了大众体育的热潮。当前中国体育的发展也正处在成功举办北京奥运会之后，从体育和社会发展融合的角度分析，2008 年奥运会后，国民对金牌榜的关注似乎也不再那么热情，大有逐渐淡化的趋势，国民运动休闲意识和对健康追求的意识不断增强。面对人民群众日益增长的锻炼需求，国家及时调整体育工作的战略重心，不局限于少数运动精英的培养，更重视群众体育的健康发展，加大对群众体育的资金投入，使体育公共服务实现精准化的供给，以民众的体育获得感来评价体育的和谐发展，这才是体育发展的美好未来，正如党的二十大报告指出的，“广泛开展全民健身活动，加强青少年体育工作，促进群众体育和竞技体育全面发展，加快建设体育强国”。

## 二、与时俱进：后奥运效应将促使体育工作重心的转移

### （一）现实与未来：承办奥运赛事对实现体育均衡发展的影响

1896 年现代奥运会复兴以来，很多国家积极申办奥运会，因为奥运会的成功举办会对奥运会举办国的竞技水平科学化和国际化有很大提升，但我们还必须清醒地认识到，奥运会的举办也会给体育的发展带来一定的负面影响。

奥运会的举办可能掩盖体育体制一些较深层次的矛盾。很长一段时间，中国的体育制度主要是举国体制，全民参与办体育（更确切地说是办竞技体育），很大一部分资金用在少数体育精英的训练上，国家在资金分配上往往倾向于夺金的项目及所在省份。这样的资金分配可能挫伤群众体育发展的积极性，出现竞技体育和群众体育“一手硬，一手软”等痼疾，再加上体育管理体制管办不分等问题，如果长久这样发展，就会使各种体育形态的发展越来越不平衡。从奥运会金牌榜上看，我国稳居第一集团军的行列，但全民身体素质的现状促使国家做出体育制度改革的设想又势在必行。2008 年奥运会申办成功后，在筹办奥运会的过程中，由于体育训练需要高度稳定性，这些可能影响运动成绩的改革实际上不能再进行，因为奥运会第一次在中国举办，我们这样的发展中国家太需要一场规模宏大的比赛来振奋民族精神，同时扩大国际的话语权。

奥运会的举办可能加剧体育资源分配的不平衡。奥运会在哪个国家举办，都需要投入大量的人财物和科技力量。对于一些财力相对贫乏的国家来说，财力和科技力量是固定的，投入少数精英参与的竞技体育上多一点，势必影响与奥运会关系不太紧密或少有直接联系的体育事务，也就影响体育的健康、均衡的发展，其中影响最大的是群众体育。

### （二）理想与收获：后奥运效应在群众体育方面应有表现

历史上每一届奥运会的成功举办都会在人类的文化史和体育史上留下痕迹，只是有的深刻，有的肤浅，有的具有历史转折的价值，有的对本国的体育发展产生了重要影响，也有的给本国的经济带来沉重的负担。但凡在某个国家举办奥运会，该国都会努力将国家的竞技水平推到极致，一般会把该国有代表性的体育项目也列为奥运会比赛项目。还有一个普遍的问题是多数举办国在以后的几届奥运会的成绩相对较低，相应的国家乃至民众对这种想象表现出认可的状态，不会对某一运动员或某个部门提出责难。举办过奥运会的国家在体育上的差别往往就在于，是否能够以奥运会为契机推动国家其他形态体育（群众体育、学校体育）的发展。

真正的奥林匹克主义应该达到的效果是高水平的竞技运动与群众体育的高度结合，这是现代奥林匹克运动发起人顾拜旦的初衷。“奥林匹克运动的宗旨是使体育为人的和谐发展服务，以促进建立一个维护人的尊严的、和平的社会。”[①]顾拜旦认为奥林匹克主义是增强体育、意志和精神并使之全面发展的人生哲学，这种哲学是在尊重基本社会公德的前提下，将体育运动与教育、文化的有机融合，力争创造一种在运动中寻求欢乐并发挥良好榜样的教育价值的生活方式。但现实中的奥林匹克主义给人的感觉主要以竞技体育比赛为主，似乎很难找到大众体育的影子。随着国际群众体育潮流的压力，20 世纪 80 年代后，国际奥委会又专门成立了群众体育委员会，宗旨是“扩大活动范围，探索新的发展前景和新的平衡，更全面地满足整体和每个个体的合理诉求”[②]。群众体育委员会的成立和各项工作的有效推进，使大众体育在国际上的地位得到进一步巩固和发展，1986 年后的历届奥运会都有群众体育蓬勃发展的身影，可以说任何一届精彩的奥运会的举办都离不开大众体育做支撑，有了群众体育氛围的烘托，才称得上现代奥林匹克运动会。

经过群众体育工作者的不懈努力，群众体育的发展逐渐被提上议事日程。前文所述的日本就是一个奥运会后群众体育大发展的典范，究其主要原因还是后奥运的效应。1964 年东京奥运会后，日本体育管理体制发生了转变，青少年更热衷于

---

① 全国体育学院教材委员会. 运动心理学. 北京：人民体育出版社，1988：76-81.

② 胡小明，周爱光，任海，等. 奥运会与中国体育的未来——中西体育理念比较座谈会发言纪实. 体育学刊，2003（6）：1-6.

休闲和娱乐，对竞技体育的热情逐渐下降，总体上基本完成了国家体育观念的转变，从开始的国民体育到后来的竞技体育，最终指向众望所归的群众体育。虽然说日本的竞技水平和其在国际上的经济地位不相称，但是日本人却泰然处之。

借鉴日本的可取之处，为实现体育与社会发展的美好未来，我国要为群众体育的发展解决好以下问题。

第一，提高群众体育的组织化程度。组织化程度低成为群众体育良性发展的主要制约因素，我国一些基层政府在机构改革后，体育部门一般与科技或教育、文化部门合并，往往处于从属的社会地位，宏观上缺乏对群众体育运行的管理，大部分委托社会培训机构代管，而这些机构一般以盈利为目的，没有形成上下协调一致的组织体系。

第二，要防止群众体育转向功利化。当前部分群众体育受相关利益机构诱导，已经呈现出只注重比赛过程的形式化，而忽略了体育活动增强人民群众体质的特点。群众体育就是要发动和引导大多数人参与到体育活动中，提高广大人民群众的体质，并把在体育中寻找快乐作为一种新的生活方式贯穿始终。

第三，因地因时地发展群众体育的新形式和新组合。在奥运会举办年建立适合我国特色的“奥运体育节”或“奥林匹克日”活动，开展以休闲、健身和时尚运动为主的各项比赛。普及“休闲体育”的概念，利用社区体育、家庭体育、双休日体育的场合和时机扩大体育人口的数量，使原本的准体育人口逐渐转化为体育人口。加大发展私有企业的健身力度，引导职工参与到体育锻炼当中，将一些群众基础好的体育项目推向市场化运作的轨道。组织科研学术力量广泛开展群众体育方面的研究，争取编制出一套适合不同人群的健身操，比如适合城乡居民锻炼特点和符合其生活方式的健身操、针对心脑血管疾病和高血压患者的健身操等。以国际奥委会成立群众体育委员会为契机，进一步理顺我国群体组织的上下衔接关系，比如中华全国体育总会真正实体化，担负起管理群众体育各社团的职责。

### （三）科技与生态：未来体育的美好前景

面对信息化的 21 世纪，未来体育的发展何去何从？它将会以怎样的方式改变人类的生态规律和生活方式？谈到体育的美好未来，人类又会以何种姿态迎接体育的新挑战？这些关于未来体育的发展的思考是关系到人类自身生存和发展的新命题。

高新技术将在未来竞技体育中扮演重要的角色。工业化和信息化融合的社会条件下，科技已成为人们生活方式的主要支撑，未来体育的美好发展同样需要科技这条不容置疑的客观规律。[①]我们也有理由相信未来高新技术的卓越发展将更加淋漓尽致地应用在体育中，使其产生更卓越的变化。

未来竞技体育比赛可能主要比拼的是各国的科技水平。科学家正在研究人工激素，将其注入人体内可能激发运动员的天赋；还尝试把计算机芯片植入人体的大脑，能够刺激助长人体激素的产生，用以提高运动成绩；电子肌肉刺激器也将广泛地被高水平运动员使用；超强人工韧带研制成功，也将被广泛用于运动员的肌肉损伤修复；科学家还在尝试破解人类的遗传密码；等等。[②]应该说未来的竞技体育中将出现很多高新技术，它们都是为竞技体育服务的。科学技术也将推动运动员和教练员的观念转变，一些测试仪器的高精度化和高标准化会使传统的人为因素逐渐减少，高科技含量日益增加，从而使运动员的潜能更充分地发挥。

以休闲和娱乐为主的生态体育将在未来的群众体育发展中扮演重要的角色。生态体育也称“自发体育”，一般没有预先的计划和严格的规则，是在自由、自愿、自然、自乐的原则下进行着，像我们经常谈到的旅游、远足、爬山、骑自行车、冬泳、野营等项目都可归为生态体育的范畴。生态体育的目的是使人与大自然和谐共处，在健身、娱乐的同时，不自觉地享受大自然的熏陶，在自然环境中放松自我、寻找真实的自我，在“绿色体育”中，真正感受到现代体育之父顾拜旦所提倡的体育本身的意义。实际上生态体育更多体现的是游戏、娱乐的性质，从而吸引着人们乐此不疲地参与其中，并享受特有的生活情趣。随着社会的进步、人民生活水平的提高，生态体育作为一种类似于游戏的运动逐步受到各国人民的喜爱和重视，这种形式的活动将更好地促进全民健身运动的开展，使人在参与这种体育活动中，不仅培养高尚的情操和适应新环境的能力，还能促进良好的人际交往。

21 世纪群众体育的发展将更加注重自身与自然环境的和谐统一，人类将逐

---

① 高红. 奥林匹克运动与现代科技. 北京：大众文艺出版社，2000：80-119.

② 陈雪燕，赵莹，王希柳. 科技体育和生态体育——未来体育发展的新模式. 山东体育科技，2002（2）：58-59，67.

渐实现从“社会人”向“生态人”的转变，人将更充分地与大自然接触，并融入自然环境，追求纯真、自然的美好生活。生态体育以其普及性、灵活性、娱乐休闲性和健身性的特点，满足了越来越多的人将参与体育运动的愿望。

未来体育向着科技和生态的方向发展，我们需清醒地认识到世界上的任何事情都有两面性，有利必有弊。“科技体育”，顾名思义，是科技和体育的结合，在体育发展的过程中，如果科技占了主导地位，就背离了体育发展的宗旨。如果在竞技体育的比赛中，比的都是现代的各种新科技，那么不管对运动员还是对体育迷来说，都潜藏着一些具有破坏性质的因素，影响竞技体育的健康发展。[①]人们之所以对体育感兴趣，主要还是因为他们和运动员经历了相同的情感，他们也有自己的喜怒哀乐。正是体育比赛中有了人类这些本质特征的存在，一些体育迷才会对竞技体育保持着极高的热情。试想一下，将来的竞技体育中，运动员近乎与机器人博弈，那么观众观看比赛的热情是否减退？谁还会对体育如此狂热地追求？竞技体育是否失去了其特有的社会价值？

因此，未来竞技体育应该是有科技参与的体育，而不是科技主导的体育，未来科学技术应采取更加体现体育的基本特征和人类的本质特征为核心的战略，不仅能够满足运动员的理想，而且能够维持观众不断高涨的体育热情。竞技体育与人类社会发展的美好未来应该是重视体育中的竞技、娱乐因素，尽量减少体育对科技的完全依赖，力求寻找科技与体育的契合点，这样才能使科技体育向着健康、和谐的方向发展。

生态体育的多样性化特征是其特有的表现，体育工作者应该考虑：这样的体育是不是缺少了竞争和对抗？没有竞争和对抗的因素生态体育还能归结到体育的范畴吗？在体育生态化的过程中，也要把握好“度”，完全生态化的体育、没有竞争性的体育、不能在体育中检测自己的能力，这些都不是未来体育所追求的价值，即使是生态体育，其优先价值也会继续体现在强调竞争、结果、成就和追求完美上。

关于未来体育如何发展，我们只能进行短期预测，不管体育的发展模式如何变化，体育可以说是人类生存和发展不变的主题。随着人类为体育不断树立新目标，并不断建立新的组织来实现这些目标，体育将成为折射社会现状的一

① 阎民. 攀跃巅峰：高科技与体育. 北京：科学普及出版社，1999：4-6.

面镜子。在日趋科学、完善的体育形式下，将会有越来越多的人参与到体育运动中，毫不夸张地说，在美好的未来，在体育中受益的不只是参与者个人，更多的是社会和全人类。

### 三、跨越前行：体育是未来社会中人们精神活力的源泉

体育活动总能为人们提供精神动力，比如一场竞争激烈、振奋人心的比赛很可能成为现代社会人们的精神力量的源泉。当我国运动员在国际赛事的劣势项目中摘得金牌、实现零的突破时，受民族自豪感的鼓舞，亿万民众热泪盈眶、欢呼庆祝，这使得人的精神在现实中得到升华，同时也为人的精神注入新的活力。在现代社会，体育价值迅速增长，其科学性也大大增强，健康的价值随着体育运动的蓬勃发展发生了巨大变化。“发展体育运动，增强人民体质”在激励人们追求健康，全民健身正在形成良好的发展态势。[①]未来社会，人们向体育索取健康、向体育索取生命的意识将逐步增强。为什么会向体育索取健康？因为从体育价值的现有表现中，人们看到了希望，体育为这种精神追求提供了可能，这种精神不仅给人们所存在的社会和生活带来明显的积极影响，还给人自身的健康带来有益的影响，同时创建了良好的社会环境和别样的健康生活方式。

## 第五节　功能探讨：体育在人类社会发展中的意义研究

### 一、体育在人类社会发展中的功能地位

#### （一）体育与人的身体发展概述

社会科学界将文字的出现界定为人类文明的标志，通常将文字出现之前称为史前，将文字出现之后产生的文明称为人类文明。史前体育文化产生和发展于人类史前的生产和生活实践之中，与当时人类的思维水平及社会发展水平相适应。旧石器时代，人类利用不同的生产工具在改造自然的活动过程中，也相应地把人自身作为客体的对象加以认识和改造。随着社会的发展、生产工具的多样化发展，以及火的应用、饮食的改进、居住环境和卫生条件的改善等，人类形

---

① 徐愫. 生活质量论. 南京：南京大学出版社，1995：58.

成了带有自然属性的、以身体活动为主的简单运动技能，从而促进人类技能及生产生活水平的提高。在史前人类恶劣的生活环境中，人类为了自身的生存和健康发展，逐渐形成了一些以身体活动为手段的保护措施，出现了以调节身体机能为形式的医疗保健体育，以促进身体发展和自身健康，从而更加适应艰苦的劳动要求和恶劣的自然环境。

古希腊人的身体竞技创造了最古老的文化，为后人留下了最灿烂的体育文化——奥林匹克运动会。通过对《荷马史诗》中的英雄人物进行剖析发现，身体竞技可以培养人的荣誉感、机智和勇敢。古希腊人如此热爱体育，是因为体育竞技可以给人带来无上荣誉和英雄形象，给予运动员崇高的地位，体现了古希腊人对于生命的尊重和热爱，也说明对人类的力量和伟大的肯定。古希腊人最初对体育的狂热源于战争的需要，为了争夺区域的统治权，他们经常争斗，因此把身体变得强壮而有力显得十分重要，身体的竞技意识也源于此。而常年的战争使人们焦虑、恐惧和紧张，奥林匹克竞技运动的出现使这种情绪得以释放，人们开始带着轻松欢乐的心情欣赏较量、赛跑和拳击等。古希腊身体竞技唤醒了人对自己身体的意识，彰显了身体的魅力，从而使人获得新的存在价值。身体竞技既锻炼了人的身体，也培养了人的勇敢品质。

古罗马的体育文化是其民族心理和民族精神的体现，蕴藏着古罗马的社会伦理精神和道德理想。古罗马体育文化有鲜明的古罗马社会特征，带有浓厚的原始宗教色彩、独特的娱乐性和强力身体变异的残忍性。其体育文化追求的不仅仅是人身体的健康和精神的欢娱，也包含国家的意志，对社会产生了极大影响。古罗马体育文化与尚武文化存在一定的统一性，其体育的目的是培养忠勇善战的武士，认为通过狩猎、斗兽等比赛可以培养武士的勇武精神，勇武精神和善战能力又满足了古罗马人开拓疆土的需要，二者相辅相成，相互促进。

中世纪通常指从西罗马帝国灭亡到文艺复兴和大航海时代时期。中世纪早、中期，封建割据带来的常年战争导致科技和生产力发展处于停滞状态，基督教文化价值观对体育的歧视，导致体育在禁欲主义的桎梏下长期处于停滞和倒退状态。中世纪晚期，具有时代特征的骑士体育逐渐出现。在文艺复兴时期，随着基督教体育观念的变化及时代的进步，欧洲体育开始复苏。耶稣会创始人罗耀拉曾说身体和灵魂都是上帝的造物，因而不可偏废一方，肉体是灵魂的工具和储藏所。这些理论很大程度上引领人们积极关心和锻炼身体，从而迎来了身体的觉醒和体育文化的全面复苏和发展。随着社会文明的进步，中世纪体育得以迅猛发展，并逐渐形成平等、尊重、挑战、规则、友谊等观念。人们参与各种体育活动，诸如足球、棒球、橄榄球、链球、摔跤、赛马、跳远等，但异常残暴的比武大会逐渐淡出人们视线，身体不再被自然和宇宙控制，而受控于社会观念，人们往往将体育融于生活之中。[①]

从人与自然、社会之间的关系看，体育是人为地适应自然和社会环境而自觉改造自我身心的活动。体育是人有目的、有意识的社会实践活动，会使人的身心发生一定的变化。健康是每个人所必需的，健康获得的重要途径是长时间的体育锻炼，包含复杂的认识活动、持久的实践活动和丰富的情感体验。现代体育观认为体育的目的是促进人的身体发展，以体育为手段增强体质，对人进行生物学改造。随着生产力的不断提高以及世界各国的文化交流，社会价值观念发生了很大变化，人们的体育价值观念也随之改变。后现代主义特别关注人的主体意识，强调人类自我意识的觉醒。体育运动的行为表现为人类感性观念被压抑后的反抗，后现代体育观倡导对人性的回归，即体育应当从工具理性向价值理想转化，使人们在体育活动中不断进取，从人性的自然状态向身体和精神更自由的状态迈进。

基于以上分析，体育之所以能够在人类社会的历史长河中长盛不衰，究其原因在于其强身健体的功能深受人们的欢迎。[②]特别是人的全面发展离不开强健的身体作保障，体育锻炼有利于增强人的体质，促进人的全面、和谐、健康发展。随着我国经济的快速发展以及社会竞争的日益残酷，长期处在高强度、快节奏的工作、生活和学习压力下，国民健康水平出现下降趋势。与此同时，我国体育发展也曾存在过于关注金牌的发展模式，忽视了群众体育和学校体育的发展，在一定程度上制约了人的全面发展。没有全民健康就没有全面小康，实现优先发展人民健康的战略目标，培养高素质的创新型科技人才，需要高度重视体育强身健体功能在人的全面发展中的定位。近年来，我国越来越多的居民出现失眠、抑郁、烦躁、情绪低落等各种各样的心理问题或心理障碍，影响着人们的工作质量和生活水平。例如，《中国国民心理健康发展报告（2021—2022）》显示，

① 潘华，肖建. 论欧洲中世纪体育文化. 体育学刊，2010（9）：21-25.

② 葛武，黄建国. 体育的本质及阶段表现特征. 武汉体育学院学报，2001（4）：26-27.

抑郁风险检出率为 10.6%，焦虑风险检出率为 15.8%。[①]国家注意到了这些问题，先后出台《“健康中国 2030”规划纲要》《体育强国建设纲要》《关于构建更高水平的全民健身公共服务体系的意见》《全民健身计划（2021—2025 年）》《“十四五”体育发展规划》等相关政策，坚持以人为本的原则，保障人民群众体育权益，满足人民群众日益增长的体育需求，以提高全民族的身体素质和健康水平。

自古以来体育就具有强身健体的功能，尤其是我国健身气功、武术等传统体育项目在国际上具有较大的影响力。面对我国亚健康人口的逐年递增和慢性病低龄化、高发的趋势，人们开始关注健康问题，迫切希望通过体育锻炼增进健康，为实现自身的全面发展提供保障。因此，体育的强身健体的功能将在未来社会发展中更加受重视。

人体由运动系统、循环系统、呼吸系统、内分泌系统、消化系统、泌尿系统、生殖系统、免疫系统、神经系统九大系统组成。体育锻炼是人体各器官系统协调配合所完成的活动，同时体育锻炼对各器官、系统产生良好影响。体育锻炼对运动系统产生良好的影响。运动系统包括骨骼、肌肉和关节。体育锻炼通过改善骨的血液循环加快骨骼的新陈代谢，使骨径增粗、肌质增厚，使骨骼的形态结构产生良好变化。体育锻炼对肌肉的刺激表现为肌肉体积的增加、力量的增强和弹性增加。体育锻炼对循环系统产生良好的影响，表现为窦性心律徐缓和脉搏输出量增加，心脏机能增强和血管弹性增加等。人体随着年龄的增加，血管壁弹性逐渐减小，容易患高血压等疾病，经常参加体育锻炼可使血管壁弹性减小的速度减缓或适当提高血管弹性，从而提高机体循环能力，减少心脑血管疾病的发生。体育锻炼可以对呼吸系统产生良好的影响，表现为肺活量增加、肺通气量和氧利用能力增强。经常参加体育锻炼可以增强呼吸肌力量，胸廓扩人，呼吸深度增加，从而提高肺通气效率。体育锻炼可以对免疫系统产生良好的影响，长时间体育锻炼可以适当增加红细胞偏低的人体血液中红细胞数量及减轻血液的黏滞性，减轻心脏负担，同时红细胞适量增加有利于机体氧气的循环，加快新陈代谢，另外体育锻炼还可以增加白细胞数量和功能，提高免疫能力。

体育锻炼对身体形态产生良好的影响。良好的身体形态是保持健康的前提

① 2022 年国民心理健康调查报告：现状、影响因素与服务状况. https://zhuanlan.zhihu.com/p/610011303.（2023-02-28）[2023-04-17].

和基础，通过科学的体育锻炼可以有效改善不良的身体姿势，纠正不良的运动习惯，减少个体因错误的身体姿势造成的疾病。例如，太极拳锻炼要求躯体做到“五平”“五正”：五平是指两耳平、两肩平、两髋平、两膝平和两踝平；五正是指左肩对左胯，右肩对右胯，左膝对左脚、右膝对右脚，鼻尖对肚脐，做到中正安舒。长时间锻炼使身体养成和保持中正的习惯，从而养成正确的身体姿势。

总之，在人的全面发展中，体育强身健体功能的定位对提高身体素质、增强身体的免疫力、丰富体育文化生活、促进人的全面发展发挥着重要作用。

## （二）体育与人的心理发展概述

随着社会的飞速发展以及全民健身意识的不断增强，人们在追求身体健康的同时更加注重心理的健康发展。关于体育与人的心理发展关系问题，国内外学者从不同角度探析了体育对人的心理发展的影响与作用，并取得了一系列研究成果。大量研究发现，有规律的体育运动有助于促进人的心理健康发展，即有助于减少焦虑、抑郁等消极反应，增强人的自我效能感，使人保持充沛的精力，促进人的智力发展。①

### 1. 智力发展

在人的全面发展中，体育具有促进智力发展的功能，著名的公式 8-1>8 则有效地说明了体育锻炼在人的智力发展中所发挥的重要作用。所谓 8-1>8 是指一个人从 8 小时学习时间中抽出 1 小时进行体育锻炼，虽然只学习了 7 小时，但是由于参加体育锻炼使人精力充沛，其学习效率要高于不间断地学习 8 小时的人。大脑的发展是智力发展的基础，体育运动是一个听觉、视觉、平衡觉等多感觉器官共同参与的过程，需要身体多个部位协调配合以及大脑的思考，进而刺激大脑细胞，提高大脑皮层细胞活动的强度、均衡性和灵活性，增加血流量，为大脑提供氧气和葡萄糖，使头脑清醒、精神焕发，保证大脑清醒和思维敏捷，提高人们的工作或学习效率。

智力是生物一般性的精神能力，指人认识、理解客观事物并通过知识、经验解决实际问题的能力，包括注意、观察、记忆、思维、想象、言语等能力。饮食、

---

① Landers D M，Arent S M. Physical activity and mental health. In R N Singer，H A Hausenblas，C M Janelle（Eds.），Handbook of Sport Psychology. New York：John & Willey & Sons，Inc.，2000：740-765.

遗传、早期经验、社会实践和学校教育是智力发展的重要影响因素。其中，体育活动又是早期经验和学校教育的重要组成部分。体育的智育功能主要体现在以下三个方面：其一，体育锻炼可以促进个体生长发育，为智力的开发奠定生物学基础。其二，体育锻炼能促进大脑功能的完善，有效地提高神经系统调节能力。生物学研究表明大脑功能的完善是智力发展的基础，体育锻炼开发了人体的观察、记忆、思维和判断能力，视觉、听觉、触觉及本体感觉等多种感官参与工作，各种信息通过神经元传输至脑神经，从而刺激大脑产生思维活动，脑细胞活动性增强，大脑供氧增加，使大脑清晰、思维敏捷。其三，体育项目本身是一项创造性的智力活动，不同的体育项目、体育动作可以起到开发智力、培养创造力等作用。丰富多彩的体育比赛可以激发个体战胜对手的勇气，为取得比赛胜利而采用的各种创造性动作可以促使运动员的想象力、思维等方面的发展。

马克思认为造就全面发展的人的唯一方法是生产劳动同智育和体育相结合。体育的智力发展功能则是指体育对人的智力的发展与提高。制定科学合理的体育锻炼计划，养成良好的体育锻炼习惯，对促进人的全面发展具有积极作用。体育锻炼有助于大脑的发育，促进观察、记忆、思维、想象和判断等智力的发展，增加记忆力，培养人分析问题和解决问题的能力、灵活的思维能力。以团队为单位的体育锻炼有利于营造团结协作、关心集体、积极向上的学习或工作氛围，激发团队成员在学习或工作中的相互帮助、顽强拼搏、积极向上的精神。总而言之，人的全面发展中体育智力发展功能的定位对促进大脑的发育和改善神经系统的功能具有重要作用，能够有效提高人的智力发展水平。

### 2. 心理健康

1948 年在英国伦敦召开的第三届国际心理卫生大会将心理健康定义为，在身体、智能和情感上能够保持与他人的心理不矛盾，并将个人的心境发展为最佳状态；日本学者松田岩男认为，心理健康是指人对内部环境具有安全感，对外部环境能以社会认可的形式适应的心理状态。在遇到困难和障碍时，心理不失调并且能够克服。[①]通过对较多概念分析发现，心理健康的定义基本从功能、情绪、认知等几个方面进行，强调人的身心功能正常、愉悦的情绪状态和现实生活

① 殷恒婵，傅雪林. 对体育锻炼心理健康效应研究的分析与展望. 体育科学，2004（6）：37-39，44.

的主观接受及适应。迪纳（Diener）总结了影响心理健康的因素，将其分为内部和外部因素，内部因素包括个体的人格特质、应对风格、目标及文化等因素，外部因素包括身体健康、人口统计学及外部环境等因素。①

以大学生为例，受社会生活节奏快、人才竞争日益激烈、学习任务不断加重等因素的影响，我国大学生心理健康问题呈现上升趋势。《2022 年大学生心理健康状况调查报告》数据显示，大学生总体心理健康状况良好，有 78.52%的学生无抑郁风险，而相比于抑郁，焦虑更可能出现在大学生的生活中，仅有一半的大学生无焦虑风险（54.72%）。②以往对体育运动对大学生群体影响的调查研究中发现，大学生运动群体较非运动群体更健康：在压力方面，运动有余力缓解躯体、认知和情绪的不良反应，在一定程度上缓解压力；在人际交往方面，经常参加体育锻炼可以改善个体人际关系，有利于个体与同学交谈、交友和异性交往；在情绪方面，运动有利于产生积极情绪，消除紧张、抑郁等不良情绪，有利于提高个体精力和自尊感水平。因此，运动对人体心理健康有直接促进作用，通过体育锻炼可以缓解压力、改善人际关系和疏通不良情绪，进而改善个体心理健康水平。③近期，有研究指出，大学生体育运动对于其心理健康的影响方面，除了运动本身促进体内产生内啡肽、ICF-1 之外，主要是体育运动不但可以让大学生的精神更加集中，而且使人的肌肉有规律收缩、呼吸更深长、血液流速更快，让人远离负面情绪，提升人的意志力和人格完整度。通过体育运动技能、技巧等方面总结，大学生能够学会自我评价，并在群体运动中提高社交能力。这就意味着，大学生通过体育运动最终在智力、情绪、意志、人格、自我评价、社交能力等方面促进心理健康发展。④

### 3. 社会适应

适应是指生物在其生存竞争中为与外界环境保持和谐而形成的一种现象，是生物在特殊生存压力下的适应变化。社会适应能力是指个体为在社会更好地生存而进行的生理、心理以及行为上的各种适应性的改变，从而与社会达到一

① 转引自徐海朋. 体育养生思想对心理健康促进作用的研究. 北京体育大学硕士学位论文，2009.

② 蓝皮书报告|《我国大学生心理健康状况调查报告》：大学生心理健康状况总体良好，升学问题是风险因素，恋爱是心理必修课. https://www.sohu.com/a/652682498_121123713.（2023-03-11）[2023-04-17].

③ 殷恒婵，卢敏，王新利，等. 运动对大学生心理健康影响的研究. 体育科学，2007（5）：41-46.

④ 朱伟，林伟龙，苏松鹏. 体育运动对大学生心理健康的影响分析. 体育风尚，2021（9）：8-9.

种和谐状态的执行适应能力。社会适应包括个体、情境和改变，是个体为与周围环境产生和谐关系而产生的生理、心理和行为的变化，反映了个体在面对复杂多变的社会环境时，及时调整自身的心理和行为，以适应社会环境的能力。个体是社会适应过程的主体；情境是个体周围环境，也是个体社会需要的来源；改变是社会适应的中心环节，包括个体改变自身，以适应情境，以及改变情境，以满足自身需求。一般可以从社会交往能力、人际关系能力和处事能力三方面评价人的社会适应能力。

纵观国内外大部分运动员、体育领域专家和体育爱好者，他们能以积极乐观、健康向上的心态面对复杂多变的社会环境，表现出较强的社会适应能力。究其原因在于他们在长期的体育锻炼中掌握了多角度分析解决问题的能力和快速的活动方式，有利于其及时调整心理状态，敏捷地完成生活、工作中的任务，解决现实生活中存在的问题。健康的精神寓于健康的体魄，人的全面发展中，体育适应社会功能的定位将在未来发展中发挥重要作用。

**4. 陶冶情操**

体育之所以能够深受广大人民群众喜爱，是因为其所具有的陶冶情操和休闲娱乐的功能。随着人们生活水平的不断提高和对体育文化需求的日益增长，参加体育运动和欣赏体育比赛成为人们休闲娱乐的一种方式。体育比赛除了为人们呈现精彩绝伦的运动比赛外，还为人们展现了运动员优雅的运动方式，带来形体美、精神美、动作美三美合一的审美体验。

观赏体育比赛的过程是休闲享受的过程。人们能够在运动员攻防进退的过程中感受体育所带来的竞争与合作，在比赛的成败得失中领会奋斗的艰辛和成功的喜悦，在激烈的比赛现场气氛中获取视听的享受，甚至带动民众积极参与到体育锻炼中，实现由观众到锻炼者角色的转变，从而提高人民群众的生活质量，丰富人民群众的业余生活，贯彻落实全民健身的发展战略。

观赏体育比赛的过程是陶冶情操的过程。每场体育比赛都代表不同参赛选手的实力，它不仅仅是一场运动员实力的较量，特别是一场国际比赛在一定程度上代表着一个国家的荣誉和国际竞争力，运动员的一举一动都牵动着国人的心弦，在欢呼与呐喊中凝聚着民族自豪感和国家向心力，冉冉升起的国旗能够激发爱国主义情怀，使人们感受到体育所带来的强大的凝聚力，增强人们的爱国主义意识。

观赏体育比赛的过程是审美体验的过程。体育可以给人带来美的体验，无论体育活动本身，还是体育比赛举办的场所，都对美有着独特的要求。其中大部分体育活动的举办是在优美的场所中进行的，包括各种体育场馆的建筑和布置设计，都体现了人们对美的追求。新时代，人们对体育比赛的举办更加强调绿色、创新、节能和环保的理念，各个国家和地区开始注重体育场馆和体育休闲场所的建设，为人们提供环境优美的健身活动场所，提高人们的审美能力，实现人与自然的和谐美的统一。

在人的全面发展中，体育陶冶情操功能的定位，有助于培养人们形体美、精神美、动作美，引导人们树立正确的审美观，提高其热爱美、感受美、鉴赏美、表达美、创造美的能力，形成健康积极的休闲娱乐方式，达到修身养性、陶冶情操的目的，促进人的全面发展。

## 二、体育与人的社会化发展

1845 年，马克思在《关于费尔巴哈的提纲》中指出，旧唯物主义的立脚点是市民社会，新唯物主义的立脚点则是人类社会或社会化的人类。[①]人的全面发展的实现在一定程度上可以看作人的全面社会化的过程。国内外学者纷纷从不同领域、不同角度、不同层面对人的社会化进行研究，发现人的社会化是一个由自然人转变社会人的过程，是个人与社会的互动过程，通过社会文化的内化和角色知识的学习逐渐养成独特的个性和人格品质，进而适应社会生活过程。[②]

### （一）体育的社会化发展

自个体生命活动开始到生命活动的终结，人的社会化贯穿个体的一生。体育中人的社会化是指个体在体育锻炼活动过程中不断适应体育运动规范、形成独特个性品质的过程。体育运动者在体育运动中扮演着不同的社会角色，遵守着体育赛事活动中的各项规范与准则，彼此相互配合，各尽其职。这有利于人们形成良好的社会适应能力，进而促进人的社会化发展。

---

① 马克思，恩格斯. 马克思恩格斯选集（第 1 卷）. 中共中央马克思恩格斯列宁斯大林著作编译局编译. 北京：人民出版社，1972：18.

② 郑杭生. 社会学概论新修. 3 版. 北京：中国人民大学出版社，2003：83.

随着信息技术的快速发展以及人们生活、工作节奏的加快，人与人之间的竞争日益激烈，高强度的生活和工作压力下，人与人之间的交流也日趋减少，一些人际关系愈来愈紧张，部分人表现得浮躁、不满、愤怒、颓废，这些不良情绪不仅影响了个人的发展，同时还制约着我国和谐社会的构建。体育是独特的社会活动，部分体育运动项目需要队员相互团结、合作完成。在体育运动过程中，人们释放了工作带来的压力，宣泄了生活中的不良情绪，通过队员间运动技能的相互切磋与协调配合，增进了彼此的沟通与联系，享受了体育带来的放松与乐趣，体验了运动带来的自信与喜悦，促进了人际关系的改善，为社会营造一种健康、和谐、团结、协作的氛围。

体育运动离不开艰苦的训练，人在训练中磨炼了坚强意志品质，有助于提高忍耐力、毅力、坚韧性和耐久力；在艰苦训练中，人调节了情绪，从郁闷、压抑、紧张、不安等不良情绪中解脱出来，以积极乐观的态度、饱满的精神对待生活和工作中的各种问题。体育竞赛作为体育运动必不可少的组成部分，在培养人的抗挫折能力、竞争与合作精神中发挥着重要作用。体育赛事的举办必然有成功与失败的结果，对于失败的个人或群体而言，它是一种心理磨炼过程，也是一种抗挫折训练过程。面对体育赛事中的失败，如何在失败中调节心理状态，总结失败经验是每位体育者必须面对的问题。科学合理的心理调节方式和积极乐观的抗挫折体验为促进人的社会化打下了良好的基础。

### （二）体育的终身教育

终身教育是人一生各阶段当中所受各种教育的总和，包括学校教育、家庭教育、社会教育及自我教育等各种形式的教育活动。随着教育的蓬勃发展，相关学者对终身教育的概念内涵做了进一步的揭示，终身教育应当重视人适应工作和职业的需要，但并非将人定义为经济发展的工具，而应更加重视对个体发展个性、塑造人格的重要作用，使人的潜能和才干得以发挥。1965 年，联合国教科文组织成人教育局局长保罗·朗格朗在一次关于成人教育的会议上提出“终身教育”的概念，迅速获得许多国际机构认可及力推，现已演变成一项长期发展的教育战略，并在全世界范围内获得广泛认可，逐渐成为很多国家教育改革的重要指导方针。

现如今大多数国家开设体育课程，并把体育作为教育的主要内容之一。体育已经成为人们社会生活的重要组成部分，其教育功能不仅局限于学校教育，早已扩展到各阶层、各行业以及整个社会的教育。[①]现代体育不仅追求增强人们的体质，更追求其终身教育的功能，培养人们终身从事体育锻炼的习惯。

学校体育是教育的重要组成部分，通过体育动作、体育锻炼和体育比赛将人类的知识经验和行为规范传授给学生。教育是培养人的活动，关注人的发展，促进人发展，是将个体社会化和社会个性化的活动，体育在教育活动中扮演着不可或缺的角色。

第一，教育功能是体育的本质功能。从原始社会体育出现至今，体育始终作为一种教育手段传承和发展着。周朝时期“六艺”是我国古代比较完善的教育制度，其中包含着射、御两项体育教育项目。我国大教育家孔子不仅推行“六艺”，还带领弟子从事游泳、登山等户外活动，促进身心健康发展的同时，实现教育的“育人”目的。

第二，学校体育以人的全面发展为终极目标，同时是教育培养人的全面发展的重要手段。苏联教育学家苏霍姆林斯基认为，体育是学生精神生活重要组成部分之一，通过体育锻炼可以使学生获得充沛的精力及坚毅、顽强、乐观等优秀的品质，是使学生保持健康体魄的重要保障。[②]

第三，家庭体育是家庭教育的重要组成部分，也是终身教育的逻辑起点。随着生活水平的日益提高以及健康意识的不断增强，人们对身心健康、文化娱乐、休闲运动和家庭成员间互相交流等方面的需求日益增多，家庭体育在人们的家庭生活和体育活动中扮演着重要的角色，它也是沟通学校体育和社会体育的纽带。同时，家庭体育也对实现人的全面发展、促进终身体育观念的形成具有重要的推动作用。

第四，社会教育作为广义教育的重要组成部分，具有终身性、多样性、复杂性和多变性等特点。社会体育作为社会教育的一个重要分支，其内容丰富、形式多样，主要以强身健体、社会适应、陶冶情操和终身教育为主要目的，逐渐成为衡量一个国家或社会文明与进步的主要标志。社会体育对促进我国体育事业健康发展、提高经济发展水平、丰富体育文化、实现人的全面发展和培养终身体育观等发挥着重要作用。

---

① 高希生. 浅析新时期的体育功能. 体育文化导刊，2004（3）：12-14.

② 常乃军，赵岷. 体育与人的社会化研究. 北京：科学出版社，2015：71-72.

## 三、人的社会发展中体育功能的实践逻辑

### （一）哲学实践逻辑：重构中国特色体育价值观

随着经济全球化以及我国对外开放，受外来文化以及外来体育项目的冲击，我国体育价值观呈现多元化特点，尤其是一部分人受西方价值观念影响，对社会体育认识存在偏差，甚至出现体育价值异化的现象。为促进我国体育全面协调可持续发展，实现人的全面发展，必须增强人民的体育意识，调动人民参与体育的积极性，引导人民树立正确的体育价值观。

随着改革的不断深入，我国体育发展也进入全面深化改革的关键时期。全面深化体育体制改革既是中国特色社会主义体育事业的自我发展与完善，也是实现体育强国梦的必然要求。为此，深化体育体制改革必须树立创新、协调、绿色、开放、共享的发展理念，转变政府职能，建立健全体育管理体制和运行机制，贯彻落实体育相关法律法规，充分发挥体育功能，增强人民体质，促进人的全面发展。

政府作为国家权力的执行机关，在推动体育发展方面担负着一定的责任。加快政府职能转变必然对促进体育健康发展、树立正确的体育价值观、实现人的全面发展具有重要的推动作用。鉴于此，各级地方政府部门必须正确认识体育发展的作用和功能，改变传统单一的体育政治经济功能，要把体育事业和政治、经济、文化建设放在同等重要的地位，实现体育功能的多元化发展。要转变政府部门传统的管制型管理理念，引导地方各级政府及体育行政部门树立以人为本、服务人民的服务型管理理念，消除政府部门管办不分、政社不分、事社不分等体育体制弊端，实现政府及其体育行政部门由集权向分权、由单一向多元、由管理向服务的体育管理理念的转变，积极探索与社会主义市场经济相适应的举国体制，树立正确的政绩观，协调发展竞技体育与群众体育，努力构建中国服务型体育管理体制。

构建中国体育价值观，除了深化体育体制改革、转变政府职能、弱化体育政治功能外，还要引导体育运动参与者树立正确的价值观。在全面深化体育体制改革、实现体育强国梦的今天，重构中国体育价值观无疑是一项长期而艰巨的任务，必须坚持以人为本的原则，加强精神文明建设，提高体育参与者的道德素质和文化水平，开展丰富的体育文化宣传活动，加大体育管理、惩罚、监督力

度，综合治理体育异化等现象，坚持依法治体，完善体育法律法规，大力弘扬中华体育精神，只有这样，才能真正促进我国体育事业健康发展。

### （二）教育学实践逻辑：树立终身体育教育观

人的全面发展中体育多元化功能的发展不是孤立进行的，必须正确分析家庭体育、学校体育和社会体育三者之间的关系。家庭体育、学校体育和社会体育作为群众体育的重要组成部分，其产生与发展的根本目的在于增强人民体质、实现人的全面发展。家庭体育的发展离不开强有力的资金保障，大力发展社会主义生产力，提高我国居民的人均可支配收入，增加政府对家庭体育的资金投入，有利于我国家庭体育的健康可持续发展。

我国家庭体育发展与西方发达国家相比发展水平相对较低，家庭成员的体育意识还有待增强，为此，需要利用电视、报纸，以及互联网+家庭体育、微信、短视频推送平台等现代多媒体手段，大力宣传家庭体育技能技巧，普及体育健身科学知识，鼓励社会体育指导员或体育院校师生投入家庭体育锻炼指导。同时适当开放现有的体育场馆，开展形式多样的家庭体育运动项目或家庭体育比赛活动，进而调动家庭成员参与体育活动的积极性，促进家庭体育活动的广泛开展。

学校体育作为学校教育的重要组成部分，主要包括初等教育阶段体育教育、中等教育阶段体育教育和高等教育阶段体育教育三个部分。依据不同阶段学生身心发展规律以及国家体育锻炼标准，学校体育发展及其学生终身体育意识培养途径的侧重点各有不同。

初等教育阶段是学校教育的起点，也是终身体育意识培养的关键阶段。兴趣是最好的教师，初等教育阶段的学生刚刚接触学校体育这一新鲜事物，对体育运动尚未形成初步的体育意识，激发该阶段学生的体育兴趣是培养其终身体育意识的关键。为此，开展轻松有趣的体育游戏有助于营造和谐快乐的课堂氛围，调动学生参与体育运动的积极性，让学生在体育游戏中获得成功的体验。

在中等教育阶段，学生的身体发育十分迅速，心理发育也进入由幼稚向成熟发展的关键时期，其认知能力有所提高。培养中学生良好的体育锻炼习惯，对促进我国中学生身心健康发展和身体素质的提高有着积极的作用。中学生体育意识的提高与良好体育习惯的养成必须转变传统的体育教育观念，以学生为主体开展形式多样的体育竞赛活动和体育选修课设置，充分调动学生参与体育课堂活动的积极性，注重提高体育教师的专业素养和运动技能水平，加强学校体育基础设施建设，满足学生日益增长的体育文化需求，从而促进学生的全面发展。

在高等教育阶段，体育教育是人们从学校体育迈入社会体育的一个过渡性阶段。在经历初等阶段和中等阶段体育教育系统训练过程之后，在高等教育阶段，学生已经具有基本的体育理论知识与技能，养成了参与体育锻炼的良好体育习惯，形成了独特的接受能力和基本的运动习惯。但是，我国高等阶段学生观看欣赏体育运动的人数较多，而亲身参与到体育运动活动的人数相对较少，大学生体育锻炼问题成为制约我国体育事业发展的一个问题。如何破解这个问题？以东南大学为例，东南大学早锻炼历史悠久，1916 年，江谦校长提倡德、智、体三育并重，在他的倡导下，全校学生晨起后一律做米勒氏呼吸操，创全国之先河。后来实行了“定时、定点、定人”的早操制度，学生早操出勤率稳定在95%以上。体育锻炼不只是扎根于清晨，多彩的校园体育活动还穿插在学生的日常生活中。为了强化学生参与体育运动的积极性和主动性，促进学生体育素养和身体素质全面发展，学校以每年三个运动会为龙头，六个特色项目为主线，校级、院级、学生社团三个层面的活动为补充，形成了具有东南大学特色的“三六三”课外竞赛体系，极大丰富了学生的课外生活。[①]综上，高等阶段的学生应该注重体育运动能力的培养，加强大学生群体体育理论知识和体育保健知识的传授，采用理论知识与实践能力相结合的方式，构建新型高校体育课堂，创建浓厚的校园体育文化氛围，完善大学生体育社团的相关建设，丰富大学生的业余体育活动内容。

总而言之，学校体育作为我国教育系统的一个重要组成部分，必须全面深化学校体育改革，加大学校体育资源的投入力度，完善学校体育设施，提高学校体育基础设施使用率，协调城乡之间、地区之间体育资源配置，转变传统的体育教学模式，实现学校体育的健康、协调和可持续发展。随着我国社会变革以及城市化进程的不断加快，社区体育成为新兴体育形态，逐渐成为构建中国特色社会主义和谐社会，实现人的全面发展的重要手段。地方各级领导部门应高度重

---

① 坚持开展体育锻炼 高校树立运动新风. https://www.sport.gov.cn/n20001280/n20745751/c24941173/content.html.（2022-11-23）[2023-04-17].

视社区体育的发展，加大社区体育基础设施建设，优化社区体育指导员配置与培训管理，加大社区体育活动及其体育文化宣传力度，提高人们参与体育运动的意识，养成终身体育锻炼的习惯。

### （三）社会学实践逻辑：营造全民健身氛围

#### 1. 优化体育资源配置

经济的持续健康发展为我国体育发展提供了一个相对稳定的环境，充足的体育经费是夯实体育发展的物质基础。体育经费相对不足是长期以来困扰我国体育健康发展、实现人的全面发展的一个重要因素。积极拓宽体育经费来源渠道，提高体育经费使用率，可为促进我国体育全面协调可持续发展、实现我国建设体育强国的伟大目标提供坚实的物质保障。除各级地方政府行政部门加大体育经费投入力度并将其作为政府财政预算和政绩考核指标外，还应积极拓展体育经费融资渠道。协调发展竞技体育和群众体育，改变传统单一的依靠国家拨款开展体育活动的形式，鼓励社会、企业、集体和个人多方参与体育经费投资，进而形成国家财政拨款为主，社会赞助为辅，个人、集体、企业和其他组织共同参与的多元化体育经费融资渠道。

体育场地和体育基础设施是开展体育活动的基础条件，体育经费则为体育场地和体育基础设施建设提供资金保障。面对体育资源配置不合理、体育场地和体育设施不足、使用管理不科学等问题，必须科学合理配置体育经费，提高体育场地和体育基础设施的有效使用率；加大体育场地和体育设施建设资金投入，完善体育基础设施建设，科学引导各个单位向社会开放体育基础设施或体育场地，提高实际利用率，满足人们的体育锻炼需求，缓解日益紧张的体育场地和体育基础设施供需矛盾。

根据《2021 年全国体育场地统计调查数据》，至 2021 年底，全国共有体育场地 397.14 万个，体育场地面积 34.11 亿平方米，人均体育场地面积 2.41 平方米。在整个场地面积中，包括高校在内的事业单位体育场地面积占比最大，超过 40%。与此同时，高校体育场馆具有质量高、种类全、管理规范安全等优势，受到许多运动爱好者健身的青睐。高校本身具有公共属性，应该发挥其文化价值对周边形成公共辐射。近日，北京、浙江、四川等多地高校已迈出了体育场馆向社会开放的步伐。①

### 2. 增强体育意识

心理学研究发现，人们关于某一事物的态度取决于其对该事物本身所具有的功能和价值的认识。多种多样的体育项目调动了人们参与体育运动的积极性，使得人们的体育态度由消极的“体育运动可有可无、体育与我无关”向积极的“全民健身、终身体育”的态度转变。体育意识的培养是一个循序渐进的过程，良好体育意识的培养需要从内在和外在两个方面入手，充分调动一切有利因素：第一，作为体育活动主体的人，必须充分认识和了解体育相关理论知识，掌握体育锻炼的技能技巧，养成自觉锻炼的良好习惯。第二，营造良好的体育活动氛围和体育文化发展环境。体育意识是在多种外界因素相互作用下形成的，完善公共体育基础设施，大力推广人民群众喜闻乐见的运动项目，加大对体育项目和体育榜样人物的宣传力度，为全民健身塑造良好的体育锻炼氛围，都有助于人民群众形成正确的体育价值观。

随着我国经济的持续健康发展以及综合国力的不断增强，我国居民人均GDP和人均收入也在不断提高，体育消费逐渐成为现代比较流行、时尚的一种消费方式。但与西方发达国家相比，我国的体育消费方式还存在一定的差距，还存在体育消费方式相对单一、体育供给难以满足人们多元化的体育需求等问题。构建中国体育消费方式成为当前体育健康发展急需解决的问题。国家经济发展水平是影响消费的重要因素，为满足我国人民群众日益增长的多元化的体育需求，提高我国居民体育消费水平，必须大力发展经济，加大体育场馆等体育消费基础设施投入力度，创新发展体育产业和体育事业，运用“互联网+体育”的管理平台，培养民众进行体育锻炼的良好习惯，创新民众的体育消费形式，引导民众养成科学、文明、健康的体育消费习惯。

### 3. 加强体育人才队伍建设

实现中华民族伟大复兴，人才越多越好，本事越大越好。体育强国梦的实现需要吸纳越来越多的体育人才。面对体育人才少、招人难、用人难、留人难等一系列问题，为促进我国体育事业健康发展，必须走体教结合的道路，加强体育人

---

① 场馆开放打通惠民服务大门——高校场馆：科技赋能 有序开放. https://www.sport.gov.cn/n20001280/n20001265/n20067708/c25452660/content.html.（2023-04-13）［2023-04-17］.

才建设，壮大体育人才队伍。虽然我国每年都会通过高等院校培养体育专业人才、培训社会体育指导员和社区体育志愿者等形式为国家、社会培养大批体育人才，但是面对日益增长的体育锻炼者的规模，我国体育人才仍然匮乏。加强体育人才建设，壮大体育人才队伍，就要提高体育人才的专业素养和职业道德素质。随着社会的进一步发展和国民素质的不断提高，越来越多的体育锻炼者渴望得到专业体育人才的科学的技能指导，特别是作为群众性体育活动中从事体育技能传授、体育锻炼指导和体育组织管理的社会体育指导员，更应该具有专业的技能和高素质的服务水平。因此，我国应重视体育人才的培养和组织建设，完善社会体育指导员监督和管理制度，充分利用高等院校的优势，鼓励体育人才走向基层服务群众，建立健全激励保障机制，建设德才兼备、结构合理、能力突出、业绩显著的体育人才队伍。

# 第三章　体育学视域下人的全面发展的诉求

## 第一节　社会发展对体育的诉求

### 一、政治发展对体育的诉求

#### （一）国家权力的表达诉求于体育

体育为什么会卷入权力之争而成为政治的“猎物”？这与体育本身的结构有很大关系。体育经过几千年的发展，逐步成为全球化过程中最成熟的领域，即使种族、地域、语言、生活方式不同的国家，在体育比赛中也能遵守统一的制度和规则，这一点在历届国际体育赛事中都有确证。体育拥有一套密集的全球化组织系统，比如我们熟知的国际奥委会、国际足球协会等，在这个系统的指引下，严密地进行着全球的体育比赛，较少出现不和谐的社会因素。体育逐渐进入人们的视野，改变着人们的日常生活，成为各类媒体追捧的主要资源之一，进而成为国家国力强盛与否的象征之一。

国家政治权力的表达之所以寻求体育的支持，是因为体育有着天然的条件来迎合这种特殊时期的政治诉求，它不自觉地扮演了国家权力管制和争夺的工具，它在世界政治的博弈中不断被塑造、被规训。其主要表现在以下两个方面：一是体育与国家之间的政治联盟。1980 年莫斯科奥运会上，以美国为首的西方资本主义国家抵制莫斯科奥运会，而在 1984 年洛杉矶奥运会上，以苏联为首的东欧社会主义国家又抵制洛杉矶奥运会。这种以体育为支撑表达国家的政治外交立场，既能在一定程度上联合政治盟友，也能通过体育裁减政治盟友，可能在平时的国际交往中不能分清谁是自己的盟友，通过体育平台往往能清楚地识别谁是真正的盟友。这种相互抵制奥运会的表现，正是借助体育平台来实现的，所以说国家政治权力的表达在一定程度上是诉求于体育的。二是一些国家借助体育比赛实施体育外交。体育成为冷战时期国家政治立场的“风向标”，是否参与某项体育赛事成为是否为政治盟友、是否为统一社会意识形态的选择。

党的十八大以来，习近平总书记以卓越的政治家和战略家的宏大视野和战略思维，倡导并亲自推动的人类命运共同体构建已经成为中国引领时代潮流和人类文明进步方向的鲜明旗帜，被写入宪法、党章、联合国决议、联合国安理会决议和联合国人权理事会决议。构建人类命运共同体思想正日益凸显其时代价值，显示出强大的国际影响力、感召力、塑造力。体育外交作为中国特色大国外交的重要组成部分，是实践人类命运共同体理念的重要场域。体育与人类命运共同体理念高度契合，体育促进人类命运共同体的实现。体育外交在全球事务中发挥着越来越重要的作用，已成为部分国家的外交战略。①

### （二）国族认同的唤醒诉求于体育

国族认同是民族意识上升到国家层面的一种合理表达，是对国家机器或政治体制的赞同和认可，认为自己国家的价值观和政治经济文化制度契合自己的政治理想状态。②联邦德国在瑞士的城市伯尔尼赢得了 1954 年的足球世界杯冠军，后人将赢得这一比赛的过程称为“伯尔尼奇迹”。在这届世界杯上，联邦德国国家队突破重重困难，终于挺进世界杯的决赛，在先失利的情况下，又以 3:2 的比分反超当时世界公认的足球强队匈牙利国家队，第一次赢得了世界杯冠军。这场比赛的胜利给整个德意志民族带来了巨大影响，足球不仅创造了“德国精神”，而且赢得了极大的国族自豪感，也带来了后来的“经济传奇”，足球场上的胜利为二战后德国复兴带来了希望。事实上，足球也默默地影响着德国，逐渐消除了国家内部的分歧，为今后德国经济的迅猛发展注入了难得的“强心针”。

国族认同感的实现依赖于体育、诉求于体育的发展，这是不争的事实。当然，也不能说要获得国族认同感，就必须借助体育这个平台，只不过有体育这个平台作为支撑，往往能更容易地解决那些难以融合的大事。我们熟知的欧盟就

---

① 钟秉枢. 人类命运共同体引领下的中国体育外交战略构建. https://www.sport.gov.cn/whzx/n5588/c894430/content.html.（2019-02-28）[2023-04-17].

② 刘桂海. 体育政治化：一个“场域”的理解. 体育学刊，2015（6）：8-13.

恰当地运用体育平台构建了超国家体系的联盟，凡是在这一联盟的国家可以联合起来办体育赛事，如欧洲游泳俱乐部赛、欧洲帆船比赛，环法自行车赛也由原来法国的比赛上升到欧洲层面的比赛。

### （三）社会秩序的良性运行诉求于体育

社会秩序是指社会的正常而又规律的活动状态，是保证社会生活正常进行的必要条件，是有序与无序的统一。其主要表现有三：一是社会结构的相对稳定，二是各种社会规范正常运转，三是把无序和冲突控制在一定范围之内。广义的社会秩序还应包括社会变革。①

在国家治理方法和手段上，通过体育进行干预社会生活、维护政治统治，是体育发挥政治功能的重要途径。②在英国的历史上，足球比赛是工人罢工的“解毒剂”，政府借举办足球比赛来释放工人的怨气，体育成为泄愤的社会工具。另外体育作为媒介信息的重要资源，以其独特的吸引力，把广大受众自觉地包裹其中。明智的统治者为了实现国家机器的有效运转，应该不遗余力地发掘体育资源、诉求于体育平台，让它为社会的稳定、民族的团结发挥应有的功效。

有研究者指出，和谐社会是一个体现公平、公正的社会，体育在发展过程中所形成的精神及内涵正是公平、公正社会的一个缩影。所以，群众参与体育运动，不仅有助于和谐社会的形成，而且有助于法治社会的形成，还有助于德治社会的形成。③

## 二、经济发展对体育的诉求

体育的发展必须依赖经济的支撑，经济的向好发展也将诉诸体育，二者是相互促进的关系。在现实的发展过程中，发展体育需要强有力的财力做后盾，即体育的发展必须以经济为后盾，同时，体育也要从自身的结构和特点出发，与经济发展的大局契合，按照经济的需求发展。

---

① 社会秩序. https://www.cihai.com.cn/baike/detail/72/5503742?q=社会秩序.［2021-04-18］.

② 刘桂海. 体育政治化：一个“场域”的理解. 体育学刊，2015（6）：8-13.

③ 曹永林，常乃军，葛振斌. 现代体育与公平、公正社会秩序建立的研究. 山西大同大学学报（自然科学版），2011（3）：86-88，93.

## （一）消费结构的升级诉求于体育

体育作为直接的生产方式，能够顺应市场的需要，拉动内需、扩大消费，成为新的经济增长点，并形成了巨大的消费市场。国内外的事实证明体育消费的快速增长有三个条件：一是整个国家的经济与国民的收入同步达到一定的水平；二是参与体育消费的个体有充裕的休闲时间和身体条件；三是政府必须在国家层面有力地进行倡导。按照马斯洛的需要层次论观点，人必须满足基本的生存条件后，才会追求更高层次的需要，这个需要就是实现自我。在我国，随着小康社会的初步建立，加上收入水平的持续提高和国家全民健身的倡导、体育健身意识的增强，体育消费快速增长的条件已经基本具备，同时，双休日的休息制度给国民带来余暇时间也逐步增多，使得居民对体育健身娱乐的诉求日益增强，随之而来的就是消费领域的不断扩大。

人们的消费结构随着生活水平的提高，不再局限于日常生活的衣、食、住、行等基本需要，追求休闲和娱乐的人群逐步扩大，必然给体育的发展带来新的挑战。整个国家的消费结构都在发生变化，要引导居民增加文化、娱乐、体育健身和旅游的多种消费升级，有了消费才会拉动内需，才会更全面地发展生产力。所以说，当前居民消费结构的升级诉求于体育的健康发展是生产力的内在要求。

## （二）经济的振兴诉求于国际重大的体育赛事

国际重大体育比赛，如奥运会和世界杯足球赛，无论在哪个国家进行，必然给该国的经济振兴注入新鲜的血液，大大发展该国的体育产业。体育产业的良好发展不仅扩大了体育消费的需求，也扩大了体育的投资，优化了体育的产业结构，创新了政府的体育经济管理。基于这些体育赛事对体育产业的益处，经济要想大幅度地提档升级，诉求于体育的发展是客观所趋。

深层次地来讲，奥运会和世界杯足球赛作为全球规模最大的体育赛事，最直接、最长远的产业影响莫过于对主办国家体育文化产业和城市体育功能完善的影响。例如汉城奥运会和巴塞罗那奥运会对主办国体育经济的影响表现得尤为突出。这两个城市成功举办奥运会，使这些举办国的体育竞技水平和体育产业得到了空前扩张，体育、文化和旅游等产业成为这些举办城市甚至国家的支柱性产业，极大地促进了主办城市的产业升级，推动了经济的振兴并带来了新的希望。再比如北京冬奥会，光是其吉祥物“冰墩墩”，就带来了可观的消费市场，北京市民甚至彻夜排队抢购有关“冰墩墩”的产品。所以说，经济的振兴在一定程度上诉求于国际重大的体育赛事。

### （三）金融危机的克服诉求于体育

金融危机引发的全球经济衰退必然带来两大社会突出问题：就业率下降和人气下降。谈起金融危机，2009 年发端于美国的金融危机给世界经济带来了极大冲击。尽管在危机暴发前期各大体育赛事都受企业赞助下降的影响，但以美国为例，从总体上看，除美国国家赛车联合会外，其他四大职业联赛的总收入不仅没有降低，反而逆势增长了 8.1%，大型体育赛事的观众数量也随之增长了 14.8%。[①]还有一个耐人寻味的问题是，在美国由企业直接赞助鼓励员工参与体育健身的项目也随着这种趋势增多。可见金融危机的克服诉求于体育不是个案现象，而且体育也当仁不让地担当起这一经济重任。在传统制造业大幅下滑的态势下，只有体育产业屹立不倒，证明经济发展中决不能轻视体育的作用。纵观 2008—2009 年美国体育产业的整体情况，除体育服装产业出现小幅下降外，竞赛表演业、体育健身娱乐业、体育设施制造业、体育传媒业均出现了逆势增长，这种现象与美国其他部门经济的衰退形成了强烈对比。

学术研究应该探求其更深层次的原因，即为什么在金融危机期间，只有体育产业能逆势增长，即使刚开始出现一定的经济下滑效应，也能很快进入经济恢复期，逐步发展为率先恢复增长的明星产业。出现体育产业这种反衰退现象的原因在于：一方面，经济低迷时期，人们的余暇时间增多，他们有更多的时间和精力投入体育健身或观赏体育比赛中，进而促进了体育消费市场；另一方面，体育产业是与人们健康状态和精神状态相关的“人气产业”，是人们缓解生活压力、寻求积极向上的动力、保持自身健康就业状态的特色产业。体育产业逆势增长的例子告诉我们，度过金融危机可在一定程度上诉求于体育产业的发展。

# 第二节　社会个体的体育诉求

## 一、个体的身体唤醒诉求于体育

20 世纪代表性社会哲学家弗洛姆曾对社会病态的根源提出自己的看法，认

① 韩伟. 全球经济危机对北美体育运动的影响. 西安科技大学学报，2014（3）：373-378.

为人性的失落是根本，因此对将来理想社会的构建、实现人的全面发展应该首先唤醒人的本性，唤醒那些被压抑在技术理性与机械生产活动中越发被动的人，尤其是在物质世界中逐渐迷失了自我而脱离了精神需求的人。实质上这种身体的唤醒是一种对人基础且根本的自我体验诉求，更清晰的表述是唤醒被异化社会所遮掩而倾轧的自我，唤醒切身体验中最初的情感特质，以此感知和明确自我生命的价值和生存的需求。在社会精神的颓势下，往往需要借助外力的刺激与感染来探寻这种力量，并将这种外在的推动力内化为自身的体验。这就让我们追溯到个体的生存之本，追溯到体育这一以身体运动为根本的社会存在方式。

充满生命活力的运动和身体是体育区别于其他社会形态的最鲜明特征，也是体育对于人最为根本的功能和价值所在。体育赋予人通过外在的运动形式体现内在的自我，这种内在的自我既是外在身体形象的健康之美，也是人内在生命体验最为直接、生动的表现方式之一。英国著名的运动员、神经学专家在其回忆录中曾有这样的描述："我奔跑起来，清新的旋律在我的体内律动。当我感知自己似乎不在奔跑时（其实我还在奔跑），我感觉到自己跟大自然是融合为一体的。我突然发现了一种力量与美的新源泉，一种我从未意识到身体存在的源泉。"[①]运动使平日里被事务性工作压抑的躯体感受到生命力的存在，人们也能够在呼吸的交错中感受到与自然的沟通，在运动完成后的肌肉酸楚感中切实感受到身体的存在。此类的运动节奏与力量唤醒了身体，这种唤醒引发人对自我的感知，无疑是体育在当代社会环境中最受重视的价值所在。

## 二、个体的社会存在诉求于体育

全面发展中的个体是自然属性和社会属性的综合体，所以只是达到身体的唤醒并不是一个全面发展的人的特征，全面发展的社会需要人作为一种社会存在方式而生存的人，由自然生长状态逐步融入广阔而复杂的社会环境中的人，能够与他者进行正常互动的社会人。既然社会需要能融入社会的人，社会就应该为人提供与他者进行交流互动的平台，能够使原本独立存在的人向社会存在的人转化，进而构建愈发多样而宽广的社会环境。显然体育能够担当这一互动

---

① 阿伦·古特曼. 从仪式到记录：现代体育的本质. 花勇民，钟小鑫，蔡芳乐编译. 北京：北京体育大学出版社，2012：130.

平台，因为它具有互动性、群体性等社会交往的特质，所以个体的社会存在诉求于体育是恰当的选择。

体育运动中人对他者与社会群体的需求，是一种近乎内在而必要的本质性特征。个体的人参与到体育活动中，必然由相对孤立逐渐融合到广阔的社会环境中，在这个社会环境中，个体既保留了自身的个性，也发掘了自身与他者的共性，进而依靠这种共性实现与他人一起成为社会的人，并感悟自身的社会存在感。人的这种实现社会存在的方式在体育中可以轻而易举地获得，比如我们熟知的球类运动中不可或缺的团队精神，或者像拳击、击剑那样相对独立而激烈的竞技，总归来说体育的过程不仅有相互协作，还有激烈对抗，这种过程既促进了个体与他者的互动和沟通，也不断强化自身的社会存在性。

体育中各种项目以其独特的魅力吸引越来越多的社会个体参与其中，逐渐成为社会环境中人与人沟通和交融的最为普遍和真切的纽带，也不断催生出越来越多、越来越紧密的社会群体，很多体育爱好者在锻炼的同时不自觉地拓展了朋友圈，使人们能感受到独立而炽热的生命之火，逐渐燃起了被现实社会所遮蔽的朴实而纯粹的感情。体育使人们乐此不疲地接触社会中人和物，发掘对他者的认知，并对社会充满期望和追求。

## 三、个体的自我存在诉求于体育

唤醒身体、融入社会，就是全面发展的自我吗？答案是否定的。这不是人的全面发展的内涵，也不是理想社会对人要求的根本所在。异化社会最为深刻的危机根源是人的创造性和主体性的遮蔽和缺失。著名社会哲学家弗洛姆对这一问题曾有抽象的表达，体现在其著作《占有还是生存》中，在他看来，占有的存在方式是把世界万事万物（包括自我）据为己有，人与世界、他人的关系是一种所有和占有的关系；生存的存在方式则是不同的，它不是物的满足，而是精神的自由，其基本特征是人的内在的主动性、创造性。[①]也就是说，理想的社会是在充分唤醒自身存在感的基础上，能够充分融入社会环境中，积极而有创造性地构建由人主体创造的社会，在这样的社会中，人就得到了全面的发展，是完全符合马克思主义概念中的“人”。

---

① 艾里希·弗洛姆．占有还是存在．程雪芳译．上海：上海译文出版社，2021．

# 第三节 体育发展的社会诉求

## 一、体育发展诉求于国家利益的支持

国家利益是国家战略决策者进行体育战略价值定位的前提，是体育良好发展的出发点和归宿。一切体育的发展应该与国家利益与时俱进，我们只有准确把握不同历史时期的国家利益，才能使体育的发展对国家利益的实现发挥良好的效用。在社会发展的不同历史阶段，体育都是按照国家利益的获取为出发点的，不管是在社会主义国家，还是在资本主义国家，都会在自觉服从国家利益的前提下发展体育，体育也只有按照国家利益的需求，发挥其独特的政治功效，才能更好地发展自身。当然凡事都有其两面性，既然国际利益的实现需要体育的发展，同样体育的发展也将诉求于国家利益的支持。

国家的发展战略会随着历史的进步而做出实时的调整和规划。新时代，我国对经济、文化等的需求日益凸显。党的二十大报告指出，到2023年，我国发展的总体目标是：经济实力、科技实力、综合国力大幅跃升，人均国内生产总值迈上新的大台阶，达到中等发达国家水平；建成教育强国、科技强国、人才强国、文化强国、体育强国、健康中国，国家文化软实力显著增强。目前，面对国家经济社会结构转型、人口老龄化加速、青少年体质下降、公共体育服务不均衡等问题，国家必然会出台政策和措施应对，因为这些问题从本质上来说关联着国家的命脉。在这种现实下，在体育的发展策略上，必须顺应国家的核心利益，使体育的发展围绕国家的利益而谋划。

体育的发展诉求于国家利益的支持，因此应该从以下几方面做出努力：第一，按照国家利益实现的政治价值适时调整体育事业的发展中心。发展经济需要强有力的劳动力作为支撑，因此应该加大群众体育的投资力度，使更多群众在参与体育的过程中获得强健的身体，即使达到退休年龄，也能减少或不再受疾病的困扰，为经济建设尽一份力。第二，重点发展弱势群体、农村、青少年和欠发达地区的体育文化活动，大力提高体育公共服务的水平，确保公共体育产品的及时供给，构建以全民健身为基础的体育保障机制，让更多的人自觉地参与到体育运动中，进而实现国民体质的整体提高。第三，引入体育法规体系，加快群众体育的法治化进程，完善体育资源分配机制，把“依法治体”的口号落到实处，真正促进体育公平发展。第四，建立以人民群众获得感为导向的评价体制，群众满意才是体育发展的本质社会诉求，进而使人民群众的健康问题上升到与经济发展、国家利益、国家安全等同等的社会高度。

## 二、体育发展要满足社会人本的诉求

竞技体育以其独有的魅力为国家在国际上赢得了话语权，展示了国家的形象，满足了国家利益的政治需求。后奥运时代，国民对体育"金牌"的追求似乎不再那么强烈，而是更多地关注自身的健康状况，民众对竞技体育的关注相对弱化，似乎没有多少人还能明确地记得到底在奥运会拼得多少枚金牌。这一现象说明体育发展的诉求逐渐走向群众化、平民化和个体化，从体育大国转向体育强国的社会诉求与日俱增。这里说的体育强国不是几块金牌可以代表的，因为金牌只代表了竞技体育的强大，体育强国更应该是群众体育开展良好、社会民众和谐健康的强国。2019 年 8 月，国务院办公厅印发《体育强国建设纲要》，指出"按照党中央、国务院关于加快推进体育强国建设的决策部署，坚持以人为本、改革创新、依法治体、协同联动，持续提升体育发展的质量和效益，大力推动全民健身与全民健康深度融合，更好发挥举国体制与市场机制相结合的重要作用，不断满足人民对美好生活的需要，努力将体育建设成为中华民族伟大复兴的标志性事业"。未来体育的发展更多地照顾群众体育的需求，使社会人本的观念逐渐渗透到体育发展中才是发展体育之根本。

体育发展可以从以下三点来把握社会人本的诉求。第一，在社会公共服务的人本需求下，体育的发展应该根据社会的现实状况和民众的人本诉求进行适时的调整，以可持续发展的民生化、产业化、公共服务均等化为核心，改变单纯的竞技化格局，进而实现体育的可持续发展战略。[①]第二，体育应树立"以人为本"的大格局，以提升全民族的身体素质为己任，关注人的全面发展，全方位地发掘体育的娱乐、休闲、健康功能，进而满足社会人本的需求，切实把体育发展的重点放在如何更好地为社会服务的本质功能上，引导民众在休闲、娱乐和健身中提升自己的社会价值。第三，树立保强扶弱的统筹发展理念，不能顾此失彼。竞技体育依然要在国际社会中争得话语权，展示良好的国家形象，增进国际

① 池建等. 体育大国的崛起：新中国具有重大影响的体育大事. 北京：学习出版社，2012：132-134.

交流和认同的价值，在满足竞技体育国家政治诉求发展的同时，要不断推进社会人本体育的良好运行，使社会的大多数民众能在体育的发展中获益，而不是极少部分精英运动员。第四，以社会体育公共服务的精准供给为突破口，重构群众体育发展的新路径，体育的发展不能完全依靠国家的行政命令去实施、去包办，要充分发挥社会组织在体育发展中的作用，提升社会、市场组织的主观能动性，不能抱有等、靠、帮的思想，摒弃体育的发展完全是国家利益的错误思想，逐步形成国家、社会和市场相协调的体育服务保障体系。

## 三、体育发展要凸显青少年体质和公共服务的诉求

实现人的发展是社会发展的最终目的，因为人是社会的构成部分，没有人“类”的属性，也就不能是社会。体育的发展必须重视人本需求。2008 年 9 月，胡锦涛在北京奥运会残奥会总结表彰大会上指出，“要坚持以增强人民体质、提高全民族身体素质和生活质量为目标，高度重视并充分发挥体育在促进人的全面发展、促进经济社会发展中的重要作用”，“体育是人民的事业。要坚持以人为本”。[①]字里行间透露出体育的发展是围绕“人”进行的，可见体育的发展最终要实现的是人的全面发展。国民体质体现的是国家综合实力的物质性基础要素，在一个国家和平崛起的道路上，既需要强大的政治、军事、经济力量，也需要强大的文化、制度和人才等软实力。[②]体育就是软实力的一部分。国家的强大必然会有体育的作用，强健的身体是其他软实力和硬实力的基本保证，没有健康的身体作为社会发展的载体，说什么都是无稽之谈。

青少年是国家未来的希望，处在实现人的全面发展的起步阶段，因此必须把青少年的健康、健全发展作为国家发展中的重要环节来认真对待。科技社会竞争的是人才，人才首先要有健康的身体、健全的人格，身体和人格的完美实现可以诉求于体育的发展，体育的发展也应凸显青少年体质和公共服务的需求，二者是相辅相成、相互促进的。在这种形势下，须明确以下四点：第一，在体育的发展过程中，应该把人的需求（特别是青少年一代的需求）放在重中之重的位置，全力构建社会经济发展与人本体育需求相辅相成的平衡机制；第二，遵循

① 胡锦涛在北京冬奥会残奥会总结表彰大会上的讲话. http://www.gov.cn/ldhd/2008-09/29/content_1109754.htm.（2008-09-29）[2023-04-17].

② 陈琦. 体育举国体制的辨析与未来走向. 体育学刊，2013（3）：1-6.

“以人为本”的理念，以青少年的健康为选择重点，以身体、心理的全面发展为目标，保障国家对健全人才的需求；第三，根据青少年的体育需求，使体育发展的价值切实回归到国家经济实力和文化建设的大形势下，努力提升学校和家庭的公共服务的供给能力和服务水平；第四，将体育单纯“为国争光”的政治定位提升到服务于全社会民众的“文化娱乐、健身健美、社会缓冲”等更高、更广的平台上，构建提升公民生活幸福感及社会和谐的体育平台。

## 第四节　民族素质提高的体育诉求

### 一、民族体质健康诉求于体育

实现手脚分离后，原始人类学会了用手投掷石块、猎获动物，抡起木棒进行攻击和自卫，为躲避猛兽、强敌和自然灾害学会了双腿奔跑。这些事关生存的活动都对人的身体素质能力提出了要求。生产工具越贫乏，生产力水平越低下，人类的生存就越依赖自身的力量。这时的身体素质的提高主要依赖体育。当然那时候原始人的意识并不明白“体育”是什么。那是体育的萌芽时期，因为最初的体育和劳动技术教育应该说是一致的，很难划清体育与劳动的界限。少年儿童参加劳动（狩猎、采集）的过程其实并不完全为了获得食物，而是为了训练、培养、提高自身的体力和生存能力。如果将那时习得技能的劳动归结为体育的萌芽状态，那么完全可以说那时的身体素质提高是诉求于体育的。

古代的斯巴达城邦凭借严密的军事组织和严格的军事纪律曾使斯巴达人在3 个世纪内一直成为有秩序的统一国家。这个古代城邦的强大完全得益于体育的良好发展，因为古代斯巴达城邦实行的是尚武教育体制。青少年只进行军事体育教育和一切服从国家的道德教育，几乎忽视文化教育。斯巴达的儿童属于国家，7 岁以前的儿童接受家庭教育，母亲带领儿童做各种活动性的游戏，如滚圈、陀螺、风筝、秋千、拔河等。这些英雄的母亲从不娇惯孩子，以养成孩子吃苦耐劳的习惯。男孩 7 岁以后便离开家到国家举办的教育机构过半军营化的集体生活，接受单调的军事体育训练，政治道德灌输和严酷的身心磨炼。教育机构大部分时间从事军事训练，基本项目为“5 项竞技”（奔跑、跳跃、掷铁饼、投标枪和角力），还有骑马、游泳、击剑和拳击等项目的训练。正是这些军事体育项目的训练，使斯巴达城邦统一了 300 多年，因为斯巴达人在军事体育锻炼中拥有了强健的身体，甚至可以说把人培养成了勇敢、刻苦耐劳的战斗机器，说到底拥有强健的身体素质才会有坚固的城池。因此，那时的身体素质提高也是诉求于体育的。

现代社会生活方式的改变，特别是现代科技广泛应用于生产生活中，在某些领域甚至可以不用人直接参与生产过程，过去一些高强度的体力劳动逐渐被新型的机器取代，但是由于现代生产需要人们能够灵活准确地控制生产，使得大脑皮层长期处于高度紧张的状态，容易使劳动者产生疲劳，而且一些劳动者长期伏案工作，其中枢系统的负担也越来越大，久而久之就可能出现神经衰弱、适应能力低下等“现代文明病”。通过体育的锻炼，人们可以进行生理和心理上的调节，所以越来越多的人为了提高身体素质而进行体育锻炼。我国《全民健身条例》更是将每年 8 月 8 日定为全民健身日，要求县级以上人民政府及其有关部门应当在全民健身日加强全民健身宣传；国家机关、企业事业单位和其他组织应当在全民健身日结合自身条件组织本单位人员开展全民健身活动；县级以上人民政府体育主管部门应当在全民健身日组织开展免费健身指导服务；公共体育设施应当在全民健身日向公众免费开放；国家鼓励其他各类体育设施在全民健身日向公众免费开放。

## 二、民族文化素质的提高诉求于体育

民族文化素质包括科学智力素质和社会思想道德素质两方面。

科学智力的提高和发展要求与体力的发展相协调，只有提高身体素质，才能改善智力的活动条件。通过人认识客观事物的规律并运用知识解决实际问题的能力，就是民族的科学智力素质。一般而言，科学智力素质就是我们平常所说的心理过程所表现出来的观察力、注意力、想象力、思维力、分析判断力等构成的统一体。智力不是孤零零地存在，智力的发展首先依靠它的物质承担者大脑的发育成熟，其次依靠人的各种实践活动深入进行。智力活动是由人的大脑活动产生的。

体育是全面提升民族智力素质的强大动力。身体活动就是体力和智力相结合的活动，智力的发展依赖体育活动是被广泛认可的。从肢体上看，外显的身体操练是受内在的神经系统支配的，加强身体锻炼能够促进大脑更好地工作。民众在掌握一定的体育知识、技术和技能的同时，经常参与有益的身体锻炼，可以学会科学锻炼的方法，养成科学锻炼的习惯，进而提高身体素质，同时为提高文化素质奠定基础。民族科学智力素质的提高不可能脱离社会而存在，各种社会形态都伴随着体育的参与、实践，所以说民族科学智力素质的提高诉求于体育的发展是符合事物的发展规律的。

所谓思想道德，是指人们在社会生产、社会生活中逐渐形成的比较稳定的思想观念、价值取向、道德修养、行为习惯等。思想道德素质体现在生活的方方面面，思想道德素质的提高应该从社会的方方面面做起。社会思想道德素质是一个民族文明素质的核心，是人们行为方式的重要准绳，首先它决定着社会精神文明的程度，其次它决定着社会物质文明的走向。从个体角度讲，思想道德素质是做人的基础、做人的灵魂，直接决定着个体价值的取向。个体的思想道德素质由客观的存在决定，并随着客观实际的变化而改变，但思想道德的相对稳定性一直引导着社会前进的方向。人类进入高度文明的时代，思想道德作为行动的先导越来越重要，任何个体、群体如果没有良好的思想道德素质，就不可能有正确的、令人信服的行动。从民族角度讲，首先民族是个体的集合，是人的共同体，每个民族都有其独特的文化素质，民族文化素质的重点是社会思想道德素质。一个民族在不同的历史时期，其凝聚力的表现有所不同，影响凝聚力的因素也是多方面的，但需要明白的是，民族文化是影响民族凝聚力的核心要素之一，这已成为规律性的现象。当前我国处于社会转型期的现实，要重视民族文化和社会道德的构建，从根本上说，提高全民思想道德素质就显得更加重要。

宏观上讲，国家可以发挥学校、社会和家庭教育的优势，使民族思想道德素质得到显著提高；从微观上讲，每种教育的开展必然和体育有着千丝万缕的联系，因为体育渗透于社会的方方面面。竞技体育中，我国运动员在国际大型体育赛事获得金牌，可以增强民众的民族自豪感和自尊心；群众体育的广泛开展，可以培养民众的公平、正义的社会公德和顽强的意志品质。从这个意义上讲，社会思想道德素质的提高需要诉求于体育的发展。

## 三、民族社会文明程度的提高诉求于体育

体育是一种使人的身体达到健康的社会活动。广义上的身体教育、行为素

养被用作衡量一个民族是否有文化的先行内容。直观角度来看，民众的举手投足和体态身姿完全能够在一定程度上表现出这个民族的社会素养水平。在人类社会的发展中，民族只有在身体健康的基础上，才能走向精神的丰富和高尚，精神的丰富和高尚体现的就是文明素养。

体育文化是一种具有深刻内涵的文化，体质和精神的完美是互为表里的，正是这种完美的追求、激发、促进、鼓舞，驱使人们在欣赏自己的健康体魄的同时，更加关注自身的文明优美的举止和丰富高雅的修养，在此过程中，民族的精神素养或文明素养也不断提升。体育运动被视为高级文明活动，已经逐步演化为人类和民族的独有体系的文化形态，正在深刻影响着每个民族的社会生活。

广义的体育不仅包括一般的身体锻炼，还包括教养和礼仪的训练，文明素养的提高更关注后者。在我国传统文化遗产中可找到体育的痕迹：先秦设立的“六艺”教育体制中，其中的“射”“御”就是典型的体育形式，尤其是射，其组织的严密性、秩序性和开展的广泛性都不逊于古希腊的奥运会。古代存在的礼仪行为将体育、修养和道德融为一体。梁启超认为，“习礼以庄敬为主，最能抖擞精神，所以说礼固肌肤……这是修养身心的最好办法……射礼分耦含有团体运动竞争的意味”[①]。儒家思想认为人的动作容貌和体态举止对于一个人的修养具有不可替代的身教意义。还有儒家思想的经典代表作《大学》中把人的素养历程分为格物、致知、正心、诚意、修身、齐家、治国、平天下。其中也可以寻觅到体育的端倪：“自天子以至于庶人，壹是皆以修身为本。”[②]这里提到的“修身”过程就是民族文明素养提升的途径，也是我国古代体育的具体体现。这些修身的体育过程是我们今天应该继承的传统体育文化，因为它对民族的文明素养提高有不可磨灭的价值。古代的奥林匹克运动是人类体育文化宝库中一颗耀眼的明珠，它所倡导的公平竞争精神构筑了现代体育精神的基础，使各民族在参与体育的比赛中逐渐形成公正、平等、竞争的精神，这种精神一直影响着世界各民族的文化素养。

因此，体育不仅对人的体质健康、文化素质提升有社会功效，而且对整个民

---

① 梁启超. 饮冰室合集：孔学提纲（第 8 卷）. 北京：商务印书馆，1986：136-138.

② 王云. 健康 · 健全 · 和谐——试论先秦诸子的体育人文精神. 南京体育学院学报（社会科学版），2008（6）：45-48.

族的社会素养提升也有显著作用。体育在提高个体身体素质的同时，也使个体逐渐发展自己、塑造自己，向着社会整体文明程度的提高方向发展。这正是人的全面发展所需要的品质，更是一个国家、一个民族兴盛所必需的。在民族文化素养提升的过程中，体育总是直接或间接地发挥着作用。民族文化素养的提升诉求于体育的发展是社会进步的应然轨迹。

# 第四章　体育学视域下人的全面发展的理论维度

## 第一节　体育哲学维度

### 一、体育中人的主体性与客体性

#### （一）实践的人：主体性和客体性的统一

通过研读人的主体性和客体性的哲学相关论断，本节主要采用马克思主义的唯物辩证观来阐释体育中人的主体性和客体性，如果将费尔巴哈的旧唯物主义和黑格尔的唯心主义思想关于人的主体性和客体性关系也渗透到体育中，那恐怕就更难厘清二者的关系了。从宏观的“人”来看，马克思坚持唯物主义客体性，反对费尔巴哈的客体性原则，由此确立了辩证唯物主义的主体性原则，特别是以实践为特色进行详细论述，实践是主体和客体的统一，其中作为主体的人的实践是起主导作用的一方，作为客体的自然界或物质则是被动作为对象的一方。[①]实践离不开客体对象，客体对象也可能成为主导进而起决定作用，人根据自身的主体性规定着实践的特征，实践则是以主体性原则显示出自身的本质。

客体是相对于主体存在而言的，是指以人为主体的一切活动对象。客体不仅指与人的活动相联系的对象事物，还包括人自身，因为人具有双重身份：一方面，人作为主体在自己的活动中能够与本身以外的事物建立起一种主客体的关

---

① 朱宝信. 实践的主体性原则及其客体性基础——马克思《关于费尔巴哈的提纲》研究. 云南社会科学，1995（3）：29-34.

系，同时人为了维持自己的生存和发展，必须把自己以外的事物作为客体的事物来对待，认识和改造世界就是人要把自己以外的事物作为认识和实践的对象客体的过程；另一方面，人在自己的活动中既把自己作为主体而存在，又能把自己作为客体对象来加以认识和改造，从而使人具有客体的性质。所以人自身常常表现为一种主客体的统一。

### （二）体育的特殊性：以人自身为客体的实践活动

在人类为解决与外部自然关系而进行的各种活动基础上，形成和发展起来的体育活动，经过漫长的历程走到了今天。回顾历史，人类文明史曾出现过许多令人叹为观止而又盛极一时的文化现象，然而大部分伴随着那个特定的历史时代匆匆终结，那些文化现象逐步被历史抛弃或趋于衰败。与这些历史文明对应的体育活动，不仅没有因为时代变迁而凋零，反而日益兴盛，在人类社会中发挥的作用越来越大，影响力也越来越深远。体育为什么会具有如此大的生命力？体育为什么在人类社会中的地位越来越重要？这些问题的答案深藏在体育本身之中，从哲学的视角对体育的特殊性分析，才能做出较为合理的回答。

通过人的主体性和客体性分析看出，体育活动的特殊性并不局限于人把自身作为客体对象来加以认识和改造，因为按照这种逻辑推导的话，日常生活中的医疗、教育、战斗等也都可以说成是人把自身作为客体对象加以认识和改造的活动，也就无所谓特殊性。体育活动之所以特殊，是因为在体育活动中，主体和客体是不可分离的。医疗、教育、战斗等活动在实际生活中，人作为不同的主客体是相分离的，但在体育过程中却不同，作为主体的人和作为客体的人是不可分离的。换句话来讲，在体育活动中，人的主体性和客体性因为统一而获得了最真实、最完美的存在形式。

最初人的存在也是纯粹的自然物。这个时候人还没有从动物界分离出来，它的发展起作用的主要是生物进化的自然规律。人与猿分离之后，人类改造外部自然为主的活动影响着人的生存和发展，并在客观上让自身发生肉体和精神的改变。这时“人造客体”的性质也在人身上体现。然而在改造外部自然的活动中，人所引起自身改变的同时，一种自发的、盲目的性质也在人身上体现，这个过程还不是自觉、自由的过程。当人的自身被人类作为客体来进行认识和改造时，这一自发的过程便开始向自觉的过程转化。从客体方面上说“人造客体”是人的发展过程的高峰，人作为主体的发展同它一样达到了高度统一。“人造客体”和人作为主体发展的最终目的都是一样的，都是实现“人的全面发展”。体育是人类在长期改造自身的活动过程中逐渐形成和发展起来的一种活动。

### （三）主体能动性：体育中人的“自我改造”的必然

体育活动的特殊性不只表现在人以自身为客体上，如果单单停留在这一点上，体育活动就难以与其他人类改造自身的活动区别，也就无法谈及特殊性。我们所知道的教育活动，在培养人自身的实践活动中也具有一定的意义，但是主体和客体在教育活动中也是分离的，所以教和学的主体和客体也就是教师和学生。而在体育活动中，直接统一、浑然一体的就是主体和客体，体育活动的主体和客体完全可以理解成人的两种属性，既不是两个割裂的东西，又不是两种存在，它们有同一的形式。

正如前文所讲，体育活动把人自身当作客体进行改造，但不是说体育活动中人只是当作客体而被消极、被动地改变，这样就会丧失主体能动性。实际上体育活动是作为主体的人对待和改造自身的过程，也就是我们常说的“自我改造”的一种具体形式，整个体育活动中贯穿着主体能动性的作用，受主体的控制，把活动的目的、计划、具体方式等按照主体的意志实施。换个角度考虑，人在体育活动中也具有客体的特征，随着体育活动的进行，人的身体素质、精神都会发生改变，客体通过这种改变更加接近主体所希望达到和追求的某种目标，进而实现人的对象化。所以也能这样说，人在体育活动中是主客体合二为一的，完成身体自我改造必然依靠主体的积极能动性，这也是体育活动中的人所具有的深刻辩证性的生动体现。

## 二、体育中人的自我和他我

### （一）自我：体育中人的本我和客我的互动统一

“自我”来源于符号互动论的开创者米德的主要观点，他认为自我是客我和本我的统一与对立的综合体。客我是自我的客体，自我又是其他人的客体。本我先于客我，本我是下一个时间的客我，客我又是早期的本我。[①]这个本我是历史

① 侯钧生. 西方社会学理论教程. 天津：南开大学出版社，2001：215-217.

的产物，内容由自我出生时的生物和社会文化等因素决定。

自我是客我和本我互动产生的，自我的本质又是通过本我和客我的互动结果——现实的行动产生出来的，这些行动包括本我和客我的谈判、对话等。本我提出具体的要求和期望，客我则对这些要求和期望加以鉴别、约束，分析哪些可行、哪些不可行。比如我们在购买汽车时，要从多种汽车品牌中选择一个品牌，这种选择不是简单的随机选择，而是由客我决定的。客我可理解为我们“生活区域内的一员”，是自我设想已被组织好的他人的一套行为准则。选汽车是因为受到无形的、隐藏在现实之后的“社会的控制”，如发动机的耐用性、汽车外观等因素等都会无形地影响着选购的汽车品牌。从选择汽车品牌的例子，我们不难理解体育中人的自我是如何实现的。首先，体育活动中人都有参与体育锻炼的本能希望（本我），但是受到种种社会约定俗成观念的影响（客我），有的人真正参与了体育锻炼，也有一些人不自觉地放弃了体育锻炼（自我）。其实米德的思想是对西方哲学的社会实践化，使人更能从社会应用中领悟到哲学的真谛，使其不再虚无缥缈，让人感受到哲学思维的真实存在。站在哲学的高度厘清体育中人的本我、客我、自我的关系，对于更深入地理解体育中人的其他行为有重要的指导意义。

### （二）他我：体育中人的自我升华的结果

米德的自我、本我、客我，乃至他我，并不是我们常人所理解的字面含义，这里的他我不能理解为他者或他人，说来说去，这个我那个我，其实还是指现实中的我，是指一个人，他我是自我升华的结果。仍以购买汽车的例子来说明这一观点，受到客体的影响，本我可能选择购买 A 汽车，这是真正行动的前奏，准备使行动外在化，这是米德分析行动性质的连续功能的第一步（自我），自我快变成现实的时候，又听到周围的他人说买 A 汽车是不爱国的表现，而自己又是一个极其爱国的人，那该怎么办呢？于是就按他人可接受的准则去修正、改变即将产生的行动，最终购买了 B 汽车（他我）。所以说，文中所说的“他我”其实还是自己，所有的这些“我”都是说本人，只不过有些是主观意识中的“我”，有些是客观现实的“我”。

参与体育活动的人的他我也是这样实现的，并不是完全地改造他人才称作“他我”，他我应该是以他人可以接受的行为准则改造自己，是自我意识得到升华的结果。人在采取行动前要与他人先比照一下：我将来做出的行动能否被别人接受，我做出的体育参与行为能否得到大多数人的认可，我如何付诸行动。本我有习练太极拳的健身意识，客我觉得习练太极拳不能起到健身的效果，也许就形成了自我骑自行车的冲动，后来又受到自行车场地的限制，与他人的锻炼方式多方比较后，觉得游泳能起到更好的锻炼效果，最终以他人认可的行为实现了他我。这里的他我其实是自我的另一种升华。

## 第二节　体育人类学维度

《国际社会科学大百科全书》将“人类学”定义为关于人的研究的学问①，这是一个相对宽泛的概念，是关于人类研究最全面的学科群。全面性在于它与整个人类社会的地理学和年代学的范围相关联，其有两层含义，一层是指关于人类体质的科学，另一层是指人类精神的科学。应该说人类学的范畴很广，是博物学的一门学科，包括人类的特征、人类的地位、人类的由来、人类的系统、人类的文化及其改良等。

体育人类学是人类学的一个学科分支，从宏观上研究体育与人类发展的关系，从体质和文化的角度揭示体育对人类进化、发展的影响，从而更好地发挥体育的各项功能，为人类健康服务，造福于人类。刘一民等曾指出，在马克思主义有关人的发展理论的指导下，开展人类学研究的原理要按照历史唯物主义的观点去研究体育与人的发展关系，这样的科学才应是我国的体育人类学。②体育人类学是人类学与体育的有机结合，不应该是单纯的理论研究，不应该是人类学知识的简单应用，同时人类学的特点得以体现，又使体育的特有功能得以发挥。体育人类学是多重复合成分的综合创造，包含实证和思辨、考古和展望、自然与社会、生理与精神等，是体育过程中人的本质和发展对体育的要求得以真正体现的科学。总体上，体育人类学运用人类学的观点和方法来考察体育现象，也可以理解为人类学在体育学科的应用，倒过来说，体育作为历史、文化和政治的一种现象，对当时的社会发展也做出了反映。

① 石龙. 西方体育人文价值的演变及其对中国体育的影响. 北京：北京体育大学出版社，2013：125-128.
② 刘一民，宋红霞. 试论我国体育人类学的建立. 体育科学，1993（4）：31-33，93.

## 一、人类发展的视域中的体育

### （一）人类进化与体育萌芽同步进行

人类起源是一个相当漫长的历史时期。这一时间可以追溯到直立人的出现，两足行走意味着人类起源的开始。如果没有两足行走，丰富多彩的人体运动形式就不会被创造和发展，体育就变成了无源之水。两足行走解放了双手，人类有意识的身体活动逐渐超越纯生物的层次。

两足行走不仅是一种重大的生物学改变，而且是一种重大的适应性改变。两足行走使上肢解放出来，使人自觉地用双手去操作生产工具，进而掌握运动器械。两足行走过程使人类身体形态发生根本性改变。直立行走使头部逐渐由前倾变为垂直，脊柱自然托住了头部，为大脑进一步扩大为球形创造了条件，同时也扩大了人的视野，进而促进了头部各种感觉器官的发展。此后，人类必须用非凡的智慧来弥补身体的改变，可以说人类被动地告别了“头脑简单、四肢发达”的时代，大脑的完善和肌肉的消退为体育的需求埋下了自然的种子。如果没有两足行走，猿不可能变成人，人也就不会发展为今天这样的体质。两足直立行走使猿变成了人，并使人类创造体育并与之相伴。

两足直立行走与体育的起源有着潜在的关系。人类最先使用的石器工具的出现和人类早期的食物，对人类的体质的变化也产生了深远的影响。由于工具的使用，人类祖先的食物越来越复杂，觅食的范围越来越广，大脑得到了前所未有的营养和发展所需的物质，同时成功生育后代的机会也增大。工具的使用、人类饮食水平的提升、火的使用以及动物的驯服，使人类逐渐走出“茹毛饮血”的时代，扩展了猎食的范围，缩短了食物消化的过程，降低了疾病的发生频率，促进了体质的健康发展。

人类的早期进化为体育的萌芽奠定了基础，从人类学的角度看，涉及从猿到人过程中身体运动形式的改变，石器时代的生活促进了人体结构的改变和大脑的变化。原始形态的竞技、余暇游戏和身体文化等都为体育的萌发提供了先决条件。

### （二）原始社会的潜体育逐步显现

人与其他动物的本质区别是社会性，为体育这种社会现象的产生奠定了深厚基础的是原始社会的逐步形成。因为当时生产力水平极其低下，人为解决温饱问题几乎耗去全部精力，所以脱离生产劳动的行为还不能产生，形形色色的身体活动都围绕生存这一目标进行。

到了原始社会早期，人类主要通过采集天然植物的果实和猎获鸟兽虫鱼来获取生存食物，在狩猎过程中常常需要同野兽搏斗，因此原始人群中的长者必须把与野兽搏斗的经验传授给年轻一代，使他们掌握狩猎的要领，并能在长期的实践中有所创新，从而获得更多的野兽。在长者向年轻人传授技术的过程中，身体的训练当然是主要内容之一。这些身体训练的活动形式基本等同于今天的体育活动，但是我们要清醒地认识到，当初这种身体训练的目的并非增强体质和增进健康，而是掌握赖以生存的生产技能，是学习简单劳动技能的必需环节。即便是年幼一代的跑、跳、攀爬、悬垂等基本运动能力的训练，也主要是为了传授身体技能。这些身体技能的传授是客观存在的，虽然没有增强体质的意识，但起到了增强体质的效果。年轻一代及年幼一代学习劳动技术的过程其实就是一种潜体育。在人类社会的潜体育时期，综合性体力劳动对潜体育需求的制约，使竞技的萌芽沉浮于战斗、游戏及择偶活动中，这是人类社会发展中原始欲求的直接宣泄，使得一些貌似体育的东西时隐时现。

### （三）人类生产方式的改变影响着体育发展

人类出现在地球上已有数百万年，最初的人类是靠采集野生植物、猎取野生动物、捕鱼等维持生活的，后来相继出现了农业、畜牧业和工业。这些不同的生产方式决定着人类是否对体育产生需求以及对这种需求的程度和形式，进而影响着体育的发展和演变。

远古时期的狩猎和采集包括系统地采摘植物果实、打猎和钓鱼阶段，这是一个相当漫长的阶段。在原始的生产方式下，能够生存下来是首要目标，体育意识很难在这种条件下产生，只有很少的竞技游乐和闲暇时间，而且这些竞技都是无意识的竞技。

到了粗耕农业阶段，人类主要凭借体力完成播种、收割、储存等整个农业的生产过程，因而人类的身体活动是劳累的、过度的，很少有闲暇时间实际地参与体育活动。到了阶级社会，少数上层的人才有了游乐的条件。

在畜牧业发展阶段，人们主要靠饲养动物获得奶、乳清、乳脂、肉等维持生存。这种生存方式与粗耕农业一起并存了几千年。比较单调的游牧生活使闲暇时光变得充足，一些传统的游戏与竞技和牲畜有关的，例如内蒙古牧区盛行的叼羊、赛马等就与其生产方式密切相关。

在精耕农业阶段，人们开始使用牲畜工具、犁铧等农业劳动工具。体力劳动越来越少，人们的闲暇时间越来越多，他们不用再为基本的生存问题费心，此时，较大规模的传统体育和竞技游戏主要是为了享乐。

在工业化阶段，机器以矿物燃料为动力，可以满足食物生产、加工及其他方面的需求，生产过程的机械化、自动化、科学化程度不断提高，直接作用于劳动对象的体力劳动的比重逐渐降低。随着劳动过程逐渐智力化，对劳动力素质的要求不断提高，这不仅体现在对劳动者身体运动能力和劳动能力的要求上，还体现在对劳动者文化技术素质的要求上。良好的身体素质是提高劳动者文化技术素质的重要条件。这种生产方式下，最强烈的体育要求产生，体育的健身性得到充分展示。

### （四）人类自我完善的发展离不开体育的回归

人类发展进入以大工业生产为基础的时代，其特征是科学从劳动过程中分化出来，获得了极大发展，又转回来实现生产技术化：一是用自然力代替了人力，系统技术、知识代替了个人的零碎经验，在机械生产面前，即便是经验丰富的工人也显得微不足道；二是生产的管理过程通过科学变得程序化、技术化，同时也使生产变成肉眼和感知无法把握的过程；三是生产被科学赋予革命的本质，小生产者的狭隘经验的束缚也被逐渐剔除，生产发展变得迅猛。机械化、自动化、科学化程度的大工业生产得到不断提高，而直接作用于劳动对象的体力劳动的比重却不断下降，劳动过程向智力化转变，使得综合性体力劳动向片面性体力劳动工作突变。这种发展形势使脑力劳动增加、体力劳动减少，文明程度增高、体质水平却有所下降，工作相对固定且闲暇时间较为充裕。

与此同时，积极追寻健康体育的崭新面貌出现。其中表现出的体育对工业生产的促进作用包括：体育锻炼使劳动者的健康状况得到改善，患病率降低，劳动者的出勤率提高，医疗卫生费用相对节省；体育锻炼使劳动者的体力和精力提升，从而提高劳动效率。体育成为人类防止体质急速下降、提高劳动效率等的有效方式。全民体育与终身体育开始将人类的理想变为现实。

体育的回归是人类社会发展的理想境界，其真正得以实现还有相当长的路要走，因为工业化的时间还较短，社会产品还不能满足全体社会成员的需要，剥削及不平等的现象依然存在，一些人无偿占有他人劳动成果的事件时有发生。社会发展中“体育回归”概念的提出仅仅是体育本性回归的开始，它虽历经各种磨难，但最终必将在更高的社会发展水平上使体育与生产再一次结合，它是生产本身高度智化的结果。到那时，人类就进入自然体育的时代，全人类对体育的产生和存在的价值会有真正的认识，体育的本性将得到最理想的实现。这种体育是促进人的全面发展的体育，人在体育活动过程中得到一种解放，一种完美的自我得以实现。

## 二、体育视域中的人类发展

### （一）适应和锻炼促进了人类的进化发展

人类起源的“进化论”观点认为，从古猿发展到人类，人的体质发生了一些变化。从直立行走到双手解放，到促进大脑容量的发展，以及语言的产生，可见人类的进化过程一直在不断继续着。人类通过进化相继出现了黄、白、黑、棕色等人种，以及各民族特征的分化。这些变化都与当时的生活环境（如各洲）和生活方式（以劳动为主的各种身体活动）显著相关，是机体与环境相互作用的历史结果，这就是适应。古猿要在当时的历史条件下生存必须学会适应规律，自觉锻炼，这些都不自觉地促进了自我发展和进一步完善。科学发展也会顺应历史和环境的选择，不断提供良好的理论指导和技术支持，加强和加速这个进步演化过程。

### （二）身体训练是人类机体得以充分发展的必要条件

自人猿分化以来，影响身体发展的一切有意识的身体活动都可被视作身体训练，或者把其看成耦合身体训练的身体活动。人体的骨骼、肌肉等各部分的机能，甚至是整体的结构和功能得以完善，都依赖身体训练，因为人体具备较高的可训练性，这种可训练性主要体现在人在所有动物中是领悟能力最强的。

历史上的训练工作体系是在目的、手段和效应的反复运转过程中逐步形成的。在内容上，对训练手段进行选择、设计并配伍成系统；在过程中，对强度、量、间歇等因素做适当安排，以建构不同层次的训练波浪；再结合恰当的生活背景，更好地实现恢复和重建功能，形成科学训练的工作体系；体系初步形成后，再按照效应与目的比较重新建构，以促进人类机体的日渐成熟和发展。重构的训练体系又对具体的训练接受各种效应的反馈，进而促成训练工作的进步和优化。[①]可以说，体育对身体的训练就是在循环往复的过程中不断促进机体的自我完善和修复，任何人都不可脱离这一过程。

身体训练的过程对于大多数人来说不是专门的，但是他们不自觉地接受着这一训练过程，应该说人类发展到今天，身体的形成过程无不渗透着身体训练的点点滴滴。身体训练从宏观上说是复杂的社会系统工程，这一点目前还没有被广泛认同，但是身体训练促进了人体机体的成熟和完善这一事实是任何人都不可否认的。

### （三）体育在潜移默化中改善着人类的思维认识

儿童心理学家皮亚杰曾指出身体活动是思维认识发生的先导和基础，有了必要的身体活动，人的思维意识才会得到良好的改善，以适应整体的发展。这样的例证可以在生活中找到。苏联每年将从养殖场孵化的上亿鱼苗投入湖泊，用以改善生态环境，但是鱼苗的成活率很低，野生的鱼苗成活率却很高。经动物学家研究发现，同体重的鱼苗，人工孵化的要比野生的鱼苗脑量小得多。后来，动物学家在人工孵化基地设置了很多假想天敌，新生的鱼苗为了生存，不自觉地接受了“游泳训练”，再把这些鱼苗投放到湖泊，成活率得到了明显改善。这说明脑量起了关键的作用，大脑是治理的物质基础，同时也需要靠身体锻炼来实现，可以说身体活动也是大脑充分发展的必要条件。这一实例引申到人类，同样是正确的，只有参与必要的身体锻炼等体育活动，才会促进人的大脑发育，进而促进思维格局的形成，使人适应千变万化的复杂社会。

必要的身体活动是消除智力和其他心理疲劳、调节心理状态的重要手段，也是娱乐和艺术创造、艺术享受的手段，还是人类达到自我实现的手段。另外，参与身体锻炼的个体，可以在体育活动中调感情、强意志、陶冶性格情操，进而达到成熟发展的目的。它不仅可以影响个体的精神状态，还可以影响群体乃至社会的情绪。每到大型赛事举办时，高水平的体育运动甚至能在国家、国际范围

① 茅鹏，卢侃. 体育与人类的自我发展. 体育科学，1990（5）：10-12，93.

产生广泛影响。体育运动越来越受到教育家、政治家、企业家等的重视。

### （四）体育在人类发展中始终扮演着社会的积极因素

在体育学视域下研究人的发展，因为人是社会的人，社会是由数以万计的个体组成，所以必须探讨其对社会的影响，体育只有得到社会的支持才能发展，人类的发展、社会的发展也依赖体育的发展。体育同卫生、教育、文化、军事、外交、政治、法制等社会各方面有着千丝万缕的关系，彼此之间有相互促进的作用。体育同卫生保健的关系，在古代就被有识之士重视，人类随着历史的车轮走到今天，已经进入“现代文明病”高发的社会，体育在人们日常生活中扮演的角色显得更为重要。体育与军队、安保事业的关系更是众所周知的。

体育被看作教育的一部分，影响着教育中的德、智、美、劳，乃至整个教育的发展。首先，教育以身体为载体，没有良好的身体，谈教育是毫无意义的，单有超人的大脑，没有强健的身体，也是不行的。以智育来说，人类的许多新发明来源于实践活动，这些实践活动中必然有身体活动，身体活动就是体育的一部分。例如人类能够认识橡胶就得益于胶球游戏，没有在游戏中接触到胶球，可能就没有人去探寻胶球的来源，按照这种逻辑推理，体育在实践中促进智育的发展是合适的。从德育角度来看，体育是协调人际关系时最富有社会性和进取性的一种教育手段。曾有西方国家连续七年采用体育夏令营的方式教育不良社会青年。在国际体育比赛中，不论经济强国还是弱国，不论资本主义国家还是社会主义国家，不论王子和庶民，只要参与到体育比赛中，就必须执行统一的章程、遵守同一的规则。体育拥有共处、参与、竞争和自强意识，隐含着民主和法治观念的体育精神的社会德育作用是有目共睹的。体育有助于人类社会建设更有意义、更为美好的社会。

体育与经济的交互作用已为人类社会所瞩目，体育作为健康身心的手段为一切用人领域所需要。体育支出从消费性支出逐渐变为消费性和生产性混合支出。现代企事业大都以职工的健康为企业生命线来开展职工体育，用部分资金举办体育比赛，不仅激发了职工的锻炼热情，也使其有了良好的身体，因此可能给企业创造更多的价值，所以体育逐步由支出性变为生产性。体育作为乐生的手段，促进了生活质量的提高和信息的传播。赞助体育比赛、与体育“攀亲”是一些知名企业提高社会知名度的主要手段，试想凡是重大的体育比赛哪一次都少不了国际知名品牌的赞助，赞助体育正在成为许多企业竞相进行的兴业措施。

## 第三节　体育社会学维度

### 一、体育与人的社会发展

#### （一）体育为人的社会发展提供重要的场所

体育是人类在进化过程伊始就一直存在的身体活动，是人们挑战极限、展现自我的一种身体活动，人们希望在这些活动中得到较为直接的、令人愉悦的主体情感的抒发和宣泄，这一活动的特殊性是其他活动所不能媲美的。体育活动以其特有的竞技性、娱乐性、易于参与性、活动形式的喜闻乐见性等特征，自然产生了巨大的吸引力，汇集了大量民众参与其中，体育活动逐渐演变为世界影响广泛、受大众喜爱的活动。因而，相关的体育社会学家习惯把体育活动描述为富有潜力、记忆力和影响力的个人与社会的活动体验场所。之所以将体育定义为社会活动的场所，是因为在一些学术大家笔下有这样的描述，“是讲述故事的理想场所，人们可能通过这些故事对生活中什么重要以及生活是什么，形成观念。这样，体育运动成为重要的社会现象，因为它是人们经常获得词汇和看法的背景，这些词汇和看法告诉他们如何看待和评价自己及世界的其他部分”[①]。

回顾历史的发展，体育运动作为一种特殊的社会活动，对现今人类的日常生活有广泛的影响和得到普遍的认可，而且同以往的体育活动和比赛相比较，其与培育人才、制造利润、爱国主义和个人健康能更加紧密地联系在一起，这将对人的社会发展和控制过程起到积极有效的作用和效果。因而，“当代无论是发达国家，还是发展中国家，对体育都给予了极大的重视和关注。这种重视和关注，既表现在社会宣传、社会舆论上，也表现在体育的国家立法和体育投资上”[②]。

#### （二）体育扮演着人的社会发展的润滑剂

人是社会中的人，不是孤立的人，整个社会要进步要发展，离不开社会各个

---

① 杰·科克利. 体育社会学——议题与争论. 6 版. 管兵，刘穗琴，刘仲翔，等译. 北京：清华大学出版社，2003：101.

② 刘德佩. 体育社会学. 北京：人民体育出版社，1990：32.

组成部分和社会成员的沟通和交流。体育能够担当这一重任，参与体育锻炼的个体因共同目标走到一起，以体育运动为契机，加强其他方面的沟通和交流。

体育运动可以有效消除人际沟通中的社会结构障碍，自觉地发挥着润滑剂的作用，有助于弹性社会结构的建设，它将原本机械的社会结构变为富有弹性的社会，使整个社会机构运行得更加和谐。丝毫不考虑各自的社会地位、社会职业等方面的差距在现实社会交往中是不可能的。然而，清晨在公园里锻炼的高校教师和爱好体育锻炼的环卫工人却能自然地结下深厚的友谊。同事之间在工作上难免会产生误解和矛盾，可以通过一起参与体育活动，在互相配合、友好协作的气氛中沟通、交流，从而获得彼此的谅解。这时，体育就扮演了“中间人”的角色，使其相互谅解、摒弃前嫌，在之后的工作中互相配合，甚至成为好同事、好战友。观看一场国际大型体育赛事，互不相识的不同国家、不同人种的人们能自然地一起鼓掌呐喊，彼此拥抱，握手祝贺。这种真、善、美的人际关系往往不夹杂私利，这都得益于体育精神的呼唤和激发。有学者指出，“在没有社会公害、突发不可抗力的自然灾害下，很难找到比体育更有效的——人与人的交往中能够迅速解除心理防卫的状态，迅速进行沟通的其他事情啦”[①]。

体育运动有助于人际沟通，使人更易获得直接的、面对面的情感交流。虽然信息时代的电话、电视、网络等使人们交往的手段和范围得到了极大发展。但这些交往手段是一种简约的、间接的、往往不那么有人情味的交流方式，在深层次的情感沟通上，虚拟多于真实，因而交流中的感情便不可避免地被稀释。而在参与体育运动的过程中，人们之间的交流是直接的、面对面的，是一种自然的、发自内心的交流，这种交流强调的是直接参与和真实参与。感悟自然、体验真实已经成为一种不可多得的雅兴和情怀，也是人与人之间最淳朴的交流方式。可以说，体育在无形中扮演了人与人、人与社会之间的润滑剂，它为人的精神沟通提供了广阔的天地和简易的方式，用一种可见也可不见的方式将人们汇集在一起，通过肩并肩的表演和比赛，人们相互沟通、理解和学习，进而建立真挚的友谊。

### （三）体育是人的社会发展的“安全阀”

体育运动要想保持良好的社会秩序，不仅要通过使人们学习社会价值和规则而提供社会化经验，而且要提供种种以安全的方式释放紧张和挫折的环境。

---

① 刘德佩. 体育社会学. 北京：人民体育出版社，1990：33.

在现代社会中，没有竞争的社会可能是腐败丛生、死气沉沉的社会，所以社会发展的一个重要的推动力就是竞争。竞赛是体育中最活跃、最积极的因素，竞赛因素无处不在。小的来说是茶余饭后的小型对抗、博弈，往大说就是轰动世界的奥林匹克运动会。如果说在体育中把竞赛因素剔除，体育就不再是龙腾虎跃、生机勃勃的体育。[①]体育运动的魅力最重要的就是它所具备的竞争性。

我们把体育运动与社会发展的契合点——竞争——寻找出来。人们一方面通过体育运动培养竞争意识，另一方面通过体育运动将社会竞争中表现出来的攻击、侵略等天性消释。现代社会要想成为文明社会，最重要的发泄攻击性的活动就应该是体育运动。正如社会生物学的创始人美国斯坦福大学著名教授威尔逊所说："人类的攻击本能就跟其他动物一样，这种内驱力要想得到某种释放就必须通过竞争性体育运动或其他方式。"[②]体育运动功能之一就是为人们的竞争活动安上一个保险、灵活的"安全阀"，从而代替那些不可或缺但又危险的攻击类型。人们虽发泄了狂热的情绪，但不会为此而增长仇恨。

当然我们也不能高估体育运动的"安全阀"效应，毕竟它还是无法完全代替社会道德和法治教育，无法取代军队和警察的社会威慑力，因为它从根本上不能解决社会冲突问题，还可能产生副作用，所以对体育运动管理不善、放任自流就会酿成不可估量的社会问题。如果在体育运动中出现不合理的攻击性，就可能引发赛场暴力，造成不可收拾的、影响社会正常运行的越轨行为，还可能造成重大灾祸。因此，在社会发展中，关键是利用好体育的"安全阀"效应，将体育作为社会安全运行的工具，同时发挥社会管理功能对体育运动的规训，让良性运行的社会不自觉地享受体育运动的益处，让体育成为健康社会运行的组成部分。

## 二、体育促进人的自由发展

### （一）人的自由发展是体育的根本目的

人的全面而自由的发展是人类最崇高的奋斗理想，是马克思主义的出发点和归宿。马克思主义的出发点就是实现人类的彻底解放，使人得到全面而自由的发展。这里所提到的自由发展是人全面发展的基础，自由社会中的每个个体

① 刘德佩. 体育社会学. 北京：人民体育出版社，1990：19.

② 于涛. 体育哲学研究. 北京：北京体育大学出版社，2009：96-97.

实现了“完整的自我”和“自由的自我”，才会最终到达马克思所述的理想境界，马克思提出的这个人类发展目标最早见于《1844 年经济学哲学手稿》，认为只有人类发展到共产主义社会，我们所提的全面而自由的发展才可能变为现实，那时候人的一切感觉和特性都将被彻底解放。

马克思认为共产主义者所向往的个人全面而自由的发展，只有到了外部世界对个人才能的实际发展所起的推动作用为个人本身所驾驭的时候，才不再是一种理想和职责。这里所提到的“外部世界”就是我们所谈到的社会。现实中只有全社会竭尽全力地推进这个“外部世界”，才会把我们的理想变为现实。从一定意义上来讲，人与社会决定了体育的发展。要实现共产主义目标，必须满足两个基本条件：一是“外部世界”（生产力、生产关系和生产方式等）要推动所有社会成员的全面而自由的发展；二是社会的推动作用能为个体所驾驭，个人要及时把握自然和社会发展的规律，才能得到自由的发展。

马克思在《资本论》中曾提出，未来教育旨在造就全面发展的人，共产主义社会是以每个个体全面而自由的发展为基本原则的社会形式。马克思主义对自由发展的准确论述使我们的研究思路更加清晰，人的全面而自由的发展是共产主义社会的基本原则，所以共产主义得以实现必须首先造就每个个体的自由发展，进而实现人的全面发展。再回过头来说体育，就拿我国来说，我们的体育从大社会的角度上说，以坚持马克思主义原则为前提，为社会主义建设服务，为人的全面而自由的发展服务。我国现在处在社会主义初级阶段，在向着共产主义的理想进发，现有的社会制度决定了中国的体育本质，最终实现人的全面而自由的发展是体育发展的根本目的所在。从个体发展的角度上说，体育要满足人们的各种需要，就必须充分发挥自身的生命力，把潜在的能力发挥出来，进而实现每个个体的自由发展，因为个体自由发展了，才有整个社会的自由发展。体育是社会的缩影和聚焦点，在人的自由发展过程中起到了对人格要素不断改造和优化的作用。

### （二）体育为人的自由发展提供智力支持

人要实现共产主义所倡导的自由的发展，就要对周围环境和社会有敏锐的判断和思维能力，体育对人的智力开发有明显功效。脑生理学研究表明，大脑的左右半球的分工是相当明确的，左半球的大脑侧重抽象思维，传统的学校教育以读、写、算的方式对它进行开发，而右半球的大脑侧重形象思维，这就要聚焦于体育运动，它对人的右半球大脑开发有独特的功效。如艺术体操和体育舞蹈就锻炼了人的视听感受能力，田径和球类方面的锻炼提升了人的空间和距离感受能力，棋类运动则开发了人的发散思维的能力，等等。

体育运动不仅能够发掘人的多种能力，而且是促进智力发展的有效途径。体育锻炼是以身体练习活动为主的一种积极主动的活动过程，在此过程中，根据锻炼参加的活动对技术的要求不同，个体必须集中注意力，有目的地去感知、去记忆、去思维和想象，因此经常参加体育锻炼，能够提高学生大脑的兴奋性，促进其智力发展。[①]在日常体育锻炼中，个体不仅能够习得新的技能和技巧，还可以学到一些生活常识，如锻炼过程中自救的医学知识、比赛过程中的心理学知识等。缺少锻炼的人不一定学习这些知识，而且在体育锻炼实践中学习的知识会在记忆中留下深刻的烙印，进而促进智力的发展。另外，通过各种形式的体育锻炼，体质不断增强，使个体更有精力去学习，从而进一步促进智力的发展。

### （三）体育为人的自由发展增添生活情趣

生活情趣，笼统地讲，是人类精神生活的一种追求，是人的生活方式，包括兴趣、爱好和消遣等。它比较广泛地体现在人们的业余文化生活之中，懂得生活情趣的人，业余生活更充实、更甜蜜，更富有意义，在紧张的工作之余，身心得到更好的放松。有人可能说，紧张工作之后好好休息几天就会缓解疲劳，但这里说的只是一种休息的方式。怎样的休息方式既能陶冶情操又能达到预期的效果，促进身心健康发展和提高自身素质，进而为事业的成功提供启迪和帮助，是我们应该探讨的。

体育能够丰富人们的业余生活、陶冶生活情趣，迎合了人们休息的需求。其主要方法就是通过身体运动使人们的业余生活更加多姿多彩。据考证，一些世界级的科学大师与体育运动有不解之缘。如把毕生精力献给科学事业的居里夫人就有广泛的业余兴趣，她既做高深的学术研究，也喜爱跳舞、骑马、游泳、登山等体育项目，还有爱因斯坦、牛顿、富兰克林等，也都有各自娱乐、消遣的方式，尤其是参加体育运动。他们的生活并不单调，也并不是人们想象的只会做学问。体育可伴随人的一生，它是增添生活情趣的源泉，具有广泛的爱好、富有生

① 郭蕾. 谈体育锻炼对学生智力发展及学业成绩的影响. 文渊（高中版），2020（1）：294.

活情趣，才是一个自由发展的人的最基本条件。以垂钓为例，垂钓是一项情趣高雅的体育活动，它将运动与娱乐融合，凡参加过垂钓的人，无论男女老少，都在身心上得到乐趣和有效的锻炼，垂钓活动有动、静、乐、寿四大益处。[①]所以，在现实生活中，在紧张的学习、工作之余，将体育运动作为娱乐和消遣手段是相当不错的选择，它不仅被大众接受，而且成为增添生活情趣的一项重要内容。

## 三、体育为人的自由发展调适心理状态

在人生旅途上，人们会面临各种意想不到的问题，合理地解决这些问题能够使人身心愉悦，但也有一些突发的困难问题不能很好地被把握，难免给人带来痛苦。人生的大喜大悲必然给人带来心理不适，使其心理失去平衡。参与各种体育活动或欣赏体育节目，能够迅速转移人的注意力，使激动的心情逐渐平静，进而使人获得心理平衡。体育能使处于困境中萎靡不振的个体逐渐振作，能使经受痛苦的个体逐渐变得欢乐，当然也能使欢愉的心情得到抒发，使伤感的情绪得到抚慰，进而使身心获得和谐发展。

现代奥林匹克创始人顾拜旦先生在他的《体育颂》中曾这样描述体育："啊！体育，你就是欢趣！想起你，内心充满欢喜，血液循环加剧，思路更加开阔，条理更加清晰。你可使忧伤的人散心解闷，你可使快乐的人生活更加甜蜜！"[②]体育为什么对人的心理调节有这样的功效？从一定意义上讲，体育对运动技术的掌握有尽善尽美的要求，使人通过努力达到体育的标准动作，由此带来一种成就感，这种成就感能够使人身心愉悦，也能够满足人们生活和心理上的需要。通过各种不同的情感体验，能使在其他社会活动中紧绷的心弦得到缓解和松弛。正因为体育有其他社会活动不具有的魅力，它越来越受到大众的青睐，成为调适人心理平衡的神奇力量。人们在体育中有了良好的心情，并将这些愉悦的心理转移到其他社会活动中，能够精神抖擞地面对人生的各种挑战，逐步实现自我的全面而自由的发展。

---

① 徐锐斌. 浅谈垂钓的四大益处. 中国钓鱼，2023（3）：94.

② 乔治·赫斯勒. 顾拜旦传. 吴果锦译. 北京：北京出版社，2018：142-145.

## 四、体育促进人的主体发展

### （一）社会发展中人的主体地位的确立

“主体”一词最早见于古希腊语，明确为“根据”的意思，是指“眼前现成的东西，它作为基础把一切聚集到自身那里”[①]。显而易见，主体隐含聚合、支撑和承担的本质性意义，是事物获得根据的基础。这里有必要重申一下主体性的定义，主体性就是主体具有的某种属性，是主体为了显示自身存在的一种方式，它是哲学中的一个基础概念。廓清主体和主体性二者的区别和联系，将更有利我们探讨历史发展中人的主体地位确立的思路和过程。人的主体地位的确立必然通过其主体性展现出来，也就是说，探讨人的主体地位，归根到底是探讨人的主体性是如何实现的。人作为自然存在物，其主体身份是特定的物质形态下生成的主体性，是在认识自然、改造世界的过程中确立的主体自由。另外，如果人作为观念存在物，其主体地位就是思维运动普遍认识的结果，是自我意识反思人本身的思想产物。

马克思吸收了人类以往的优秀思想文化成果，特别是吸收了关于人的思维的成果，对人的社会性特征做出了明确界定，认为人的本质并不是单个人所固有的抽象物，而应把人放到现实世界中，这个人是一切社会关系的总和。他的这种理论应该说是人类发展史上的历史性变革。正是有了马克思的这种理论，才演化出人类社会的历史是人们自己在不断实现主体地位的社会实践中创造的，是自己发展自己的历史。人是历史创造的，那么人就是历史的主体，在改造自身、创造社会历史的伟大进程中，不自觉地适应着生存环境，改造着社会实践，在认识真理并将这些真理性认识转化为人的自觉行动的历程中发挥着巨大作用。

在对人类社会发展过程中的人及人体主体作用认识反思的基础上，我们更应该大力发展生产力，越来越重视人的综合素质的提高和全面发展。人民是社会历史的一个个鲜活个体历史发展的综合体，虽然个体不一定能够意识到这一点。在生产力三要素中，占重要地位的是人，人在生产力系统中占有主导地位，是最活跃、最有影响力的因素。随着科学技术的发明创造和社会的加速发展，人的因素在社会全面进步过程中的地位越来越重要，人的力量对社会的辐射面越

---

① 马丁•海德格尔. 海德格尔选集（下卷）. 孙周兴，等译. 上海：上海三联出版社，1996：897.

来越广泛、对历史的渗透力越来越强大，人的主体地位越来越受到重视，人的主体发展是必须被重点考虑的内容。

### （二）体育是人的主体发展的能动经验和重要组成

人的主体发展意识的获得不是先天就能确定的，而是经过长久的时间沉淀下来的，是人与自然斗争、人迎接社会各种挑战中逐步确立起来的存在形态。在这一发展过程中，体育是人主体发展的能动经验，是维护人主体发展的重要组成部分，将人作为有限存在者，在时空二元模式中建立起联系，体育维系着人运动存在的实践形态。人作为主体存在是能动存在的物质载体，无意中勾画着世界的运动轨迹，参与物质世界的实践改造活动。体育又是人的活动的必然依赖，是这一改造活动的必然选择。可见，人要实现主体发展就要通过自然属性、物质的运动和实践的存在显现出来，体育也就自然成为人实现主体发展的能动机制。

人在认识世界的过程中逐步改造着世界，体育主动担当起向导的角色，使物质运动转变为自我创造的艺术品。“物质的运动是由于自己的能力，这种能力是物质异类性的必然结果。”[①]这种结果造就多姿多彩、千变万化的大千世界，物质的运动被看作世界生成的唯一原因。在物质运动的实践中，必然蕴含着体育的因素。体育按照人体结构的基本特征去创设和规划，在久而久之的实践中，以享受的心态在行动中构建体育的实践大厦。人作为体育的主体，在实践中与世界产生各种联系，与世界中的其他物进行理论的交流和现实的碰撞，在相互作用的过程中，构建主动和被动融合下的主客体能动关系。主体就是主动的、能动的和行动的人，是体育行为的发动者和动力因，是主体身份和地位的有效载体，是体育实践的直接参与者。[②]

在世界物质的生成中，人的主体地位是被智者认可的，没有人的主体发展，社会的进步也就无从谈起。人以本性、本能的活动使自己成为发展的主体，本性、本能的活动就可以归结为体育活动，它是人本性活动的主体实现。体育活动是人思想和行为的统一，人在体育中经历着认识和实践的交融与碰撞，体育成为因人的整体而存在的人性完整实现的活动。运动实践中的人更能发挥人的主

---

① 霍尔巴赫. 健全的思想：或和超自然观念对立的自然观念. 王荫庭译. 北京：商务印书馆，1966：39.

② 刘欣然，李丽君，王媛. 主体的意向：体育与人主体性的哲学认识. 西安体育学院学报，2016（5）：543-549.

体发展的能动性，从而成为人自由发展的实践形态。

## （三）体育对人的主体发展具有重要的作用和意义

体育以其特有的存在方式面对现实的挑战，这也受到世人的普遍关注，据相关研究表明，生产初步机械化时，体力和脑力劳动在生产中的比重为9:1，中期变为6:4，而在机械化后期即全部实现自动化时，体力和脑力劳动的比例出现了颠倒性变化，即1:9。[①]所以在信息化大生产时期，人们要成为合格的劳动者，必须自觉地接受教育和训练，因为只有掌握了一定的科学知识，有强健的体魄和充裕的精力，才能在生产过程中实现创新和重大变革。从这个意义上来讲，人的劳动通过科学技术的发展被赋予创造性的新特质，这也为人类全面开发自身、提升自己的社会价值、发挥人类的主体价值提供了新的契机和无限的可能。[②]

人类在发展过程中创造出的财富极其丰富，这些财富是人类智慧的结晶，同时包含着自身强大的主体力量。在人类进步的历史上，本来就是一部人的地位得到不断巩固、人的作用得到不断加强、人的价值得到不断提升、人的潜能得到不断发挥、人的个性得到全面发展的历史。体育以它特有的运动方式使人体的各个系统在活动中得到均衡发展，首先变现为作用于机体本身，并在各种技能获得的过程中得到保持和加强，进而提高人适应生存环境的能力，为人能够更充分地展现自己的本质力量奠定根基。宏观上，体育促进人的体质发展，但我们还要清醒地认识到，人类体质的进步不单纯与文明发展同步进行，其关键在于不断改变着人的活动及其性质、方式是否促进人身体机能的发展。生产力的巨大发展必然改变人类的生活方式，与时俱进的文明使人类原始的本能逐渐消退和弱化。人的力量逐渐被新式生产工具代替，这是一种历史的进步。但是这种进步不自觉地使人失去了最原始的生存本能，也使自身强壮充沛的体力逐渐消退，随之而来的“现代文明病”“懒动症”频发，这些都影响着人类发展中的每一个个体。体育旨在通过广泛参与的社会活动来努力避免和矫正人的身心分裂，使其逐步恢复人的原始完整性。体育在促进人体健康和完美的同时，还促进着人格的完美和精神的健康。体育教会社会中的人们为了实现个人或社会理想就必须有百折不挠的精神和乐观的态度，不能把发展的目光停留在一个固定的点

① 王海文. 当代服务经济发展：基于经济利益视角的研究. 北京：中央编译出版社，2020：76-78.

② 徐福生，张卫红，熊飞. 体育与人主体性发展的历史思辨. 兵团教育学院学报，2002（1）：45-47.

上，鼓励人们通过自己的行动孜孜不倦地追求新的理想、新的希望和新的人生。这些方法使体育运动中的人在自觉中成熟，使得个人的身体机能得到发展，同时使人的精神得到升华。

以人为中心的体育不仅促进身心的和谐发展，还挖掘了人的潜能。客观上看待人体，从身体条件上来讲，同其他动物相比，人类可以说是非常平淡的动物；从力气上讲，人不如和他拥有相同体积的动物；同猫科动物相比，人行走的姿势比较笨拙，论跑，人也跑不过狗，跑不过鹿；从视觉、听觉、嗅觉方面来比较，人的这些功能也不及一些动物。但是人的潜能和智慧是无限的，人虽然不能跑得那么快，也不能跳得那么高，但人是最有智慧、最有潜能的动物，这些智慧发展和潜能发挥的过程也就是主体得到发展的过程。所以，我们更应该加强自身机体潜能和智慧的极大发挥，使机体沉睡的机能被唤醒，并让其获得最充分、最全面的利用和实现，这对于人的发展和进步有着非常重要的意义。同时，体育在促进人的主体发展过程中，也把培养人的审美能力作为自己的一项使命。我们要从生活中的各个方面去实现个体的主体发展，主体发展是社会发展和体育发展的必然趋势。

## 第四节 体育历史学维度

### 一、体育与人的全面发展的纵向梳理

体育在人类文明史上占有重要地位，它的发展与人类社会的进步密切相关，甚至可以说，体育的发展是反映人类社会进步的主要标志之一。

体育的历史可以追溯到原始社会时期。古希腊是近代欧洲体育之源，古希腊人曾经过着人类童年时代的典型生活，其中也包括典型的体育生活。古代奥林匹克体育竞技活动是当时希腊的主要社会活动之一，由此极大地推动了当时的体育的进一步发展。中国是四大文明古国之一，早在古代就有着绚丽多姿、丰富多彩的体育活动，如武术、养生导引、球戏、棋戏等都有着各自完整的体系。在生产劳动和其他各种社会活动中，人们创造了丰富多彩的体育活动形式（形态），同时也在生活实践中逐步加深对于体育的认识，形成各色各样的体育思想、观念和理念。体育似乎也更多地被赋予人类不断进步的色彩，被打上不同时

代的烙印。

人体的运动似乎本来就是人类与生俱来的一种本能，正如同阳光、空气、食物和水资源一样宝贵，是人们生命历程中不可缺少的组成部分。然而当面对季节更替、风雨雷电、变幻莫测的各种自然现象以及各种残酷的生存环境时，人们必须勇敢面对，并且承受和不断适应这些突如其来的种种变化，才能得以生存、发展，否则会被大自然无情地淘汰。在生产力极其落后的情况下，人类主要以自身的肢体为生存工具，获取生活必需资料和抵御大自然的威胁，此时，体育的作用巨大。体育不断促使人类身体的进化，使人类在面对大自然和外界各种各样的危险时，逐渐拥有了聪慧善思的大脑、攀援采摘和游刃有余的双手、强健有力又能准确投掷的臂膀、粗壮结实又能迅速奔跑的双腿、能言善辩的身体和敏锐的感觉感官，使人类最终得以生存繁衍。体育成为帮助人有效地克服各种障碍的手段，不断强化着人自身的适应能力。

人类文明在不知不觉之中孕育了体育，体育又在漫长的历史进程中有了明确的目标和象征，促进了人类文明的发展。人类通过自身的体育活动实现身心健康，达到人的可持续性发展。体育不仅象征着人类自我精神的超越，还体现着人类对自我生理极限的超越，更传递和表达着人格的健康与完善。

对体育与人的全面发展的纵向梳理表明，体育是一个系统，包括体育观念、体育目标、体育实施、体育效果，每一环节都有自己的要素。

一是体育观念。体育的可持续科学发展观是在发展体育的同时，不仅要关注体育自身的功能、价值、内涵的积极健康发展，更要注重人、自然、社会的和谐发展，寓教于体，以体促教，使体育在人、自然、社会三者之中成为一种不可替代的重要载体。体育的可持续科学发展观也是体育内涵的深层次反映与体现，它所表达的是一种体育所特有的魅力，从体育精神、体育文化、体育人文、体育伦理、体育演绎等诸多方面淋漓尽致地展现在人们的面前。

二是体育目标。从整体观或系统论的内部构成的分析而言，体育运动是一种多形态、多目标、多功能的社会活动，但最终目标是促进人类健康。随着社会的发展，“现代文明病”使越来越多的人处于不健康或亚健康状态。一些人在得到丰富物质文明生活的同时，却在不知不觉中失去健康和快乐，失去幸福感和满足感。体育运动是人们预防和消除“现代文明病”的重要途径之一。“亚健康”在医学上被定义为人体处在健康和疾病之间的一种临界状态，介于健康和疾病之间的连续过程中的一个特殊阶段，临床上常被诊断为疾病综合征、内分泌失调、神经衰弱、更年期综合征等。近年来世界各国的权威统计证明，属于亚健康的人群有逐年递增的趋势。对于亚健康，我们应该怎么办？当医学力不从心时，促进健康的使命历史性地落在了体育肩上。越来越多的人主动投身到各种体育运动之中，越来越关注自身的健康，为了健康而投资的观念日益深入人心。人们已经达成一种共识：体育运动是人们预防和消除“现代文明病”的重要途径之一，是实现健康中国的重要手段之一。这也正是体育的基本功能和最终目标。

三是体育实施。体育实施开始于人的社会化。人的社会化是社会学中的一个重要概念，是指社会个体从生物人成长为社会人的过程。在这个过程中，人们学习社会知识、遵守社会规范、适应社会生活。体育在人的社会化过程中发挥着重要作用。主体体现在促进人的身心发展、培养合作、进取、顽强的意志品质等方面。另外，体育的实施离不开人们的生活，生活促进人们的全面发展，人们的体育兴趣爱好、体育习惯和体育行为已经成为其生活方式的重要因素。体育运动不但可以丰富人们的闲暇活动内容，扩大其生活空间，而且对提高其运动能力发挥着不可或缺的作用。大量的实践已经告诉人们，生活习惯、闲暇生活节奏、生活消费等都与体育息息相关。特别值得关注的是，随着城市社区体育和农村体育的不断发展，不同视野、不同空间、不同地域的体育活动渗透进人们的生活、学习、工作、娱乐、休闲等方面，促进人的全面发展。

四是体育效果。体育运动促进了世界的整合与交流，加强了人们的友谊和团结。体育发展到当代，其文化内涵与经济、政治、教育、娱乐等多种社会功能已经不可同日而语，已发展到相当高的水平，是存在于人类社会中的一种很普遍的社会现象，也是人类所共同承认、拥有和普遍热爱的一种文化现象。当今一些国际性大型体育赛事的影响力和感召力已经远远超出体育运动本身的范畴，例如奥林匹克运动作为联系体育文化的民族性与国际性的一座桥梁，一方面促进了各个国家和地区、各个民族间体育文化的整合与交流，丰富了体育文化的内容；另一方面又承载着融合各个国家和地区、各种体育文化的历史使命，加强了世界各国人民之间的相互了解与友谊，其意义已经超出它的竞争性和竞技性。人们通过这些国际性体育比赛不断增进友谊与团结，各个国家和地区的人民也越来越关注体育，越来越注重健康，越来越注重自身的全面发展，越来越多的老年人、中年人、青少年儿童主动加入参与体育活动的行列。

## 二、体育与人的全面发展的横向剖析

体育与人的全面发展从空间维度分析，体育的构成要素主要包括竞技体育、群众体育和学校体育三种体育基本形态。

### （一）竞技体育

竞技体育指在全面发展身体，最大限度地挖掘和发挥人（个人或群体）在体力、心理、智力等方面的潜力的基础上，以攀登运动技术高峰和创造优异运动成绩为主要目的的一种运动过程。竞技体育是一种制度化、体系化的竞争性体育活动，具有正式的历史记载和传说，以打败竞争对手来获取有形或无形的价值利益为目标，在正式组织起来的体育群体的成员或代表之间进行，强调通过竞赛来显示体力和智力，在对参加者的职责和位置做出明确界定的正式规则所设立的限度之内进行。[①]

远在史前时代，早期的人类生活便已经出现以争取胜利为特点的原始、古朴的体育比赛形式。此后这种活动形式又经古代的长期发展，其内容更加丰富多彩，不少项目已略具雏形，其形制为近代体育运动打下了基础。在整个近代体育领域中，比赛活动的独立性越来越强，并被定名为“竞技运动”。当代，竞技运动不断发展、演进，不仅在理论原则和实践方法上日臻成熟，而且其影响范围也不断扩大，成为一个遍及社会各阶层、波及世界各地的特殊社会现象。人们常说竞技体育是一种艺术，因为竞技体育能够跨越语言和其他社会因素的界限，依靠大众传播媒介，而不需要借助其他形式和附加条件（如翻译），就可直接为人们所接受。艺术是审美意识物化了的集中表现，能引起强烈的美感。竞技体育有各种有效规则来尽量阻止不公平的发生，是一种艺术的创造，给人既激烈、精彩，又和谐、优美的感觉。

竞技体育作为一种采用公开的、共同认可的方式和规范，以相互之间身体运动能力（包括智力）比较的形式进行的挑战极限、超越自我的社会性竞争活动，一直被人们关注，并在当今社会中占有越来越重要的地位。其发展可以满足

---

① 卢元镇. 体育社会学. 3 版. 北京：高等教育出版社，2010：200-201.

人们对体能极限的追求，满足大众对娱乐和审美的需要，对促进经济发展和维护社会稳定等诸方面产生深刻的影响。

竞技体育对人的全面发展的作用主要体现在以下三个方面。

第一，竞技体育能振奋民族精神，增强凝聚力。一场国际性比赛会使成千上万的人为之揪心，一次竞技盛会能吸引数以亿计的承办国大众并为之动情，特别是国歌的奏起和国旗的升起能使海内外的同胞魂系祖国。当一个竞技团体或运动员代表着所属国家参与竞争和比赛时，在某种意义上讲，就是一个国家的象征，这个国家的社会成员都期盼着在竞争中取胜。当一个国家承办竞技盛会时，其社会成员会以东道主的姿态迎接盛会。虽然人们的政治见解不同，宗教信仰各异，社会分工不同，个人价值取向不同，也许有人热衷于体育运动，也许有人平时根本不善此道，但是共同的团体所属意识和共同的社会义务使得社会成员彼此之间的关系比平时都更加密切。仿佛有一条无形的纽带将他们紧密地联系在一起，共同感受着胜利的喜悦和失败的惋惜，共同体验着东道主的自豪和荣耀，共同付出成功的代价与劳动，这就是社会团体的核心，是国家、民族和社会振兴的基础。

第二，竞技体育是国家之间公平竞争的舞台。竞争和比赛是竞技体育最基本的因素，没有竞争和比赛，竞技体育就失去了存在的价值和意义。可以说，最能够满足人类表现欲和竞争欲望的手段就是竞技体育，而竞技体育中的竞争是遵循对等原则的，无论竞技体育的项目和规则如何发展变化，公平的对等原则从始至终贯穿于竞技体育中，使其具有旺盛生命力和强大的吸引力。不分国家大小、地区贫富，不分种族、肤色，运动员公平地参与竞技体育的竞争，各种类型的竞技体育的比赛为国家间、地区间公平竞争和展示各自的优势提供了最适宜的舞台，为国家之间友好往来创造了契机。各国和地区可以通过参与竞技体育的比赛过程来满足不同角度、不同程度的需要。竞技大赛中互动的双方为了获得物质的或精神的目标进行较量和争夺。对于各国和地区来说，竞技体育是一个富有吸引力的领域，众多国家和地区积极参与各种竞技大赛，争先恐后地申办奥运会、亚运会等，以及不惜代价地采取各种手段竞争申办权的种种事实无不证明了这一点。竞技体育为国家和地区间公平竞争提供了最适宜的舞台，这一社会功能已被越来越多的国家所重视和利用。竞技体育的这一功能也是由其自身的竞争特性所决定的，这种以互动、开放的交往为前提的竞技体育进一步丰富了体育的内涵。

第三，竞技体育具有显著和潜在的社会功能，往往被视为国家和地区形象、国家和地区力量的显示。一些国家和地区常常将竞技体育作为增强国家、地区和民族凝聚力，激发爱国热情和促进社会团结的一种政治途径。竞技体育常常作为提高国家、地区和民族的声望，扩大影响力，促进相互交往的一种政治手段，因而受到重视。各国和地区力图在竞技大赛中创造优异的成绩，力图从举办竞技大赛中张扬自我之强盛，最大限度地挖掘和发挥竞技体育的社会功能，满足国家、地区和社会的需要，充分运用和发挥竞技体育的社会功能，创建和谐社会，更好地服务于人的全面发展。

### （二）群众体育

群众体育又称社会体育或大众体育，是指普通民众自愿参加的，以强身、健体、娱乐、休闲、社交等为目的的体育活动，一般不追求达到高水平的运动成绩，是内容广泛、形式多样的体育活动。[①]

群众体育是发展群众性的娱乐体育活动，旨在促进社会主义物质文明建设、社会主义精神文明建设、文化建设。

第一，群众体育是促进社会主义物质文明建设的积极因素之一。发展生产力是社会主义社会的根本任务，人是生产力中最积极、最活跃的因素。开展群众体育能够：①提高人的身体素质和精神素质，提高劳动者对劳动强度、密度的承受能力和对现代化生产复杂性的适应能力，从而对生产效率和劳动质量产生积极作用。②增强劳动者的体质，提高工作能力。体育锻炼使劳动者获得充沛的体力和饱满的情绪，从而提高工作效率。预防与减少疾病，提高劳动者的出勤率。③有效地预防和减少各种常见病和职业病，可以避免和减少各种工伤事故，使劳动者伤病假和过早死亡大为减少，既保护了劳动力，又节约了医疗、抚恤等项开支。④对保证劳动者的全员生产具有突出作用。群众体育可以消除疲劳，调节精神，提高劳动者的生产效率。作为一种积极性休息的手段，参加体育活动，比睡眠、静坐等消极性活动更迅速、更有效地恢复体力，与此同时，运动所带来的乐趣和满足会使劳动引起的局部神经紧张大为松弛。因此，体育锻炼能缓解甚至消除劳动者体力和精力的疲劳，有助于持续提高生产效率。⑤改善个人消费

---

① 《体育概论》编写组. 体育概论. 北京：北京体育大学出版社，2013：60.

结构，促进体育劳务生产，参加体育锻炼，能够使锻炼者充分理解体育的价值，主动自觉地增加“体力投资”，这对于增加文化消费比例、改善我国居民的消费结构具有积极意义。就社会而言，能够刺激和带动体育部门和相关行业的发展。可见，群众体育对于发展社会生产、提高经济效益方面起着积极作用。随着现代生活节奏的不断加快和生产方式的不断更新，对劳动者的身体要求将不断提高，因此，鼓励、组织广大人民群众参加体育锻炼，是社会主义物质文明建设的一项不可忽视的基础性工作。

第二，群众体育是社会主义精神文明建设的主要内容之一。群众体育作为社会文化生活的重要组成部分，不仅能够提高参加者的身体素质和健康水平，还对其思想观念产生经常、广泛的影响。①开展群众体育可以提高人们的文化修养和道德水准，推动伦理和法治建设，能够融洽人际关系，增强群体观念，有助于社会一体化的进程。此外，对培养人们坚忍不拔等意志品质和勇于奋斗的竞争意识，均有促进作用。因此，许多国家把群众体育的发展水平作为衡量社会文明程度的标志之一，并大力加以提倡。②群众体育活动通过人与人、人与社会的广泛接触能够培养人们热爱祖国、热爱生活的感情，树立为繁荣社会而献身的责任心，能够增强团结友爱、同心协力的集体主义观念。通过与规划、裁判的频繁联系，能够增强民主意志和法治观念，逐步树立公正无私、文明礼让和遵守法纪的社会风尚。③通过与同伴的合作和与对手的竞争，能够刺激和强化人们不甘落后的竞争精神及奋发向上的进取意志。在体育锻炼过程中，人们要不断克服来自个人和环境的种种阻力，从中培养勇敢、顽强、坚毅、果断等优良品质。可见，群众体育在思想品德教育方面的影响是广泛的。

第三，群众体育是文化建设的主要内容之一。①群众体育传播体育、保健等科学知识，提高人民群众的体育文化素养。人民群众参加体育活动，不单纯是身体动作的重复过程，还是一种学习和掌握体育知识、提高运动技能和技术的过程。他们从中不仅能够获取强身壮体、防治疾病和延年益寿的经验，而且能够寻得健身、消遣和娱乐的有效途径。不断增长体育保健知识，提高科学文化素养，这对中华民族的文明富强具有积极的推动作用。②活跃业余文化生活，形成健康、文明的消遣方式。健康、文明地利用余暇时间是生产发展和社会稳定的基本因素之一。开展群众体育活动，引导人们用高尚、健康的体育活动来充实业余生活，使身体在锻炼中得以调节，精神在娱乐中得以放松，这有利于抵制消极、落后的消遣习俗，形成良好的社会风尚。③参加体育活动能够扩大人们的活动领域，弥补城市邻里交往减少所带来的弊端，使人们有更多的接触机会。锻炼中，人与人、群体与群体在频繁的接触中，不仅传递技艺，而且交流感情，增进彼此的了解和友谊，促进团结。由于体育活动能吸引不同年龄、不同性别和不同民族的人，因此它在加强各类群体的沟通和了解、加深理解及信任等方面具有特殊效能。

总之，群众体育是人类文化生活的重要内容之一。它的存在与发展不仅能促进民族的富强和繁荣，而且能推动社会的物质文明和精神文明建设。随着经济、文化、生活水平的不断提高，群众对体育的要求将更加迫切，因此，切实加强群众体育对人的全面发展具有重要意义。

### （三）学校体育

学校体育是指以在校学生为参与主体的体育活动，通过培养学生的体育兴趣、体育态度、体育习惯、体育知识和体育能力来增强学生的身体素质，培养学生的道德和意志品质，促进学生的身心健康。学校体育是教育的重要组成部分，是计划性、目的性、组织性较强的体育教育活动过程。

学校体育是随着教育的不断发展而逐步形成体系的。在欧洲，古希腊已将体育列为教育的内容。在中世纪，教会宣布“肉体是灵魂的监狱”，学校里的体育完全被忽视。在封建领主割据的时代，军事体育是统治阶级的特殊需要，因而“骑士七艺”（骑马、游泳、投枪、击剑、行猎、下棋、吟诗）成了骑士教育的主要内容。到了文艺复兴时代，体育又重新被人们重视起来。随着教育的发展，体育才真正成为教育不可缺少的部分。进入 20 世纪，工业发达国家更加重视增强青少年的体质，许多国家制定了统一的体育教学大纲和教材，增加了体育课时，注意提高体育师资水平，改善体育场地和设备，重视学生的业余运动训练，努力培养优秀的运动员，开展对儿童和青少年体质与体育的研究，使学校体育走向科学化。

学校体育在人的全面发展中的主要功能主要体现在以下三个方面。

第一，学校体育是全面发展的组成部分，是培养社会所需人才的重要内容。学校体育是国民体育的基础，对增强民族体质和提高竞技体育水平有重要的战略意义。一个民族的素质，主要包括身体素质、文化素质、心理素质和品德素质，民族体质的强弱关系到国力强弱和民族兴衰。学生时期是长身体的时期，特别是中小学生正处在生长发育的旺盛时期。人的生长发育水平受多方面因素的影响。体育锻炼是影响人体生长发育最积极的因素。在学生时期，加强体育锻炼能促进身体的正常生长发育，全面发展身体、增强体质，为一生的健康打下良好的基础。同时通过世代的积累，逐步提高民族的体质水平等关系到国家的声誉。由于各个运动项目的运动员必须经过多年的系统训练和竞赛才能达到较高水平，因此各国和地区都把希望寄托在中小学生身上。实践证明，在学校体育实践中发现体育人才，进行多年的系统训练，打好基础，就能为国家培养和输送优秀运动员的后备力量。儿童、青少年是各国和地区人口构成的重要部分，因此学校体育的发展水平成为大众体育普及水平的主要标志。同时，学生在学校体育教育中养成的体育观念、体育能力和体育习惯将有助于踏入社会后成为群众体育的生力军，从而极大地推动群众体育的发展。

第二，学校体育不仅能够使学生的体质得到增强，而且可以促进智力的发展。科学实践证明，坚持经常的锻炼可以提高大脑皮层细胞活动的强度、均衡性和灵活性，通过体育运动还可以培养敏锐的感知能力、灵活的思维和想象能力、良好的注意力和记忆力。这一切都有利于学生的智力开发，从而有利于他们学习和运用科学文化知识。

第三，学校体育有助于培养学生高尚的思想品德和坚强的意志品质。严格的体育教学和训练可以加强学生的组织性、纪律性，培养学生的集体主义精神。体育教学和训练的对抗性可以促进学生形成良好的个性心理品质，培养良好的意志品质。同时，学校体育还为学生的道德行为的表现提供了有利条件，有助于学生形成良好的道德行为。在这样一种特殊体育环境中，学生努力控制和约束自己的不良行为，表现出良好的道德风貌，从而为形成良好的道德品质和习惯打下了基础。学校体育对于美育也有积极作用，它以自己丰富的内容和形式，不仅能塑造身体的外在美，而且能培养学生的审美情趣，通过提高学生在体育运动中的感受美、表现美、创造美的能力，更好地培养学生认识和表现自身在运动方面的美，使身心得到更加充分、自由、全面的发展。学校体育还是一项高尚的娱乐休闲活动。广大学生在学习科学文化之余参加体育活动，能够使紧张的神经得到松弛，享受运动带来的快乐。这既是一种很好的体脑调剂和恢复手段，又是一种有助于社会主义精神文明建设的业余文化生活。

# 第五节 体育文化学维度

文化是人类文明进步的结晶，能够顺应人类社会发展规律，揭示人类社会发展的方向，能够为人类社会文明进步提供强有力的思想保证、精神动力和智力支持。[①]体育本身就是一种文化。国际奥委会前主席萨马兰奇说过："在世界的五种语言中，金钱、政治、艺术、体育、性爱，体育尤其引人入胜。"[②]体育对于人类的重要性显得尤为重要。体育在不同的社会形态中扮演了不同的角色：在狩猎与采集的原始社会扮演的角色是生产技能；在农业社会扮演的角色是军事技能；在工业社会扮演的角色是政治外交工具；在知识信息社会扮演的角色是娱乐休闲功用。[③]

## 一、体育文化的发展：狩猎–竞技–比赛

人类自出现就不断地积累经验，经验演变为文明，并代代相传。这些文明在传承过程中接受着新经验的雕刻，并不断完善。人类的起源和发展都发生在过去，我们只能通过后期的种种进化理论对其进行探讨与论证，只有了解过去并把握现在，才能在人类发展中找出一条文明发展的线索。体育作为人类的主要活动形式，蕴含着文明发展的密码。我们可以细细地考究体育文明的形成过程，从而探究人类文明的发展走向。

### （一）体育文化的开端：狩猎

人类的大多数行为形成于原始时期的生存需求，逐渐发展到现在演变为复杂多样的行为方式，也有一部分原始行为经过长期的改进进化为文明的一部分，其中就包括体育文明。体育文明起源于原始人类的狩猎，狩猎是获取食物的一种重要方式，可以为人类提供高能量、高营养的食物。为了保证充足的狩猎量，人类通过积累经验对狩猎技术进行了不断改进，最终发明了提高杀伤力和射程的弓箭、火药等，还有为提高狩猎速度而驯化了马。

截至目前，人类狩猎技术发展共经历了四个阶段。第一个阶段始于 250 万年前开始的石器时代。在这个时期，人类祖先使用带石枪头的标枪和带绳索的

---

① 郜岭. 发展社会主义先进文化，培养高素质四有公民. 现代大学教育，2002（2）：40-41.

② 刘江波. 浅谈体育文化对人的社会观念的影响. 成功（教育），2010（12）：40.

③ 查引娟，廖年忠. 体育在社会发展进程中扮演的角色. 体育学刊，2004（4）：33-35.

石球进行狩猎，这些可以在中国许家窑的石球文物上找到证据。第二个阶段始于长射程的射杀武器的发明，如弓箭、掷矛。这些工具使得人类的狩猎技术发生了质的飞跃，比第一阶段的工具更加文明高效。这些工具最后也演化为投掷铅球、标枪、射箭等体育运动。第三个阶段始于对马的驯化和对弓箭的改进。骑上驯化的马极大地提高了人类的追赶能力，使用改进后的弓箭提高了狩猎的成功率。第四个阶段始于当代运用枪支弹药进行狩猎，这让猎人能够较容易地在动物感觉的距离之外高效地射杀动物。这一狩猎技术也成为体育项目——射击。

### （二）体育文化的形成：竞技

体育起源于人类改造大自然的活动。据考证，标枪就是起源于早期人类的捕猎活动。人们为了提高自身的捕猎技能和体力，举行一些投远比赛，逐渐产生游戏规则，进而演变成现代田径运动中的标枪竞技项目。马拉松、接力这些现代体育项目也是在生产力极其落后的远古，人们为了传递重要信息而产生的。在这些初期体育项目的萌芽中，还伴随着其他社会文化活动，例如祭神活动，人们一方面祈求神的保佑，另一方面希望自己威力无比、战胜对手。

竞技的发展规模宏大、范围宽广，我们可以通过关于古代雅典青年体育锻炼的记载，依稀感受到竞技形成后的规则之严谨。在冷兵器时代，更多的是需要用人与人的身体格斗，时代要求每个年轻人都是战士，每个人都可以为保卫家园而战。在日常生活中，雅典年轻人的大部分时间是在体育场长跑、投掷、赛车、角斗中度过的，他们通过训练获得肌肉饱满、身手矫捷、反应灵敏的身体。同时代雅典的众多作品也提到了竞技的场地与情景，竞技大会上，健儿们跑步、投掷、角斗、拳击、赛马、赛车。诗人跟在健儿身后，用夸张的语句赞美他们的腿脚和拳头，记录古典时期雅典城市的健身房、摔跤场、田径场、跑马场、露天剧场、音乐厅等文体性公共空间的情况，以及依托这些公共空间的竞技活动，可以认为文体性公共空间的形成及竞技比赛等文体活动的发展是体育文明形成和发展的重要表征。①

### （三）体育文化的繁荣：比赛

无论在古代体育竞技中作家对运动员的赞美，还是现代体育中比赛规则的制定，奥运会、世界锦标赛等体育活动，以及体育人才价值千金的现状和全民体

① 解光云. 古典时期雅典城市的文体性公共空间与竞技活动. 上海体育学院学报，2005（6）：14-16，28.

育活动的开展等，都是体育文明的表现形式，都体现了当时的体育价值观、体育文化观、体育道德观等，这些正是体育文明繁荣的各个方面。

20 世纪是人类文明发展的转折点，在这个时代人们几乎都获得了民主权利，可以自由地参与力所能及的项目。21 世纪，体育项目更加平民化、大众化。体育是属于全人类的，始终站在文明的一方，代表了人类社会进步、文化繁荣的趋向。新中国成立后，我国采取举国体制大力发展体育事业，最终取得的体育成就象征着中华民族一个备受屈辱的时代已经宣告结束。在过去的 100 多年中，全球性体育运动在各个领域都取得了长足的发展。学校体育日渐成为社会发展与文明演进的标志和动力。群众体育的兴起意味着体育终于回归到了全人类。竞技体育成为当代体育运动的主体。体育成为独立的文化体系，占据重要的社会和经济地位。当今，体育改革是中国社会改革的一部分，受到社会改革的推动，同时也促进了社会改革。群众体育要将发展体育人口作为基本任务，不断扩展体育版图，开发体育产业，以全民健身为契机，将体育产业发展为国民经济新的增长点。[①]

## 二、体育文化的功能

体育是一种文化。奥林匹克运动自开展，就秉承“更高、更快、更强”的精神，这种体育精神赋予人类勇于改造自我、开拓创新的能力，也是我国实现中国梦的中坚力量。

体育文化的功能主要表现在教育功能、强身功能、经济功能和政治功能四个方面。体育的教育功能人所共知，但要让教育功能形成一种系统的文化力量还需要不断地推进体育的普及，提高学校体育的要求，也需要积极地组织、教育、引导，让体育的教育功更加深入人心。体育的强身功能主要体现在体育可以改善人体体质、提高人体抵抗力等。但从研究深度来讲，体育还属于一个研究幅度较浅的学科，亟须加大人力、物力的投入，为体育强身健体功能的开展提供更多的研究依据。体育的经济功能主要集中在服务业，包括竞赛、健身、用品和场馆服务等，这部分功能目前处于掘金阶段，更多的项目处于发展初期，未来的发展潜力很大，需要国家和社会资本加大投入，方能快速运作发展。

① 卢元镇. 世纪之交体育运动发展的回顾与展望. 体育科学，2000（3）：1-6.

## （一）教育功能

一场精彩的体育竞赛、体育表演会让观众赏心悦目、激动不已，尤其当获得金牌国旗升起、国歌奏响时，那种穿透力、感染力、凝聚力更是其他活动无法比拟的。体育文化已成为培育社会主义核心价值观、弘扬中华体育精神和奥林匹克精神的有效载体。从凝聚民心、提高国家软实力到如何面对生活、做人行事，在体育活动中都有所体现，随着经济社会的发展进步，这样的体育观越来越深入人心，其教育作用不逊于运动员顽强拼搏摘金夺银的影响。

体育是用运动的方式对身体进行教育的活动。这种教育既与生俱来，又终生相伴。从胎动到出生后的翻身、坐立、行走等都是最初的体育运动。人来到这个世界，特别是在婴幼儿阶段首先接触的就是体育，在体育的基础上，逐步接受德育、智育、美育，没有体育的进步，就没有以后人类接受德育、智育、美育的条件。因此，没有身体的健康发育，个体就不能有效地进行德育、智育、美育，可以说体育是生命的第一育。体育是学校教育的重要组成部分，是教育的一个重要手段和方面。体育具有很好的教育功能，又有一般课堂和书本教育中无法达到的效果。几乎所有国家和地区都把体育作为教育的内容之一。体育在培养人们健康合理的生活方式、集体主义精神、爱国主义精神、刻苦耐劳顽强拼搏精神等方面有着重要作用。中国体育事业发展到今天，必须适时转变发展方式，要在体教结合上下力气，让体育落到实处、深入人心。

## （二）强身功能

随着社会的进步，人类的物质生活和精神生活不断充实，对于生活品质的追求开始进入人们的视线，健康成为人类新的目标。近年来体育事业高速发展，背后的推动力是人类对健康的不懈追求。我们都知道体育锻炼是强身健体的主要方式。研究者也在这一方面做了大量研究，并取得了许多可喜的成果。郑晓黎在对运动提高骨密度的研究进行综述的基础上，提出了预防骨质疏松要从小抓起，适当的体育运动可以减缓随着年龄的增长而发生的骨质疏松。①高华等认为有氧运动可以提高慢性心衰患者的运动耐力、运动持续时间、最大摄氧量、无氧阈等心肺功能，改善患者的生活质量。②郭吟等认为，4 周有氧运动结合适量饮

---

① 郑晓黎. 运动和骨质疏松的早期预防. 北京体育大学学报，2007（1）：71-73.

② 高华，张振英，刘艳玲，等. 运动康复对慢性心力衰竭患者的临床研究. 中国临床医生杂志，2016（3）：54-57.

食控制可以有效改善肥胖儿童青少年的身体形态，改善脂代谢紊乱和胰岛素抵抗，预防代谢综合征。[①]当前体育的强身功能主要体现在四个方面：改善骨质和肌肉、增强心肺功能、提高免疫力、预防和治疗代谢综合征。

### （三）经济功能

体质健康的期待、素质教育的要求、体育服务时代的来临使我们把全民健身上升为国家战略。这是我们每一个人去追求、去获得健康的生活方式。那么参加什么活动？到哪去参加？谁来提供？谁来设计指导？答案就是体育产业的经济功能，就是运营和构建活跃健康生活方式的生产经营活动，所以要达到体育的目的需要靠体育产业来支撑。当下国家提出了“大众创业、万众创新”的口号，体育产业应该把握这个风向标，积极寻求资本的支持，紧密靠拢国家发展大计，以人民对体育的需求为出发点，大力摸索发展多样化的体育经济。

近年来全球体育产业高速发展，当代的体育产业正在以一种全面开放、自信张扬的姿态屹立在世界经济之林。2021 年，我国可穿戴设备市场出货量近 1.4 亿台，同比增长 25.4%。在冰雪产业方面，2021 年我国冰雪产业总规模达 5788 亿元，同比增长 51.88%，全国滑雪人次由 2019—2020 年雪季的 1045 万增加至 2021—2022 年雪季的 2154 万。在体育消费方面，2020 年居民体育消费总规模达到 1.8 万亿元，较 2015 年增长 80%；居民人均体育消费支出 1330.4 元，较 2014 年增长 43.7%；体育用品、青少年体育、女性体育、体育旅游等发展迅速，上海市 6—17 岁居民体育消费从 2016 年的 2832 元增长至 2021 年的 3329 元。在体育新空间方面，体育服务综合体、体育公园、户外运动营地、运动健康促进中心等各类体育新空间日益丰富，创新案例快速涌现。[②]展望未来，体育产业作为具有高成长性、可持续性的朝阳产业、绿色产业和幸福产业，要抓好抓牢构建新发展格局、大力发展数字经济、积极应对人口老龄化、深入实施乡村振兴战略等重大发展机遇，稳步迈向以质量和效益为主导逻辑的快速发展期。

---

① 郭吟，陈佩杰，陈文鹤. 4 周有氧运动对肥胖儿童青少年身体形态、血脂和血胰岛素的影响. 中国运动医学杂志，2011（5）：426-431.

② 李颖川. 中国体育产业发展报告（2021—2022）. 北京：社会科学文献出版社，2023.

### （四）政治功能

体育不仅能培养健康的体魄、塑造健全的人格，还能体现拼搏奋进、团结高尚、激励人心的精神，是超越政治形态和意识形态交流的事业。在国际舞台上体育外交发挥着独特的魅力和优势。谈起体育文化的政治功能，不得不提及在中国当代外交史上成功的“乒乓外交”。当时毛泽东、周恩来和尼克松敏锐地抓住了乒乓球的契机，在他们的运筹下，小球转动大球，由乒乓球揭开了一个重大外交进程的开端，中美两国交往的大门打开。①

新时代我国体育对外交往紧密围绕服务国家总体外交和助推体育强国建设，有效整合和利用体育资源。通过中国体育与世界体育的互动，积极参与全球体育治理，共商共建共享，拥抱以构建人类命运共同体为目的的人类新型文明观，为全球化的未来发展提供合理性的价值引领，为重塑全球交往理性贡献中国体育的智慧。②

体育是促进国际友谊、增强世界团结的重要手段。体育竞赛能够扩大全球各国人民的情感交流，增进各国之间的相互了解，改善国际关系，建立良性、合理、公平的外交关系，创造文明和谐的外交环境。国际体育交往能够促进国家与国家之间、人民与人民之间的相互理解，有益于人类社会的团结、友谊、进步。

## 三、体育文化与人的全面发展

体育文化作为一种社会精神力量，能够在人们认识世界、改造世界的过程中转化成物质力量，对社会的发展产生很大影响。同时，体育文化对个人也有很大影响，优秀体育文化能够增强体质、丰富生活、培养健全人格、增强精神力量、激励人们弘扬民族精神、不断创造美好幸福的生活，从而促进人的全面发展。体育文化素养的提高是人的全面发展中不可或缺的一部分。

人的全面发展是人类对自身发展的最高追求。人的全面发展是历史的概念，与社会发展是一致的。③人的全面发展可以从多个角度进行不同的描述和规定，但人的全面发展的实质就是人的进步，核心内容是综合素质的发展，主要指人

---

① 钱江. “乒乓外交”幕后：小球转动大球. 北京：东方出版社，1997：35-36.

② “改革开放 40 年中国体育外交改革与发展”高层论坛在京举行. http://sports.people.com.cn/n1/2018/1224/c202403-30484190.html.（2018-12-24）[2023-04-20].

③ 顾明远. 终身学习与人的全面发展. 北京师范大学学报（社会科学版），2008（6）：5-12.

的品德、能力和身体的发展，而身体发展的主要方式就是体育。体育能力的发展是人的本质需求的集中体现，是人从事一切活动的内在根据，是人生存和发展的基础，人类体育能力的发展程度直接制约着人的全面发展的广度和深度。因此，体育文化的发展是人的全面发展的主要要求之一。体育活动的开展可以促进人的素质的全面提高和个性的自由发展，人的素质和个性随着体育活动的多样化、丰富化更加完整。人的素质的普遍提高表现为人的身体素质、心理素质、思想道德素质、文化素质等的发展和完善，以及各种素质之间的均衡协调发展。在体育活动中，学生不仅可以广泛地参加社会交往活动，提高社会适应性，得到他人的尊重，还可以从体育运动中体验到成功的喜悦，满足自我实现的需要，从而证明自己的能力，增强自信与自尊，使个性得到充分的调整和发展[①]。人的个性的发展表现为个人主体性水平的全面提高，以及个人独特性的增强和丰富。

体育不断提升人类的身体活动能力，间接地提高人的劳动能力。体育的多样性、趣味性可以为人的全面发展提供积极有效的形式。人的全面发展还表现为人的需要和人的能力的全面发展。需要是人的本性，是活动的动力和目的。人的能力是实现需要的手段，是主客体对象性关系得以建立的必要条件之一。体育活动可以不断拓展人的身体活动能力。人的需要的全面发展意味着需要随着活动的全面发展愈益形成包括生存、享受和发展等层次递进的丰富体系。个人按照自己的自主活动来发展一切合理的需要，并将较低层次的需要作为直接满足发展“自由个性”最高层次需要的前提。人的能力的全面发展意味着人全面地发展自己的一切能力，即全面发展自己的体力和智力、自然力、社会力、潜力、现实能力等，并在实践活动中发挥其全部才能和力量。

## 第六节　体育的教育学维度

### 一、体育对人的规训与引导

体育和教育从来就有紧密联系。体育作为培养人和教育人的必要手段，历来都是教育的重要组成部分。

原始社会时期，处于萌芽状态的教育和体育之间没有严格的界限。原始人

---

① 霍文德. 个性发展与体育教学的关系. 山海经，2016（5）：139.

类传授生产和生活技能的教育目的往往是通过身体活动的方式去实现的。教育和体育的原始形式处在一个统一体内。

进入奴隶社会，为了镇压奴隶的反抗、维护奴隶主的统治、吞并弱小民族或防备邻国侵袭，统治阶段崇尚武力，因而重视对贵族子弟实行尚武教育和身体训练。在学校教育中，体育内容占比很大，地位很高，例如古希腊的学校教育中把体育列为重要内容，奴隶主子弟从小学起就要受到严格的体操和军事训练，学习角力、竞走、跳高、掷标枪和游泳。中国周朝为奴隶主子弟设立的学校也很重视体育，“六艺”教育中的“射”和“御”都属于体育内容。在漫长的封建社会里，体育在一般教育中的地位逐渐降低，其内容在整个教育中的比重相对减少，这主要是重文轻武思想和宗教禁欲主义的束缚与影响。尽管如此，当时的武士教育中仍不乏体育内容。西欧世俗封建主骑士教育的“七技”（击剑、投枪、骑马、游泳、打猎、下棋、吟诗）均属体育。

近代体育是在欧洲文艺复兴以后发展起来的。随着资产阶级登上历史舞台、近代实验科学和人文科学的发展和“三育并重”教育思想的倡导，体育成为一种独立的社会文化现象，并在学校教育体系中越来越受到重视，因而得到迅速发展。

现代社会生产力的高度发展，特别是新技术革命所带来的社会生产力的新飞跃和社会生活的新变化，对增强社会成员的体质提出了更高的要求，促使学校教育在培养全面发展的新人中发挥出更大的作用。体育作为教育的组成部分具有新的特征，出现了新的趋势，如体育教育义务化、体育设施开放化、体育方式多样化、体育手段科学化等。体育在教育中的重要作用已被更多的人认识，体育作为一种理论、知识、方法体系已被更多的人接受。

## 二、体育对人的身心塑造

体育在教育中或者说在人的全面发展中发挥着重要作用。

### （一）增强健康体质

体育锻炼对神经系统有促进作用，经常参加运动，可以促进人体各种感觉分化能力的提高。所以经常参加运动的人，在平时生活、学习和运动中，动作灵活、敏捷，大脑反应速度快，身体的适应能力和工作能力得到增强。体育锻炼对循环系统和呼吸系统有促进作用。长期坚持体育锻炼，能有效改善血液循环，促进心肌的收缩功能，提高呼吸系统的功能，使运动时氧气供应充足，从而有助于提高肺活量，增强体力和耐力。体育锻炼对运动系统也有积极作用，可以提高肌肉含量，使骨骼和肌肉更好地生长。

### （二）促进智力发展

体育运动能促进人的大脑发育，调节大脑中枢神经，改善机能，为人们从事智力活动打下良好的物质基础，提高学习和工作效率。体育运动还可以直接促进观察力、记忆力、想象力、思维力等智力因素的发展。

### （三）有助于良好的情绪体验

体育锻炼可以使人从烦恼和痛苦中解脱出来，体验到运动带来的愉悦。研究表明，经常参加体育锻炼的人，其焦虑、抑郁、紧张和心理紊乱等消极的心理变量水平明显低于不参加体育锻炼者，而其愉快和轻松等积极的心理变量水平明显高于不参加体育锻炼者。[①]人们参与自己喜爱或擅长的体育锻炼时，可以从中得到乐趣，振奋精神，缓解压力，从而产生良好的情绪体验。

### （四）培养学生的竞争意识和进取精神

运动者往往有尽快实现目标的心理动机，并为此必须付出大量的创造性劳动，全身心地投入竞赛或练习中，这有利于培养学生的竞争意识和进取精神。有学者指出，在小学阶段对学生开展体育教学活动，能够培养学生良好身体素质，帮助学生强身健体，这是小学体育教学开展的重要内容，在此基础上对学生进行良性竞争和合作意识的培育，是小学体育教学活动必不可少的环节。[②]还有学者对 120 名大学生与毕业后的职业人进行了问卷调查，研究结果显示，体育运动训练与竞赛对培养学生形成良好竞争意识作用明显，尤其在培养学生的团队合作精神、坚忍不拔、吃苦耐劳、遵守社会规则、社会人际交往能力、抗挫折能力方面有显著正向效应，并建议高校在高度关注学生身体素质、体质健康问题的同时，要重视课外体育运动训练与竞赛工作，开展多种多样的体育竞赛活动，

---

① 李欣. 体育心理学. 重庆：重庆大学出版社，2018：196-198.

② 卢芳. 小学体育教学中学生良性竞争与合作意识的培养方法分析. 当代体育，2022（25）：31-33.

让所有学生都有机会参与运动竞赛活动，并从竞赛活动的成功与失败中体验竞争、学会竞争，形成良好的竞争意识。[①]有学者指出，体育教学在培养学生进取精神方面具有一定的优势，关键在于教师要结合教材的特点，有意识地把对学生的进取精神的培养贯穿其中，通过日积月累的磨炼，使学生的进取精神逐步得到培养与发展。[②]

### （五）培养顽强的意志、健康的审美观和高尚的情操

良好的意志品质是现代人必须具备的素质。意志努力总是和克服困难的行为相联系。体育训练和竞赛必须付出自己的最大努力去克服一个又一个生理和心理上的困难或障碍，并且每前进一步往往都要付出极大的意志和努力。所以，体育运动过程能有效地锻炼顽强的意志品质，增强承受挫折的能力，有助于个体形成积极进取、乐观向上的生活态度。另外，丰富多彩的比赛活动使运动者获得各种强烈的情感体验，得到外在美和内在美的熏陶，培养自己的责任感，相互帮助、团结合作与助人为乐等精神和对他人的信任感，以及健康的审美观和热爱大自然的美好情感，提高自身的鉴赏能力、创造美和表现美的能力，进而使学生更加自尊、自爱、自信、自强。这些都有助于其人格的完善。

### （六）形成良好的自我概念

自我概念是个体主观上对自己的身体、思想和感情的评价，是由许许多多的自我认识组成，如我是什么人，我主张什么，我喜欢什么等。研究表明，锻炼者比非锻炼者具有更积极的总体自我概念，体能强的人比体能弱的人倾向于更高水平的自我概念和身体概念，并且肌肉力量和身体自尊、情绪稳定性和自信心呈正相关。[③]张连成等对 752 名天津市在读大学生进行调查，结果发现锻炼量与身体自尊之间呈显著正相关，身体锻炼可以通过提高自我效能感，降低社会体格焦虑，缩小理想-现实身体自我差异，进而促进身体自我概念的提高，这在一定程度上揭示了身体锻炼提高身体自我概念的心理机制所在。[④]

---

① 汤剑辉. 运动训练与竞赛对培养学生竞争意识的作用研究. 浙江体育科学，2022（3）：42-46.

② 杨江明，尹春英. 浅谈体育对学生进取精神和意志品质的培养. 卫生职业教育，2005（2）：29.

③ 石岩. 体育运动心理问题研究. 北京：北京体育大学出版社，2007：126-128.

④ 张连成，窦皓然，高淑青. 体育锻炼提高身体自我概念的心理机制. 天津体育学院学报，2015（3）：190-194.

### （七）有助于形成和谐的人际关系

现代社会生活节奏的加快和网络的高速发展使人们越来越缺乏直接的社交机会，导致人际关系越来越远、越来越淡薄。体育锻炼打破了这种失衡状态，让各种不同的人相聚在运动场上，进行平等、友好、和谐的交往，使人们在比赛的同时，能够进行技术交流、情感的碰撞，甚至相互之间产生认同感、信任感，从而有效地进行情感和信息的交流，提高与他人交往能力、协作能力等。

### （八）帮助消除心理疾病

社会竞争的日益激烈和生活压力的增加使人们产生悲观、失望的情绪，进而导致忧郁、孤独和焦虑的情绪等各种心理障碍的产生。积极参加体育锻炼不仅会使身体素质得到改善，还能使个体获得自我成就的认知和情感体验，从而产生愉快、兴奋和幸福感。因此，适当的体育锻炼能使个体克服心理障碍，获得心理满足。研究发现体育锻炼对心理健康的影响主要研究成果集中在认知功能、焦虑和抑郁、自我概念，体育锻炼不仅有助于认知功能的提高，减少老年人的认知退化以及改善智力落后儿童的认知能力，还可以作为焦虑和抑郁的预防和治疗的手段之一，也可以提高自我概念，有助于良好心理品质的形成。[①]

总之，现代生活中体育锻炼发挥着不可替代的重要作用，是全面发展的必须途径。加强体育锻炼，拥有强壮的身体和良好的心理素质，为最终成为优秀的能适应时代发展的人奠定了坚实的基础。

## 三、体育是人体的劳动与教育

体育与劳动都是为了一定目的而进行的有意识、有组织的活动。劳动以人类维持自我生存和自我发展为目的。体育以身体练习达到增强体质、提高运动技术水平的目的。劳动不仅促进了手与脚的分工，使人学会制造和使用工具，还促进了大脑和机体的进化，加速了信息的积累与处理。劳动在信息的形成、传播、处理和运行过程中起着决定性作用，因此可以说劳动创造了所有价值，劳动创造了人类本身，为体育的产生发展奠定了基础。

---

① 孙延林，王志庆，姚家新，等. 体育锻炼与心理健康：认知、焦虑、抑郁和自我概念的研究进展. 生理科学进展，2014（5）：337-342.

人类在劳动中孕育了体育。劳动是人创造自我内外存在的活动，包括各种生产过程，在各种技术水平上千百万种工作和任务都是由劳动完成的。对于一切人类文明来说，劳动力都是最重要的生产要素。

古希腊人在祭祀活动中诞生了辉煌的古代奥林匹克运动会，并延续千年之久，为人类体育的发展做出了贡献。如游泳，远古时代，人类在布满了江、河、湖、海的地球上生活，不可避免地和水发生关系，在同生产劳动和大自然做斗争的过程中产生了游泳活动。劳动人民把游泳作为同大自然作斗争的一种手段，并在生产劳动中不断发展了游泳的各种技能，创造了不少泅水的方法，如狗刨式、寒鸭浮水式、扎猛子等。19 世纪末，近代游泳运动出现。1896 年，在希腊举行第一届奥林匹克运动会时，开始把游泳列为竞赛的项目之一。劳动与体育两者的关系是相辅相成的。人类在劳动中产生了体育，人类也在体育中提高了劳动。

石器时代，由于求食与自卫的需要，像追逐作为食物的野兽等，就需要有一定的奔跑速度，需要有跳跃、投掷、攀登、翻越、泅水等技能，这些技能成为远古先民日常生活中最经常的肢体活动，要能跑善跳、耐久力强、敏捷灵活而又有力量，这就促使他们在生产之余对劳动动作进行一些简单的模仿和重复。这就是原始人的最简单活动，是原始体育活动的雏形。这些活动便是古代原始体育活动的前兆。随着社会的不断进步，人们的生产水平逐渐提高，从而有了剩余产品的出现，于是人们不再为劳动而奔波，有了余暇时间，原始人的教育、娱乐活动、原始的宗教活动军事训练也应运而生，体育就贯穿其中。在社会的变迁过程中，在保留其基本形式的基础上，与相对应的社会生产相结合，经不断整理、社会化加工，从原始身体劳动中脱离出来，逐渐趋向独立与完善。在现代众多体育运动项目中仍可清晰地看到劳动的痕迹，例如标枪、铅球都是从原始社会投掷来获取猎物的身体活动中演化而来的，跨栏是早期人类为逃避野兽攻击或求得生存的一种身体活动形式等。并且这些演化来的身体活动现阶段已成为强身健体、获取运动知识与技能的专门性文化活动。

人类社会早期，体力和体能是人赖以生存的核心因素，关乎一个部落、一个群体甚至一个种族的兴衰。随着社会生产力的发展和生产工具的不断更新，人类对获取生存物质的体能、体力的要求也越来越高，为满足社会成员多元化的生存需求，逐渐产生了以提高体能、技能为目的的专门性活动。这些专门性活动成为原始体育的萌芽。伴随着社会文明的进步，体育逐渐脱离原始形式并发生了质的变化，不断与现代科技相结合，并走向科学化发展的道路。

总之，人在体育活动的过程中，能够学习、掌握体育运动知识与技能，从而更好地适应社会生活。同时，参与者内心的孤独、压抑等不良情绪也得以释放，其精神得以放松。从它的内外层面来看，体育为劳动个体保持积极、热情的工作状态提供了保障，激发其劳动力与创造力，提高其工作效率，从而有效地促进了人的发展。

## 第七节　体育的生理学维度

2016 年 8 月 20 日，全国卫生与健康大会上指出要把人民健康放在优先发展战略地位。人民健康事业由此被提到前所未有的高度，成为我国发展进入新时代的标志性事件。[①]优先提高人民身体健康水平就是将人民利益作为中心。当下我国发展中呈现的一个事实是物质财富和人类健康发展不均衡，忽略了对资源环境安全等关系人民身体健康事业的开展，并且我国面临的是 14 亿人口医疗保障的大挑战，以及部分医疗服务商业化过重的现象，引发了一些有损身体健康、制约经济发展的类型事件发生，比如城市上班族的上班或加班“过劳死”、农村贫困家庭因病致贫、部分民营医院（莆田系）欺诈诊断和夸大疗效致死等。要提高人民的健康水平，就必须扭转“重物轻人”的发展模式，将人类自身的幸福感作为发展的中心，全力发展大健康。我们应该利用当下我国的制度优势，全力为人类解决健康问题做出贡献。实现人民健康事业高效发展，需要党和政府强力支持，也需要全社会共同参与。“健康中国”的建设基本上涉及了所有政府部门，开展起来必然困难重重，必须尽快做好顶层设计，配合高效的行政体制，方能有效开展。当前我们应该把大健康事业纳入全面深化改革的进程当中，以更长远的历史视野，对影响健康的因素进行综合治理，把健康从卫生部门的业务中扩散开来，全力为提高人民健康奠定基础。

《“健康中国 2030”规划纲要》将健康教育纳入国民教育体系，把健康教育作为所有教育阶段素质教育的重要内容。学校体育是健康教育的重要组成部分，也是实施素质教育的有力抓手。夯实学校体育的地基，对促进青少年健康成长、

---

① 胡浩. 描绘健康中国的美好蓝图——习近平总书记在全国卫生与健康大会上的讲话引起热烈反响. 中国产经，2016（9）：34-37.

提高青少年核心素养、培养健康行为方式、形成终身体育锻炼意识至关重要。学校体育应站得更高，以更宽广的视野主动适应和融入国家健康优先发展战略，把学校体育置于建设健康中国的大战略、大教育、大格局中去思考和改革，进一步树立和强化学校体育“健康第一”的指导思想，进一步突出学校体育在培养学生社会责任、身心健康、学会学习、发挥创新核心素养、塑造性格、完善人格、践行社会主义核心价值观等方面的独特作用。[①]

## 一、体育与生长发育

体育锻炼有助于生长发育，可改善人体的血液循环，增强身体对营养的吸收，提高骨细胞的生长能力。机械力能促进骨中的钙质沉淀，使骨骼变得粗壮和坚实。周期性锻炼的个体心肌收缩力增强、心脏的每搏输出量增加、心脏容积增大、心脏重量增加，以及会出现安静状态下的窦性心动徐缓。

### （一）体育与大脑发育

运动不仅能强健体魄，更重要的是对脑部发育、心境调节有积极作用。对孩子来说，运动对于脑部发育的作用尤其重要。孩子大都喜欢运动，每天不停地奔跑、跳跃。精细运动技能的顺利发育和有效发展可能有利于早期脑的结构和功能的成熟。[②]青少年时期是智力发展最迅速的时期，这个时期经常运动对于智力发展有着不可替代的作用。因为人运动时会产生脑源性神经营养因子，脑源性神经营养因子可以增加突触可塑性，促进神经发生尤其是海马的神经发生，促进细胞生存的作用，主要体现在对各种神经元的发育分化与生长再生具有维持和促进作用。脑科学研究成果表明，科学合理的体育运动不仅能够提高儿童的身体素质、身体机能，塑造良好的身体形态，还能影响和促进大脑的发育，从而保障儿童的身心健康发展，提高认知能力和学业成绩。[③]

在当下的中国，一些孩子宁愿待在房间里看书、画画，也不愿意出去运动，有些家长也以这样的孩子为荣。诚然这些孩子聪明、具有艺术气质，如果加上体

① 李鸿江. 大健康背景下的学校体育. 体育教学，2016（11）：1.

② 李斐，颜崇淮，沈晓明. 早期精细动作技能发育促进脑认知发展的研究进展. 中华医学杂志，2005(30)：2157-2159.

③ 刘文利，赖珍珍. 体育运动如何促进儿童大脑发育. 人民教育，2015（5）：61-64.

育锻炼，就更有助于其大脑的发育。有研究发现，运动能力和智力水平乃至创造力息息相关：增加儿童的运动量，将对他们的专注程度、记忆力和课堂表现产生积极影响；让孩子参加体育锻炼活动筋骨，可以增强他们的智力、创造力、专注力、计划能力。[①]

### （二）体育与骨骼生长

青少年时期是骨骼生长发育最迅速的阶段，此时骨骼对运动的反应最为敏感。在营养充足的前提下，进行积极的运动锻炼能够显著提高骨密度，对促进骨骼健康无疑能起到事半功倍的效果。骨骼作用主要支撑我们的身体，保护我们的内脏，保证人体正常地活动。很多家长希望自己的孩子能够拥有理想的身高，在骨头生长旺盛时期，合理的体育锻炼能促进血液循环，增加对骨的血液供应，使正处于生长旺期的骨骼加速生长。赵仁清的研究发现，良好的运动习惯明显促进青少年骨骼生长发育，其可能的机制是肌肉在运动时产生的机械牵张力是促进骨骼生长发育的主要因素，而不是通过改变激素的分泌对骨骼产生调节作用。[②]各种体育活动过程使骨骼受到各种刺激，对骨骼的生长十分有益。在进行体育锻炼时，由于肌肉的牵拉和重力作用，使肌肉附着在骨上的骨突起部位增大。运动对骨的机械性刺激增加，使骨的细胞代谢更加旺盛，加上运动使血液循环加速，更快、更多地供给养料，于是使骨骼增粗，骨外层的密质增厚。体育锻炼除有助于骨骼生长以外，还有助于骨骼更加坚硬，从而对人体起到更好的支撑和保护作用。研究指出参加艺术体操锻炼对于青春期前期的女性能有效提高骨密度，对股骨颈的骨强度和抗骨折能力也有较大程度的提升，骨矿物质吸收能力和骨骼形成能力有显著增强。[③]

### （三）体育与心肺功能

心肺功能指的是人的摄氧和转化氧气成为能量的能力，整个过程牵涉心脏制血及泵血功能、肺部摄氧及交换气体能力、血液循环系统携带氧气至全身各部位的效率，以及肌肉使用这些氧气的功能。心肺功能良好反映身体主要机能

---

① 常金栋. 6—9 岁儿童动商测评模型构建与应用研究. 西南大学博士学位论文，2021.

② 赵仁清. 运动对青少年骨骼生长发育的影响及机制. 体育与科学，2009（1）：69-72.

③ 张国清. 青春期前期女子艺术体操运动员骨骼生长及代谢研究. 中国体育科技，2013（1）：84-87.

可以健康运作，从而可推断出患慢性疾病，如心血管病、内分泌系统疾病、呼吸系统疾病的概率较低。人们热衷于体育运动，除了健身、塑形外，也是为了增强心肺功能。心肺功能表现出来就是人体运动的耐力能力，比如长时间跑步、爬楼梯、骑车、爬山的能力。[①]良好的心肺功能是健康的基石。经常参加适量强度的运动可以有效提高心肺功能，有研究指出中等体力活动高血压患者心肺耐力高于低体力活动者。[②]心肺功能是影响最大摄氧量的中央机制，而最大摄氧量也是心肺功能的主要评定指标。[③]

## 二、体育与衰老

衰老是生物体在生长发育达到成熟期后，生态结构和生理功能等方面所出现的一系列退行性变化。在自然条件下，衰老是必然的。人的衰老表现为器官组织和功能的衰退，如心肌、大脑、呼吸道黏膜、胃肠黏膜、肾脏、各种内分泌和免疫组织等身体的重要组织出现萎缩，导致供血量减少，学习记忆功能减退，肺活量降低，肾血流量减少，甚至引起肾功能衰竭，内分泌功能紊乱或减退，抗病能力下降等，外表呈现白发增多、皮肤皱褶、眼花、驼背、步态蹒跚、行动迟缓，逐渐变为老态龙钟的样子。

在自然条件下，人总会或快或慢地衰老。真正的返老还童是不可能的。也就是说，逐渐衰老的趋势是不可逆转的。衰老的最终结果是死亡。在生命科学的探索中，科学家发现自然界现存的高等动物的寿命是有限的。

尽管不同种族、不同民族甚至不同个体的最大寿命不尽相同，但肯定是有最大寿命的。也就是说，在自然条件下，不管生活条件、医疗条件如何优越，也不管如何注意养生保健，衰老和死亡是不可避免的。尽管衰老、死亡是不可避免的自然规律，但延缓衰老尤其是努力避免病理性衰老却是可以做到的。面对人口老化进程加快和人口寿命普遍提高的趋势，保障老年人享有良好的健康和较高的生活质量已成为社会科学和生命科学共同关注的重大问题。因此，开展衰老生物学和延缓衰老的研究具有重要的科学意义和社会价值。

---

① 林子寒. 心肺功能好寿命会更长. 中华养生保健，2016（8）：31-32.

② 梁辰，马云，张晨曦，等. 不同体力活动水平高血压患者的心肺耐力及运动中血压反应. 北京体育大学学报，2016（5）：41-44.

③ 邓树勋，王健，乔德才. 运动生理学. 3 版. 北京：高等教育出版社，2015：232-233.

自由基学说认为细胞衰老是机体代谢产生的氧自由基对细胞损伤的积累。端粒学说提出细胞染色体端粒缩短的衰老生物钟理论，认为细胞染色体末端特殊结构，即端粒的长度决定了细胞的寿命。基因损伤衰老学说认为细胞衰老是基因损伤的积累。基因衰老学说认为细胞衰老受衰老相关基因的调控。分子交联学说则认为生物大分子之间形成交联导致细胞衰老。也有学者认为脂褐素蓄积、糖基化反应以及细胞在蛋白质合成中难免发生的误差等因素导致细胞衰老。

衰老与氧化还原密切相关，传统的自由基学说认为氧化应激对细胞是一种损害，是导致衰老的重要因素。最新的研究认为氧化还原应激反应能力极为重要，它的下降才是衰老的一个本质特征。

自由基学说是在 1956 年由 Denham Harman 提出的。自由基，化学上也称为“游离基”，是含有一个不成对电子的原子团。由于原子形成分子时，化学键中电子必须成对出现，因此自由基就夺取其他物质的一个电子，使自己形成稳定的物质。体内活性氧自由基具有一定的功能，如免疫和信号传导过程。但过多的活性氧自由基就会有破坏作用，导致人体正常细胞和组织的损坏，从而引起多种疾病，如心血管疾病、阿尔茨海默病、帕金森病、肿瘤，使核酸突变，这是人类衰老和患病的根源。自由基被称为万病之源，是人体衰老和疾病的主要原因。自那时，想证明“氧化损伤与衰老相关”的绝大多数研究失败了，包括在人类中用抗氧化化合物的多个临床试验。正因如此，虽然随着衰老会积累氧化损伤是不争的事实，但是大多数科学家认为这只是衰老的一个小的几乎不相关的原因。①

机体具有不同的应对氧化还原刺激的反应能力，包括产生适量 ROS/RNS 激活细胞信号通路的能力、激活抗氧化系统维持氧化还原平衡的能力和降解氧化损伤蛋白的能力。②

自由基学说的研究主要集中在静息状态活性氧（reactive oxygen species，ROS）的高低。③而氧化还原应激反应能力的研究主要比较年轻和衰老个体对于氧化还原刺激的动态反应能力。这两种学说并不相悖，只是研究角度不同，一个

① 徐敏. 人体自由基与衰老的关系. 临床和实验医学杂志，2006（3）：289-290.

② Meng J，Lv Z Y，Qiao X H，et al. The decay of redox-stress response capacity is a substantive characteristic of aging：Revising the redox theory of aging. Redox Biology，2017（11）：365-374.

③ 生物物理研究所. 生物物理所提出氧化还原应激反应能力的下降是衰老的本质特征. https://www.cas.cn/syky/201701/t20170103_4586932.shtml.（2017-01-03）[2023-01-23].

是研究状态变量的好坏，一个是研究保持状态的能力，而且两者都从各自立场阐明了与衰老的关系。

肌肉占人体体重的 35%—40%，强壮的肌肉是维持较高的基础代谢率，有助于人保持体重，也有助于身体平衡和骨骼质量和强度。[①]假若没有肌肉，人可能失去很多，包括基本的日常活动。成年后，随着年龄的增加，肌肉萎缩、力量下降。随着老龄化人口趋势的增加和生活方式的变化，这一现象尤其显得突出，已严重影响老年人的生活质量和健康，也是各种慢性疾病的诱因之一。维持骨骼肌质量的主要因素是肌肉蛋白质合成与降解的平衡，而这一平衡随着岁月的流逝和生活方式的变化发生着微妙的变化，当分解速率超过合成速率时，就会引起肌肉丢失增加。在骨骼肌的生长过程，蛋白质及氨基酸、运动或机械负荷是重塑骨骼肌，促进肌肉生长及延缓衰减的重要手段。[②]

---

① 徐国栋，袁琼嘉. 运动解剖学. 5 版. 北京：人民体育出版社，2012：81-82.

② 史仍飞，王顺利，魏安奎，等. 游泳运动促进大鼠骨骼肌生长及 p70s6k 和 rpS6 蛋白的表达.中国应用生理学杂志，2013（5）：457-460.

# 第五章　体育与人类体质的全面发展

## 第一节　人类体质的基本发展与宏观分类

### 一、体质人类学的体质观

体质人类学是人类学的分支，也称“自然人类学”或“人体学”，是研究人类群体体质特征及其形成和发展规律的一门科学，通过人类群体体质特征和结构的剖析来探讨人类自身的起源、分布、演化与发展，人种的形成及其类型特点，以及现代人种、种族、民族的分类等问题。[①]体质人类学是人类学的重要组成部分之一，应用比较研究的方法，以人体结构、生理机能、人体测量、人类遗传及遗传变异为衡量标准，从生物学、文化学、社会学、生理学等的视角来审视各民族之间的区别与联系，主要的研究内容包括人类的起源与进化；不同文化和社会背景下人类体质特征的形成、差异和分布规律；人类在演化和发展过程中生长和发育、结构和机能、指标和测量、遗传和变异等关系。体质人类学是以时间为横轴以空间为纵轴从生物学、文化学、社会学、生理学等视角来研究人类体质的变化及其发展规律的科学。

现代中国关于人类体质学研究有三个阶段。

第一阶段是萌芽阶段。早在 1934 年，林惠祥就在《文化人类学》提到体质人类学是人类学的重要组成部分，之后由于历史原因，关于体质人类学的研究一度停滞。

第二阶段是起步阶段。随着 1982 年中国人类学会编写的《中国八个民族体质调查报告》、1983 年黄新美编著的《体质人类学基础》及 1985 年邵象编著的

---

① 张实. 体质人类学. 2 版. 昆明：云南大学出版社，2009：1.

《人体测量手册》等为代表的关于人类体质学著作的出版，结合医学、古人类学、考古学等学科的快速发展，体质人类学的发展迎来了春天。之后，中国人类学界将体质人类学细分为人类起源学、人体形态学、人种学、人类遗传学和人体测量学，同时对人类体质学的内涵也进行了重新界定，为体质人类学的发展奠定了良好的基础。

第三阶段是发展阶段。1991 年，吴泽霖总纂的《人类学辞典》将体质人类学认定为一门研究人类生物学的科学，学科将种族差异、人体变化、人体发展与生态学和生物机体之间的关系结合到一起。1991 年，林惠祥的著作《文化人类学》修订再版，修订后明确提出体质人类学即为“种族人类学”，特别强调各种族体质特征，应用比较的方法研究各种族的体质特征，试图通过统一标准的寻求来审视各种族相互间的遗传关系和区分人类。1993 年，陈明达主编的《实用体质学》将体质界定为“在遗传性和获得性基础上表现出来的人体形态结构、生理功能和心理因素的综合的、相对稳定的特征，是人类在生长、发育过程中所形成的与自然、社会环境相适应的人体个性特征，具有个体差异性、群类趋同性、相对稳定性和动态可变性等特点”①，使关于体质的研究更为明确和具体。

## 二、医学界的体质观

体质是指在遗传及环境的影响下，有机体在生长、发育和衰老过程中形成的结构、机能和代谢相对稳定的特殊状态，这种特殊性决定了机体生理反应的特异性，机体对某种致病因素的易感性和所产生病变的倾向性。②

医学界对体质的认识起源于对病因、病理、病情等问题的探讨。医学界认为对于人类体质研究范畴主要是针对人体结构和功能之间的关系。人体体质特征由先天遗传和后天获得构成。所谓先天遗传，是指人体体质特征从受精卵就开始形成；后天获得是指个体在生长、发育、成熟和衰老整个过程中环境、教育、锻炼、营养等影响因素。个人体质特征是先天遗传和后天获得共同的结果，医学界强调个体体质特征是研究的重点，而带有共性的群体体质特征是建立在个体体质特征基础之上而形成的普遍规律。

---

① 陈明达. 实用体质学. 北京：北京医科大学、中国协和医科大学联合出版社，1993：1.

② 匡调元. 人体体质学——理论、应用和发展. 上海：上海中医学院出版社，1991：3.

医学界关于体质的研究主要针对疾病的产生、发展和演变等进行，主要目的是为疾病的诊断和治疗提供理论依据。其存在的主要不足是对心理方面因素强调不够，认为心理学不属于其研究的主要范畴。

## 三、体育界的体质观

国内关于体质的权威定义是1982年体育科学学会体质研究分会在泰山会议上给出的定义，即体质是人体的质量，是在遗传性和获得性的基础上表现出来的人体形态结构、生理功能和心理因素等综合的、相对稳定的特征。“发展育运动，增强人民体质”是新中国发展体育事业的路线和方针，一直引导着中国体育事业的发展。

体质作为评价一个人身体质量标准时包括以下几方面的内容：一是身体的发育水平，包括体格、体型、体姿、营养状况、身体成分等方面；二是身体的功能水平，包括机体的新陈代谢状况和各器官、系统的效能等；三是身体的素质及运动能力水平，包括速度、力量、耐力、灵敏、协调，还有走、跑、跳、投、攀越等身体的基本活动能力；四是心理的发育水平，包括智力、情感、行为、感知、个性、性格、意志等方面；五是适应能力，包括对自然环境、社会环境、各种生活紧张事件的适应能力，对疾病和其他有碍健康的不良应激原的抵抗能力等。①

体育界关于体质的研究建立在实践的基础上，应用解剖、生物、生理、化学、力学、心理、社会等学科的理论和方法来研究个体和群体机能的综合性应用研究。体育界的体育观：第一，强调机体是一个完整的、统一的整体，而体质是构成整体各要素的基本功能的一种综合表现，是个体生存的物质基础，是个体自身拥有的基本属性；第二，强调先天遗传和后天获得同样重要；第三，强调体质的特殊性，体质与种族、地域、性别、年龄等因素有关，既具有特殊性，又有规律可循；第四，强调体质是机体发育和生理功能的外在表现，是身心两个方面共同的结果；第五，强调体质测量和评价是一个复杂的系统工程，用科学的指标多方位综合评价体质健康状况，进而不断改善和增强体质；第六，特别强调科学的体育锻炼是增强体质可靠的手段和方法；第七，强调体质的强弱不仅是身体

① 江崇民，张一民. 中国体质研究的进程与发展趋势. 体育科学，2008（9）：25-32，88.

健康的问题，也是有关国家未来的战略性问题。

## 第二节 生产与生活：影响人类体质发展的因素

从整个人类进化史上看，人类的生活方式大致分为：①早期人类，大约200万—300万年前的南方古猿开始，先后经历了直立人阶段、早期智人阶段，大约5万年前出现晚期智人；②农耕社会，大约在1万年前，原始人类成功地把野生的动、植物驯化成家畜和作物，使得农业产生和发展；③工业社会，18世纪后期的工业革命，是人类发展历史上一次深刻的生产变革，给人类社会生产和生活方式带来了空前无比的变化；④现代社会，20世纪50年代，一场新的生产变革——信息革命席卷而来，对人类社会生产与生活方式的产生不断的影响。

早期人类的生活方式主要是群居。这个时期为了生存，人类要不断寻找食物、追捕猎物；为了躲避野兽的袭击，不断地进行奔跑、跳跃、负重、攀登、投掷、游泳等体力活动。这样的生活方式促进了早期人类的身体发育，使其身体强健、敏捷。在这数百万年漫长的进化过程中，人类的身体结构、功能的变化已经完全适应了这种体力活动的需求，“结构”与“功能”基本达到了平衡。①

农耕社会，人类的生活方式主要是定居。这一阶段生产方式主要为耕种土地及手工劳动，在早期人类生活中形成的攀、爬、跑、跳、投等的运动技能逐渐退化，但是劳动强度仍然较大，劳动时间仍然较长，人类的耐力素质仍保持较高的水平，人类的饮食结构、饮食习惯与生活观念趋于稳定，与之相应的体质形态变化不大。

工业社会，人类的生活方式是需要劳动力高度密集、人类密集的大都市、小城镇。人类使用工具的范围扩大，机械化、电气化代替了手工劳动，人们逐渐从繁重的体力劳动中解放出来，体力活动的强度大大缩小，户外活动的时间逐步缩短。在此阶段，人类大脑的进化已经达到比较完善的水平，但体力活动能力却在不断下降，体质有减弱的趋势。

现代社会，人类的生活方式是超大型城市继续扩张。这一时期人类开始进入“知识经济时代”和“信息社会”，人类脑力劳动逐步取代体力劳动，便捷的交通设施、长时间的脑力劳动、轻松安逸的生活环境、饮食结构的变化（动物性

---

① 李力研．“头脑简单，四肢发达”体育的功能及其哲学意义．天津体育学院学报，1993（4）：15-22.

蛋白、脂肪越来越多，植物性蛋白、淀粉、纤维等成分越来越少），致使人类油脂、甜食、肉类食品摄取量过高，而膳食纤维相对不足，促使人类脂肪体内大量囤积和不断攀升，再加上激烈的社会竞争、过快的生活节奏，使人们无暇顾及身体锻炼等，机体长期无法得到充足的锻炼，导致身体“结构”与“功能”发生背离，体能素质不断下降，随之而来的“富贵病”（脂肪肝、高脂血症、高血压、糖尿病）等的发病率不断攀升。

从人类进化方向看，人类生产和生活方式正朝着更舒适、更方便的方向发展。有人预测未来人类大脑会越来越发达，躯体会越来越退化，体形为“一个弱小纤细的肢体载着一个硕大的脑袋”①。为了避免和阻止其将来成为现实，不断提高和改善人类体质水平，人就应当积极主动、科学、合理地参加体育锻炼。

## 第三节　体育对人类体质发展的作用

体质的成因主要取决于先天遗传和后天获得，即人类体质秉承于先天，得养于后天。先天禀赋决定了群体和个体体质的相对稳定性和个体体质差异性，而后天获得对体质的发展和塑造同样具有重要意义。所谓可塑性，主要是指“生物体的结构、形态和功能还未达到成熟稳定水平时，容易受环境因素的影响而产生变异的一种自然属性”②。后天获得体现了人类体质具有可塑性、可变性、可调节性等特征，这也使人类体质可以获得后天改变。正是由于人体具有这种可能性，才有了我们现在开展的强身健体的锻炼、预防保健的手段、疾病治疗的方法和有关体质健康的理论研究，人们通过这些手段、方法等进行“自我修炼”和“身体塑造”，达到预期和理想的体质外形。

后天获得受自然因素和社会因素的影响。自然因素主要取决于后天生活环境，主要包括地理环境、气候条件、疾病损害等。社会因素主要包括人类进化发展过程中形成的文化、风俗、宗教、道德、法律、教育、医疗等。自然因素的长期影响可使不同时间空间条件下的群体在形态结构、生理功能、心理行为等方面产生适应性变化，从而使体质发生变化。社会因素也会通过风俗习惯、生活方

---

① 孙茹，张镜宇，李如喜. 从生物进化及人类社会发展过程谈大脑与运动能力的关系. 体育学刊，2000（2）：14-15，18.

② 朱智贤. 心理学大词典. 北京：北京师范大学出版社，1989：360.

式、社会交往等影响人类身体的质量。[①]

人体生理学和心理学研究表明，人的体质发展具有明显的阶段性、时效性和层次性。在个体生长发育的过程中，体质各要素的发展具有不同时限的敏感期，如果错过了这些敏感期，想要在后期的学习和训练中得到体质各要素的快速发展和大幅度提高是比较困难的。因此，应当在各个体质发展的敏感期和可塑性强的黄金时期，采取科学合理的措施和方法来提高国民体质健康水平。

大量研究表明，几乎所有身体锻炼都能直接或间接地通过修饰、改变人类基因的表达及表达产物的功能而生效。[②]适当的体育锻炼对增强体质具有可靠性作用，是改善体质的重要因素，是增强体质的有效途径。所以，人们要科学合理地参加体育锻炼，从而达到改善体质的目的，当然合理饮食、健康心理、戒烟限酒、生活规律等同样重要。体育界认为体质作为评价一个人身体质量标准，主要包括生理健康、心理健康和社会健康三个方面。

## 一、体育锻炼与生理健康

生理健康主要包括人体形态、人体机能和身体素质健康三个方面。

人体形态是一种有着先进的细节功能的复杂现象，一个人的形态通常用骨架、肌肉、胖瘦来定义。[③]描述人体形态的指标包括身高、体重、胸围、坐高等。人体形态的评价指标主要受遗传因素的影响，但后天获得也不可忽视。经常参加体育锻炼可以改善人体的血液循环，增强身体对营养物质的吸收，不仅使骨细胞生长更旺盛，使骨骼变得更加粗壮坚实，还使软骨的细胞正常增殖，促进骨骼的生长速度，从而使身体长高。另外，体育活动加快了新陈代谢，使肌纤维增粗、体积增大，肌肉变得粗壮、结实发达有力。

人体解剖学以人体系统为基础将人体机能分为运动系统、消化系统、呼吸系统、泌尿系统、生殖系统、脉管系统、感觉器官、内分泌系统、神经系统等九个模块，每个模块包含若干个驱动任务。[④]大量研究表明，科学、适当的体育锻炼对人体各机能有不同程度的提高和改善作用，如季浏指出体育锻炼可以提高

---

① 王琦. 论中医体质研究的 3 个关键问题（下）. 中医杂志，2006（5）：329-332.

② 乔玉成. 健身运动预防和治疗老年性疾病的作用. 山西师大体育学院学报，2004（3）：83-86.

③ 周瑞祥，杨桂姣. 人体形态学. 3 版. 北京：人民卫生出版社，2002：1.

④ 倪晶晶，张玉琳. 人体形态. 杭州：浙江大学出版社，2014：1.

心肺适应能力、提高肌肉力量和耐力、改善身体的柔韧性[①]；李茹萍认为体育锻炼可以对人的中枢、神经系统、运动系统、呼吸系统、心血管系统、消化系统等产生积极的影响[②]；何颖指出体育锻炼可以预防心血管病变、增强呼吸系统的功能、提高消化系统功能、改善神经系统功能、预防骨裂、控制体重与改变体形等，从而对人的生理健康起到积极的促进作用[③]。

身体素质一般是指人体在活动中所表现出来的力量、速度、耐力、灵敏、柔韧等机能。身体素质经常潜在地表现在人们的生活、学习和劳动中，自然也表现在体育锻炼方面。一个人身体素质的好坏与遗传有关，但与后天的营养和体育锻炼的关系更为密切，通过正确的方法和适当的锻炼，可以从不同方面提高身体素质水平。[④]儿童青少年各素质发展都有其敏感期，且各素质敏感期不尽相同。①速度素质敏感期：男生为10—13岁，女生为10—11岁；②力量素质敏感期：男生为6—7岁、12—13岁，女生为6—8岁；③耐力素质敏感期。男生为12—13岁，女生未达到敏感期临界值；④柔韧素质敏感期。男生为6—7岁、15—16岁，女生为10—11岁、13—14岁；⑤灵敏素质敏感期：男生为7—8岁、12—13岁，女生为7—9岁。[⑤]在敏感期内，身体各项素质增长率要比非敏感期快，所以要抓住敏感期，在此期间通过适当的体育锻炼、合理健康的饮食和生活习惯来充分提高各项身体素质。

## 二、体育锻炼与心理健康

国内外关于心理健康的研究涉及面比较广泛。所谓心理健康，是指心理的各个方面及活动过程处于一种良好或正常的状态。美国心理学家马斯洛和米特尔曼提出经典的心理健康十项标准：充分的安全感；充分了解自己，并对自己的能力作适当的估价；生活的目标切合实际；与现实的环境保持接触；能保持人格的完整与和谐；具有从经验中学习的能力；能保持良好的人际关系；适度的情绪表达与控制；在不违背社会规范的条件下，对个人的基本需要做恰当的满足；在

---

① 季浏. 体育与健康. 2版. 上海：华东师范大学出版社，2001：10-12.

② 李茹萍. 谈体育锻炼对人体的影响. 冀东学刊，1994（5）：65-67.

③ 何颖. 体育锻炼与心理健康（综述）. 山东体育科技，2001（1）：32-33.

④ 金玉子. 吉林省大学生身体素质差异研究. 阜阳师范学院学报（自然科学版），2011（4）：84-86，103.

⑤ 王伟杰. 儿童青少年身体素质敏感期的变化特点. 北京体育大学硕士学位论文，2015.

集体要求的前提下，较好地发挥自己的个性。[①]这十项标准从宏观角度对心理健康进行了描述。国内主要研究成果主要包括：体育锻炼可增强或提高学习成绩、做事和决定果断性、信心和情绪的稳定性和独立性、智力水平和工作效率等[②]；体育锻炼可以增强或提高唤醒水平，降低应激反应，改善情绪状态，提高智力功能，确立良好的自我概念，培养坚强的意志品质，消除疲劳，治疗心理疾病[③]；参加体育锻炼有助于中学生消除疲劳，减缓紧张、愤怒、抑郁、慌乱，增强自尊感，提高心理健康水平；体育锻炼能够降低应激反应，调节情绪，增进心理健康，预防和治疗疾病[④]；体育锻炼可以调节情绪，强化自我概念和自尊，降低应激反应水平，消除疲劳，从而促进人的心理健康等[⑤]。

流行病学利用元分析的方法从微观角度对心理健康的标准进行了定量的分析和研究，主要包括焦虑、抑郁、应激反应、心境、自尊、情绪等功能。

大量的研究表明体育锻炼与缓解焦虑有关。有研究者通过实验组（慢跑）和对照组（不进行体育活动）进行比较研究的结果表明，实验组在紧张、焦虑和特质焦虑状态表现上均显著低于对照组，而且该效果在实验结束后的 3 个月内也保持得较好。[⑥]国际上关于体育锻炼与缓解焦虑的元分析至少有 6 项，分析均指出所有用于元分析的原创研究都认为体育锻炼与缓解焦虑显著相关。[⑦]另有研究表明体育锻炼对焦虑的缓解与锻炼的强度和时间有关，1960—1992 年研究表明短期和长期体育锻炼与焦虑缓解存在低到中度相关关系。[⑧]有研究者对 1989 年以来发表的 35 项长期体育锻炼和 23 项短期体育锻炼进行了汇总研究，研究表明状态焦虑与物质焦虑的缓解效应，效果量从小到中不等，有氧锻炼持续时间不少于 10 周时，体育锻炼的焦虑缓解效应更为明显，如果持续 15 周以上，效果会更好，20 分钟阻力训练后，被试的焦虑水平降低，然而减轻焦虑的效果依

---

① 任未多. 身体活动与运动锻炼的心理效应研究综述. 体育科学，1997（3）：75-81.

② 祝蓓里，季浏. 体育心理学. 北京：高等教育出版社，2000：189-190.

③ 蒋碧艳，祝蓓里. 上海市大中学生的心理健康及其与体育锻炼的关系. 心理科学，1997（3）：235-238.

④ 徐波. 体育锻炼对机体心理的影响及其生化机制的研究. 华东师范大学博士学位论文，2002.

⑤ 何颖. 体育锻炼与心理健康（综述）. 山东体育科技，2001（1）：32-33.

⑥ Long B C. Aerobic conditioning and stress reduction：Participation or conditioning? Human Movement Science，1983（2）：171-186.

⑦ 中国体育科学学会. 体育科学研究现状与展望. 北京：中国体育科学学会，2004，10：158.

⑧ Lnaders D M，Petruzzello S J. Physical active，fitness，and anxiety. In C. Bouchard，R. J. Shephard，T. Stevens（Eds），Physical Activity：Fitness.and Health（pp.868-882）. Champaign. IL：Human Kinetics，1994.

赖于训练强度。[①]同时，使体育锻炼的强度和持续时间系统地发生变化，对于体质中等的大学生来讲，中等运动量（即 15 分钟和 30 分钟高强度锻炼，以及 30 分钟和 45 分钟低强度锻炼）比这个运动量范围之外的运动量（即 15 分钟低强度锻炼和 45 分钟高强度锻炼）获得了更强的焦虑缓解效应。[②]运动项目和运动强度对中小学生心理健康水平的影响存在着明显的年龄差异，即小学生适宜采用中、低强度以及运动技能较为简单的运动项目进行体育锻炼，高强度锻炼对促进小学生的心理健康无益，中学生则适宜参与高、中强度以及技能相对复杂项目的锻炼，从而揭示了中小学生在进行不同运动项目以及不同运动强度的体育锻炼后，将产生不同的体育锻炼心理感觉，参加适宜的体育锻炼能获得较多的运动愉快感，运动愉快感的获得有益于中小学生的心理健康等。[③]

体育锻炼可以降低抑郁水平。关于体育锻炼与抑郁的研究早在 20 世纪初期就已经开始并取得了一定成果，相关的元分析至少有 5 项，采用不同抑郁量表进行的研究一致表明长期和短期的体育锻炼都与抑郁水平的显著降低有关。[④]North 分析了 1969—1989 年进行的 80 项有关体育锻炼对抑郁的控制作用的研究，并得出以下结论：一次性体育锻炼和长期的体育锻炼均能有效地降低抑郁，这种作用在需要得到特殊心理照顾的被试身上体现得最为明显；体育锻炼既可降低特质性抑郁，也可降低状态性抑郁水平，既可降低正常人的抑郁水平，也可降低精神病患者的抑郁水平；有氧锻炼和无氧锻炼均可降低抑郁水平；体育锻炼的持续时间和频率与抑郁水平的降低程度有关；体育锻炼比放松练习和其他愉快活动能更有效地降低抑郁水平；体育锻炼与心理治疗相结合比单纯进行体育锻炼能更有效地降低抑郁水平等。[⑤]

体育锻炼可以缓冲应激反应。体育锻炼或者作为一种应对策略发挥作用，或者是一种预防措施，使人们面对心理社会应激刺激的侵袭时，其反应更加有效；体育锻炼可能是通过缩短自主性恢复的时间，从而提供一个更为有效的系

① Bartholomew J B，Linder D E. State anxiety following resistance exercise：The role of gender and exercise intensity. Journal of Behavioral Medicine，1998（2）：205-219.

② He C X. Exercise，intensity，duration，an fitness effects on mood and electroencephalographic activity . Arizona State University doctoral dissertation，1998.

③ 季浏. 体育与健康. 2 版. 上海：华东师范大学出版社，2001：610-612.

④ 中国体育科学学会. 体育科学研究现状与展望. 北京：中国体育科学学会，2004：163.

⑤ 转引自张林，等. 人体运动科学研究进展. 北京：北京体育大学出版社，2017：214-215.

统来应对心理社会应激，作为一种预防措施，锻炼的次数可能与心理社会应激重复出现的次数相类似，这些锻炼次数可能会使个体通过处理应激时增强生理和心理的适应能力，从而有助于“坚强”人格的发展[①]。

体育锻炼可以改善消极心境。2000 年完成的一项“体育锻炼与中老年人的心境状态（年龄<65 岁）”的元分析结果表明，体育锻炼与中老年人的积极心境明显增加和消极心境的明显减少有关。[②]一项对 61 名高中生的实验研究表明，在接受应激刺激后将被试随机分为体育锻炼组和文学阅读组分别进行实验干预，文学阅读组的应激反应水平没有任何改善，体育锻炼组的应激反应水平则有明显下降，其心境状态有显著改善。[③]

体育锻炼可以提高自尊水平。截至 2004 年，至少有 4 项身体活动（身体锻炼）与身体自尊或身体自我观念的元分析研究结果一致表明：身体活动（身体锻炼）可以促使身体自我观念或自尊分数提高，提高的范围是小到中等程度。[④]实验和对照组的研究表明：心理自我良好感与运动有正相关关系，积极参与身体活动者比不运动者的自我感受和评价更积极，其中女子的相关程度较男子更高。[⑤]临床医学研究表明：16 周有氧锻炼训练计划完成后，较高抑郁水平的被试明显有更高的自尊分数，并且自尊改善情况大致与医疗条件或二者混合条件下相同。[⑥]

体育锻炼可以改善和调节情绪。有关体育锻炼与情绪关系的研究结果表明，大多数研究证明了体育锻炼对情绪的改善有着积极的作用。[⑦]进一步研究表明很多体育活动，如慢跑、有氧体操、游泳、健美训练、瑜伽功、帆船运动、放松训练等均有改善情绪的作用。[⑧]体育锻炼为人们提供了一个机会，使他们能够分散

---

① 中国体育科学学会. 体育科学研究现状与展望. 北京：中国体育科学学会，2004：169.

② Arent S M，Landers D M，Etnier J L. The effects of exercise on mood in older adults：A meta-analytic review. Journal of Aging and Physical Activity，2000（4）：407-430.

③ Kleine D. Sports activity as a means of reducing school stress. International Journal of Sport Psychology，1994（4）：366-380.

④ 中国体育科学学会. 体育科学研究现状与展望. 北京：中国体育科学学会，2004：176.

⑤ Snyder E E，Spreitzer E A. Involvement in sports and psychological wellbeing. International Journal of Sport Psychology，1974（5）：28-74.

⑥ Blumenthal J A，Babyak M A，Moore K A，et al. Effects of exercise training on older patients with major depression. Archives of Internal Medicine，1999（19）：2349-2356.

⑦ Seraganian P. Exercise psychology：The influence of physical exercise on psychodynamic analysis. Journal of Sport Behavior，1980（3）：3-16.

⑧ Berger B G，Friedman E. Comparison of jogging，the relaxation response，and group interaction for stress reduction. Journal of Sport and Exercise Psychology，1988（4）：431-447.

对自己的忧虑和挫折的注意力，这种对注意力的有效转移可以达到调节情绪的目的，从而有利于锻炼者的心理健康等。[①]

## 三、体育锻炼与社会健康

社会健康也称社会适应性，指个体与他人及社会环境相互作用，并具有良好的人际关系和实现社会角色的能力。体育锻炼一方面可以促进个体的健康，增进个体的自信心，同时由于许多体育运动项目以户外运动为主，这样就增加了锻炼者到大自然中或公共空间去的几率，久而久之，无形中就形成了一个以体育锻炼为主体成员的社交群体，例如经常一起打球的“球友”，一起跑步的“跑友”等。此外，由于这些参加体育锻炼的人员大多是以兴趣爱好聚集在一起的，相对而言，其聚集目标更单纯，所以相对而言也更牢固。正是由于这种体育锻炼形成的社会交往群体，其目的相对单纯，其交往更具有针对性和专门性。相对于复杂的人际关系，这种具有针对性和专门性的关系能够保持得更长久，也更有利于深层次的社会交往的形成。同时，这种社会交往反过来也进一步激发了体育锻炼者的参与热情与兴趣，从而使这种社会交往呈现出积极、健康的交往趋势。

研究表明体育锻炼对社会健康具有促进和增强作用，如体育锻炼不仅可以促进人的社会健康，还有助于人际交往、培养合作精神和形成竞争意识。[②]体育锻炼可以增加社会交往，使个体与社会交往的需要得到满足，丰富和发展人们的社会生活方式，从而促进人们的社会健康。[③]体育锻炼能协调人际关系，扩大人的社会交往范围，提高人的社会适应能力，从而促进人的社会健康。[④]

综上所述，科学适当的体育锻炼对人的生理、心理和社会健康都有积极的作用，从而对改善人的体质具有综合作用。

## 四、人类体质发展的意义探索

人类体质的发展、分类、影响因素等分析的目的在于探讨人类不同种族体

---

① Berger B G，Mackenzie M M. A case study of a woman jogger：A psychodynamic analysis. Journal of Sport Behavior，1980（3）：3-16.

② 季浏. 体育与健康. 2 版. 上海：华东师范大学出版社，2001：610-612.

③ 郑希付. 健康心理学. 上海：华东师范大学出版社，2003：303-304.

④ 何颖. 体育锻炼与心理健康. 山东体育科技，2001（1）：32-33.

质演变的规律，正视不同种族的体质差异，正确认识当前人类体质存在的问题，为今后的研究提供参考。

体质的成因主要取决于遗传和环境两方面，遗传决定了先天体质的好坏，环境决定了体质的现实性和可变可调性。生产和生活方式是决定体质强弱的基本因素，身体锻炼是增强体质的积极有效途径，对提高体质水平确有可靠的作用。另外，身体素质发展有其敏感期，所以应当抓住儿童青少年时期可塑性强的黄金时期，通过积极的运动锻炼提高其体质健康水平。体育锻炼是改善体质的积极有效途径，但不是唯一途径，健康膳食、生活规律、心理平衡、戒烟限酒等一样重要。

体育锻炼是增强体质的积极有效途径，对提高体质水平确有可靠的作用，但是不同种族各有特定的体质特征。在环境条件和训练方式大致相同的情况下，不同种族在运动能力、体能、领悟力、训练应答等方面存在明显差异。①良好的体质特征是杰出运动能力获得的必要条件，决定着运动能力发展的空间。不具备特殊体质特征的人，很难在竞技运动中有所作为。我们在制定竞技体育发展规划时应当承认种族之间的体质差异，根据自身民族的体质特点发展优势项目。

总体来看，对人类体质发展的探讨有利于人们客观、科学地认识自身，避免种族歧视和种族压迫，改善人们的健康状况，从而促进社会的繁荣发展。

---

① 乔玉成. 运动员杰出运动能力的获得及其影响因素. 体育学刊，2010（12）：82-86.

# 第六章 体育与人的身体发展

## 第一节 体育促进身体的全面发展

### 一、史前人类体育活动与身体发展

体育是人类社会活动的内容之一，同人类其他文化活动一样，早在远古人类文化的黎明时期，便伴随着史前人类的生产劳动和其他社会实践逐渐孕育萌生。以现代的眼光反观那时的身体活动，可以将其定义归结为体育的范畴。

生活在距今百万年前的石器时代的史前人类，出于求食和自卫的本能目的，不自觉地在生活和生产实践中学会了奔跑、跳跃、攀登、翻越、投掷等技能，这些技能就是远古先民日常生活中最经常的肢体活动。史前社会的人类面对险恶的生存环境，不仅居室简陋，而且饱受野兽侵袭和病痛折磨，出于生存的本能需要，必须最大限度地发挥自身的潜能和智慧去适应恶劣的生存环境，通过观察和逐渐积累的经验，不断制造各种生产工具，并使用这些工具从事渔猎活动。这些生产活动对他们的体能和技巧无形中提出了种种要求，他们别无选择地迎合这些要求，否则就会付出生命的代价。上古时期的先人，如果不具备一定的奔跑速度，就可能沦为猛兽的食物；如果不具备攀登、翻越的技能，就可能没有安全的栖息地；如果不具备投掷、泅水的技能，就可能觅不到填饱肚子的食物。在长年累月的日常生活中，史前人类造就了能跑善跳、耐久力强、敏捷灵活而又有力量的身体特征，也正是这些技能为人类的不断进化奠定了坚实的基础。

史前人类体育活动与身体发展的关系是相辅相成的。一方面，出于生存目的而习得的各种技能促进了身体的向好发展；另一方面，这种极其简单的、纯朴的身体活动是不自觉、下意识的身体活动，为后世人类活动打下了坚实的“物质基础”，也可以说，史前人类最初、最原始的各式各样的身体活动实质上是未来体育活动的萌芽。

## 二、古希腊体育的竞技身体

古希腊时代，西方体育能够经久不衰地发展下去，更多的是借助“身体”这一体育载体表现出来，总体上呈现一种独特的外显态势。那时的体育总是伴随着流血、受伤甚至死亡，极易感知当时竞技身体的存在。

搏击运动是发端于古希腊奥林匹克运动会上的一项竞技运动。这项运动的开始时间可以一直追溯到公元前648年第33届奥林匹克运动会，大约850年后这种比赛又引入青少年比赛，并一直延续到公元394年[①]。古代奥林匹克运动会的消失也就是古代搏击运动的终结。在搏击运动比赛中，搏击运动员基本上以赤手空拳的方式进行拳击或角力。比赛过程中，参赛的选手一般没有保护措施，完全是徒手搏击，其中有些参赛选手会双手缠着皮条，但这个皮条并不是为了保护自己，而是为了增大杀伤力。比赛过程中没有具体的比赛规则，即使有比赛规则也是比较简单的，只是规定了不可以插对方的眼睛与击打对方的牙齿，其他动作都不限定招数，几乎可以说是“无规制的搏击”，只要能够将对方击倒就算胜利。甚至连比赛时间限制都没有，一直到其中一方没有战斗能力或认输，一个比赛轮回才结束。

可以想象，这种体育比赛完全是身体的竞技，不会借助其他器械完成比赛，竞技的双方随时都会有生命危险。这当然和古希腊时期人们的信仰有关系，他们认为这是一种最原始的健美，将身体以竞技的形式展现出来是对他们所崇拜的神灵的无比尊重，他们甚至情愿摆脱身体的阻碍，达到自己追求的竞技水平。单从竞技的视角去研究身体，那时的身体完全是为竞技而生的，从现代人的视角，为了达到竞技目的，他们完全可以忽视身体的客观存在。

古希腊时代，人们为了追求高超的竞技，迫切希望摆脱肉体的阻碍。柏拉图在那个时代大声呼喊：“真正的哲学家，经常是最急切地要解脱灵魂。他们探索的课题，就是把灵魂和肉体分开，让灵魂脱离肉体。”[②]甚至为了脱离身体的限

① 焦宗元. 奥林匹克运动的技术化与身体. 东北大学博士学位论文，2020.
② 柏拉图. 斐多：柏拉图对话录之一. 杨绛译. 沈阳：辽宁人民出版社，2000：18-19.

制，柏拉图不止一次地宣称“真正的哲学家一直在练习死亡”[①]。基于该哲学思想的熏陶，我们就不难理解古希腊时代竞技身体存在的现实。身体在后世哲学家眼里成了一种陪衬，甚至只是一种象征。

## 三、古罗马体育的强力身体

古罗马在史学上一直被冠以“帝国”称谓，因为这个国家是以向外征服为主的，它的建国缺乏古希腊那样古老悠久的历史传统渊源，也可以说古罗马没有循序渐进的历史进程，而是一种不断外推的强权性国家，在不断的侵略征战中吞并了希腊、埃及、小亚细亚和西亚的许多国家。罗马人一直不忘记学习其他民族的先进文化来充实自己的国家。这一点可以从研究古罗马历史的著名专家蒙森的观点中得到佐证：“罗马缺乏原始时代的遗留古物，在这方面罗马与其他文明地区截然不同。人类如果在罗马境内处于文化的原始阶段，则迄今尚未发现支持这种见解的确实证据。”[②]就连古罗马久负盛名的角斗也是从埃特鲁斯坎人那里学来的，最初的角斗带有明显的宗教色彩，属于一种祭祀仪式，是对先祖灵魂一种血的祭祀，正是这种角斗活动为研究者管窥古罗马时期的体育提供了强有力的证据，也为解读古罗马时期体育中的强力身体观点提供了良好的支撑点。

古罗马帝国早期实行“全民兼兵”的制度，每位成年公民在战争时自然成为士兵，武器装备也是自己配备，统治阶级只负责组织工作。从军对于罗马人来说是一种权利，也是一种作为罗马公民的义务。国家规定这种权利和义务只有真正的罗马公民才配享有，而且受到财产资格的限制，因此，“罗马这个城市没有商业，又几乎没有工业。每个人要想发财致富，除了打劫之外，没有其他办法”[③]。国家制度决定了早期的罗马人必须通过战争获得他们用以享乐的财富和生存的资本。在不断对外发动战争的过程中，罗马人充分表现了勇敢、顽强、凶残、好斗的性格特征，甚至为了获得利益不惜以生命为代价。孟德斯鸠在其《罗马盛衰原因论》中指出，罗马因此永远是处于战争状态，而且这些战争又永远是激烈的战争。原来，一个永远在进行战争的民族，一个以战争为政府统治原则的民族，必然会或是自我毁灭，或是战胜所有其他的民族……罗马人不战胜

---

① 柏拉图. 斐多：柏拉图对话录之一. 杨绛译. 沈阳：辽宁人民出版社，2000：19-20.

② 特奥多尔·蒙森. 罗马史（第1卷）. 李稼年译. 北京：商务印书店，1994：7-8.

③ 孟德斯鸠. 罗马盛衰原因论. 婉玲译. 北京：商务印书馆，1962：8.

绝不缔结和约。[①]生活在战争频发的罗马人逐渐构建了“全民兼兵”制，他们甚至已经达到“战争即角斗，角斗即战争”的超凡境界，将平时的角斗当作战争来对待，真正的战场也不过是一场角斗而已，因为他们深知没有角斗士的精神，就可能沦为他人或他国的战利品，也就失去了生存的根基。

角斗竞技在罗马人的日常生活和战争中都扮演着举足轻重的角色。在极少数缺少战争的和平岁月里，罗马人就用角斗在日常生活中锤炼人们的精神，用征服欲来武装角斗士的意志，也是在相对和平时期实践流血场景的最好选择，让角斗士预先感受战争的残酷。他们只有平时耳闻目睹这种战争的场景，才会在真正战争来临时奋不顾身地去拼杀。回归到身体与体育融合视角，角斗竞技可以说是古罗马时期最流行的体育运动，而体育是借助身体来展现给世人的，古罗马人不认为角斗竞技是多么有悖人道天理的事情，只不过是锤炼意志、培养勇士的一种方法而已，认为只有在角斗竞技中磨炼出强有力的身体，才能在战争中获得胜利。基于此种竞技思维的渗透，从身体视角将该时期的体育定义为强力身体的观点自然就赢得了广泛认可。

## 四、中世纪体育的身体被遗弃与文艺复兴运动带来的身体觉醒

中世纪，神性遮蔽了人性，身体被无情地遗弃。很多人成了上帝的忠实子民，他们仰望高高在上的上帝，梦想着超越自己的人性，回归到上帝的身旁。于是人们开始憎恨阻碍自己接近上帝的肉身，幻想没有肉体纠缠，灵魂得到飞升。人类自我构建的两个世界发挥出无法遏制的威力，人类对身体的敌视达到史无前例的高峰。放逐、虐待、鞭笞、肢解，人类对身体进行无情的摧残，似乎只有这样，人类才能脱离人性接近神性。正是在这种环境中，圆形竞技场上的圣火熄灭了，角斗士消失了，各种竞技会销声匿迹，连罗马贵族特有的一些身体活动也遭到限制，甚至人们都不能进入浴场洗澡，因为清洁身体就意味着玷污灵魂，身体被又一次赤裸裸地摆放在神的祭坛上孤立无助地任凭宰割。

文艺复兴运动高举人性大旗开始对神权进行反叛，回归人性，歌颂人体，成为那个时代的主题。达·芬奇从人体解剖学的角度探讨了人体的均衡和比例，他的作品表现出的人体结实健康，富有立体美感。米开朗基罗的雕塑《大卫》表

---

① 孟德斯鸠. 罗马盛衰原因论. 婉玲译. 北京：商务印书馆，1962：9.

现的战斗中强壮的男性裸体轰动了整个罗马。[①]文艺复兴运动大力宣扬人是宇宙的精华、万物的灵长。文艺复兴运动发现了人体的美丽，宣扬了人体的美丽，同时也促进了人类对自己身体的再认识。人们终于意识到身体的存在，身体变得不再孤独，但这只是身体的觉醒。

## 五、现代体育对身体的理性改造

在人类改造世界的同时，世界也在改造着人类。大自然及人类从中所期盼获取的只可能以社会及文化的形态存在，并不存在所谓的人性多于身体这一说法，而存在随社会时空的变化而变化了身体状态的一种人类状态。在人类看来，身体是一种随着社会的变革而变化的客观实在，在社会通用的符号体系里，社会观念为身体制定了一个固定的位置。[②]社会观念同时离不开社会形态，于是世界观及其有关人的定义认为身体是具有象征意义的架构。

随着现代社会的发展，身体是人主体性特征的具体承载，个体性的强烈重视及其主体理性的现代语言的广泛认同成为现代性的重要议题之一。身体在大众文化、大众媒体以及各种学科中逐渐占据重要的位置，身体的话语权不再局限于生物学、生理学和医学的范畴，而具有社会学、政治学和跨文化交流的重要属性。[③]大众对身体的关注逐步脱离个体肉体的束缚，逐渐转入公共领域。法国人类学家毛斯指出，“身体、身体技术、社会化扭结在一起，不但在原始部落中表现出来，人类的个体社会化普遍如此。只不过因为身体与社会化之间存在着密切的相关，当人们想塑造一种理想人格，追求一种社会身份与地位时，也往往从塑造身体开始”[④]。体育就是这样一种社会活动，在现代社会理论的框架下，塑造并理性改造着我们每个个体，从日常生活的视角看，对身体的改造是根据每个个体的生存环境而“耳濡目染”形成的；从体育即身体的教育视角看，它则是以一种组织性、系统性、强制性的方式对身体进行理性改造。在体育理性改造身体的过程中，它不仅生产和再生产人的精神和道德，还以一种合法的方式向

① 谭华. 体育史. 北京：高等教育出版社，2005：209.

② 齐志家. 时尚与身体美学. 北京：人民出版社，2005：149-150.

③ 李丰荣，雷震，王利森. 体育教育的身体社会学解读. 安徽师范大学学报（自然科学版），2010（6）：603-606.

④ 毛斯. 社会学与人类学. 佘碧平译. 上海：上海译文出版社，2003：346-347.

人输送思维、意识、评价和行为模式。

现代体育对身体的理性改造发端于体育对身体的社会规训。身体是体育的起点，体育的本质核心就是身体。福柯认为，“规训技术的新颖之处，它将整体的人体分解，对人体的运动、姿势、速度等实施细微的强制，既是权力干预肉体的训练和监视技术，又是制造知识的手段；是权力和知识的结合”[①]。规训的目的就是使身体发挥最大的社会效率，体育正像福柯所描述的一种身体规训活动，借助大量的重复性动作、肢解的身体训练方式、精确的姿势和速度，对身体进行特殊类型的练习。当人陶醉在体育对身体理性改造的同时，自然还会参照他人的标准来规训自己的身体，纠正自己在练习过程中的不足，以达到真正意义上的理性改造。

现代社会机器生产的普及不但促进了生产力的进步，而且将人类从艰苦的身体劳作中解放出来，给予人时间来充分认识自己的身体。体育作为身体社会化的纽带，不自觉地对身体进行理性改造。在机器与身体的相互参照中，人们逐渐意识到身体是我们最后的财富和最坚实的资本，没有比身体更实在的东西，也没有比身体更能证明人的存在。因此，尼采主张以身体为准绳，因为身体是比陈旧的灵魂更令人惊异的。法国哲学家马塞尔认为，“作为主体的身体是我侧身于世界的结合点。我的身体是我同世界之间的媒介。在我同一切存在物之间，有一种关系，它和把我同我的身体成为一体的那个关系是同一类型的。由于我的身体，我对万物抱有同情”[②]。在身体被遗弃、被分割、被肢解、被注释、被劫持、被无数次的封禁之后，身体最终获得了解救。在这种思维的影响下，现代体育对身体的理性改造逐渐走向正轨。

## 六、后现代体育的身体转向

古希腊哲学家柏拉图认为，身体是灵魂回归世界（真理）的一种阻碍。中世纪的宗教神学认为身体是被压制的。到启蒙运动时期，身体仍然是被忽视的，因为身体被认为是盲目的，不利于理性去认知。[③]笛卡儿的二元哲学强调的是一种

---

① 刘北成. 福柯思想肖像. 上海：上海人民出版社，2001：284-285.

② 司马容. 体育游戏：人类生存的辨证法——现代哲学家对体育本体多维反思. 体育与科学，1994（5）：19-22.

③ 齐志家. 时尚与身体美学. 北京：人民出版社，2005：6.

意识哲学、主体哲学的确立，身体却处在一种无言的漠视状态。最终发展到黑格尔的精神现象学，身体才被完全放逐出思想的领域。尼采呼吁“从身体出发”，区别于把人作为一种理性的动物的传统观念，开始把人作为一种身体的存在，他被视为后现代主义的先驱。后现代主义质疑和颠覆了传统的道德理性、上帝与形而上学，身体的真正意义与价值在后现代背景下被重新发现和彰显。

随着后工业时代的缓缓到来，后现代主义也悄然走进了人们的生活。奥尼尔的《现代社会中的五种身体》（1985年）、《交流的身体》（1989年），约翰逊的《身体》（1983年），特纳的《身体与社会》（1985年）都极大地改变了传统的机械身体论，展示了身体的多元化面貌，并试图显示身体在人类社会文化生活中一直被忽视了的根本地位。这些理论的逐步形成在客观上应对了身体在传统概念中一直被贬低和压抑的现状。

在后现代主义视角下，人的身体既是生物人机体组织的整体，又是社会实践中个体。身体作为一种独特的文化形态，伴随着人类的发展而发展。尼采指出只有身体的存在才是人真正存在的标志，身体比意识更丰富、更清晰，人们所获得的真理全部来源于身体，身体才是人类所有文明的原动力，极力主张释放被精神束缚的身体，倾听健康身体的声音，回归本源意义上的身体，过真人的生活。[①]在他大力的呼吁，以及后来的德勒兹、福柯等身体力行的推动下，人们的身体意识逐渐开始复苏，身体冥冥之中流动着的欲望被逐渐激发出来，人们对千百年来饱受精神摧残并且承载着各种社会烙印的身体有了重新的认识，追求身体的知觉和快感逐渐取代了理性的思考，身体的欲望重新成为被社会关注的重心。在以反理性为典型特征的后现代主义思潮的浸润下，被理性压抑太久的身体获得了解放，身体文化也随之急速扩张，体育本身与身体文化就交织在一起。后现代主义体育中的身体也必然摒弃以往束缚身体发展的种种限制，为了满足感官的需要，体育中身体变身为高速运转的机器，驱使着人们追求身体的快感、新奇、暴力等。

体育的发展总是离不开身体这一物质载体的，身体文化和体育文化与生俱来就有着千丝万缕的联系，身体文化的新思想和新观念必然影响体育活动的价值观和行为。通俗来讲，后现代主义就是价值观变得更多元、更丰富。在消费主

---

① 王华伟. 尼采男性身体思想研究. 西北大学博士学位论文，2018.

义身体消费的推动下，后现代身体文化逐渐渗透到日常生活的每个角落，与日常生活关系密切的体育活动也就受到巨大的影响。“以人为本”的体育价值观促进了体育活动中个人自我意识的发展，后现代身体文化对身体本身的关注激发了个体的身体自我意识。在后现代身体文化的影响下，人们在体育活动中更注重自身身体的感受和表达，通过体育活动来满足身体的需求以及利用身体来满足其他的需求已经成为体育行为的主要动因。①

体育中身体的转向诉求于健康的获得。在后现代主义特别是尼采的身体哲学的感召下，人们开始关注和呵护身体，拥有强健的身躯成了人们追求的目标，因为要获得更多的自由并从身体中获得愉快的体验，只有借助健康的身体才能实现。数千年的历史经验告诉我们，体育是应对身体技能退化的有效方法，也是维持身体健康的最好方法，没有健康的身体，有再多的金钱、服用再高级的保健品都是无意义的。持之以恒地进行体育锻炼，才是保证健康长寿的有效手段。

体育中身体的转向依赖感官的刺激。后现代身体文化是审美的文化，个体在参与体育锻炼中，逐渐塑造了健美的身体，以满足他者对身体的视觉要求。同时人们通过观看体育表演，在各式各样的身体活动中发现了身体的力量与美感，逐步使自己的感官得到满足。诸如一些拳击类项目的流行，说明一些人希望从体育运动中获得更大的感官刺激。

体育中身体的转向借助情感的宣泄。符号的意义在于建构有意义的整体，而后现代主义与其似乎相背离，其更醉心于结构符号的意义。后现代主义中对身体的关注使得长期关注文本符号的人们将注意力转向身体符号。在后现代主义的熏陶下，个体在参与体育活动的过程中构筑了不同的身体符号，以表达更多元化的意义。勇攀高峰的挑战者不仅期望获得征服自然后的满足感，更期望通过这样的行为向社会传递更多的意义，以获得情感上的认同。

## 第二节 体育促进身体发展的哲学思考

### 一、体育的身体和谐论

自古以来人类总是向往和追求“国泰民安”“政通人和”“安居乐业”，实质上就是人类对自身所处社会的一种期盼，是人类追求的一种理想境界和美好

---

① 肖旻婵. 后现代身体文化语境下的体育价值观. 广州体育学院学报，2009（3）：8-10，31.

的生活状态。这个追求的历史过程自然囊括人类对和谐本质内涵的探寻过程。通过对大量有关“和谐论”或“和谐观”文献的记载，在不同历史阶段有关和谐的论述不同，大体经历了抽象和谐论时期、具体和谐论时期以及发展和谐论时期三个阶段。[①]本小节拟在体育学范畴，从人类得以和谐发展的哲学角度对体育促进身体发展做较为深入的剖析和解读，为体育中的身体和谐论创设良好的学术氛围。

### （一）抽象和谐论是束缚体育促进身体发展的枷锁

和谐思想的产生可以追溯到人类文明的开始。在有人类活动记载的早期，自然和人类社会组织的强大力量给人往往带来的是强大的压迫和不自由，所以人类总是在探寻这种压迫和不自由的本源，其实这是哲学的本体论，认为人、自然、人类社会之间不和谐就是世界的本来源。虽然处在人类发展的最低阶段，但这些哲学家一直在探寻隐藏在人类社会背后的真实本源，于是便产生了早期的抽象和谐论：“人类认为，世界有终极原因，人应当也能够认识它；只要把握了这个本原，人就可以按照其规律稳定地生存、发展。和谐就是这个终极原因的本质或者说规律。和谐就是世界本原的本质特征，是这一本原本身自己先天就具有的，而不是事物发展过程中所产生或出现的。”[②]这种早期的和谐论看似为人类追求和谐理想奠定了坚实的基础，但其实是无从下手、大而缥缈的“乌托邦”，并没有真正揭示和谐的本质，通俗地讲就是认为人类改变不了就要去适应它，这就是一种和谐。这种和谐论虽然说是抽象的、意象的，在早期的社会中对人类社会的发展起到了一定的作用，但最终扮演的是人类社会发展的绊脚石。因为这种和谐论抽象到人类不可把握它的存在，缺乏人类实践所要求的客观性和可操作性，必然成为束缚人类社会发展的枷锁。

早期体育的发展必然受到抽象和谐论的影响。我们都熟知的早期社会，人类的生存环境是相当恶劣的，自然、人、人类社会三者中，自然占绝对主导地位，如果按照抽象和谐论的观点，在弱肉强食的自然环境下生存，如果只相信神的和谐，那人类的发展就无从谈起，真实的情况是人类为了躲避猛兽学会奔跑、为了解决温饱问题学会了狩猎和垂钓。这些人类超越自我的本能就是现代意义上原始

---

① 胡宇南，周君才. 和谐观历史发展的哲学审视. 理论月刊，2007（9）：38-40.
② 胡宇南，周君才. 和谐观历史发展的哲学审视. 理论月刊，2007（9）：38-40.

体育的雏形。为了获得身体和自身的生存权，人们面对自身所处的环境，一方面不得不依赖于环境，另一方面又借助身体去掌控它。人们面对人类社会时，一方面依赖所生活的群体，另一方面又想方设法构筑某种和谐的“音符”。人们在面对自身时，同样表现出既认可自身的身体客观存在又设法超越自我的境况。早期的抽象和谐论在人类身体发展上最多是一种精神的信仰，是可望不可即的理想境界，反而是原始的体育在客观上促进了身体的发展。

### （二）具体和谐论是体育促进身体发展的起点

具体和谐论是和相对和谐论对立的观点，这一观点的主要贡献者是德国著名的哲学家黑格尔。他站在批判的视角挑战了抽象和谐论，以辩证的思维详细阐述了具体和谐论。他认为事物发展运动的原动力在于事物的内在矛盾，在矛盾双方的对立统一中，斗争是无条件的、绝对的，统一是有条件的、相对的，和谐是事物本质中差异面的统一，是事物存在和发展的一种状态，同时和谐也离不开调和与妥协，然而无论是调和与妥协，还是让步与服从，都是对立与统一的作用。这就是具体和谐论的核心观点。正是由于近代哲学家的不懈努力，我们才对具体和谐论有较为清晰的认识，才能彻底摆脱抽象和谐论的困扰，进入现实世界的轨道，也正是这种辩证观点的普及大大促进了理性的和谐研究。这种和谐论也有其自身的缺陷性：如果说和谐是具体事物或者世界本身具有的本质特征，那么逻辑上的结果就是，任何外在改变必然破坏事物或世界的和谐。

随着时代的发展和谐论从抽象逐渐转移到具体。随着科学技术的发展，神性思想在很大程度上被破除，人们对各种神的崇拜不再那么确信无疑。人类开始将关注的重点转向了现实世界以及人类本身，由此，和谐论以新的方式被继续研究和拓展。既然开始关注现实和人类本身，身体和谐论就被提上议事日程，为我们探究体育中身体的和谐论找到了突破口。我们必须承认具体和谐论还停留在概念层次上，没有将发展的理念融入万事万物中，所以只能说具体和谐论顶多是体育促进身体发展的起点。

### （三）发展和谐论是体育促进身体发展的基石

抽象和谐与具体和谐是不同社会历史阶段的产物，总体给人留下不切合实际的印象。通俗地理解它们，就是不接地气、不太符合实际的需求。直到马克思和恩格斯创建共产主义学说，和谐论才被现代社会广泛认可，因为他们的学说更注重人与社会及自然界的和谐，将人类社会发展的终极关怀定位于“每个人”与“一切人”的和谐关系。他们在论述人、社会、自然界之间的关系时指出，“社会是人同自然界的完成了的本质的统一，是自然界的真正复活，是人的实现了的自然主义和自然界的实现了的人道主义”[①]。马克思对和谐论的论述一直全面考虑人、自然和社会三者的和谐，并以这种和谐理论为未来的共产主义社会提供了理论论证，向我们展示了“人的全面而自由的发展”的理论意蕴。这一理论的形成也成为我们研究体育中身体和谐论的基石。

马克思主义所倡导的和谐论中的本质问题还是“人”的问题，处理好“人”的问题是和谐论的本质。回过头来看体育中“人”的问题，和体育息息相关就是人的身体，体育的主体是“人”，它的主要表现形式是人的运动行为。运动关键因素就是人的身体，只有身体（这里是身体不单纯是“肉体”）达到了与社会、自然界的和谐，才是马克思所倡导的和谐论。人作为生命体要妥善处理好与自然、与人类社会、与自我之间的关系。面对这些关系，人类可以有不同的表达方式：文学的、艺术的、宗教的、教育的，通过身体来直接表达的只有体育，人与人之间的身体对抗可以是单人的，也可以是群体的竞争，单人的技能展现是对个人内部的理性超越，两人以上的对抗则是外向的竞争。不管是哪种身体对抗，其本质是人对自身的超越，自我竞争是超越自我，外部竞争则是对超越自我的外在评价。身体和谐论作为人的和谐论的一个重要分支，必然促进身体的向好发展，有了它做保证，就能促进整个社会的和谐，身体和谐在无形中扮演了社会和谐的重要角色。

## 二、体育的身体整体论

现代以来，身体作为自我附属品的观念，意味着需要时刻跟进含蓄而隐晦的规范准则，并以此为根据不时进行调整，生怕落伍。在当代，身体好像是多余的，特别是网络文化的飞速发展和将精神下载到电脑里的奇思妙想，使我们甚至身处与自身身体永别的假象中。但是，我们必须承认只有身体才是人类身份

① 马克思，恩格斯. 马克思恩格斯全集（第 21 卷）. 中共中央马克思恩格斯列宁斯大林著作编译局译. 北京：人民出版社，1965：25.

的认同来源。如果没有身体为人提供面孔，人也就无所谓人，我们活着就是通过人所代表的象征体系不断将世界浓缩并融入自己身体的过程。①人类的存在是肉体的，我们所处的社会及文化对待肉体的方式都在讲述“人”的存在，描绘其定义及存在模式在社会变革中发生的变迁。我们不得不承认现代对于身体的定义就是社会领域个人主义化的结果，也是通过环环相扣的对应体系在身体与集体、宇宙之间建立起来的连带关系断裂的后果。②实际上，在古代社会，身体作为宇宙的缩影，与大自然各种元素紧密相连的思想由来已久。对美拉尼西亚人来说，人的躯体效仿植物界，人的躯体作为浩瀚宇宙的一分子，与植物纵横交错在一种互联体系中，与世界的身体交互各自的构成部分，身体仿佛另一植物，而植物犹如身体外在的一种形态，这两大领域之间并无明显可辨的界限。

人作为整体论社会里的主要对象，面对多变的世界秩序，个体间密切相关，世界也从来不是固定不变、一劳永逸的。个体仅仅是化身为肉体的一种存在，在肉体和自我之间又不可能划定任何间隔。“我”就在“我自己”的身体里，“我”并不能离开“我自己”的身体。可以说，身体的整体论是现代意义的观点，是对以往“灵肉分离”论的反驳，引申到体育视角分析这一论调也有其实际价值。在整体论中，学界认为在社会中没有人的存在不是真正意义上的社会，人是不可分割的，身体更不能作为被分裂的对象。人之所以能够融入宇宙、大自然和群体中，首先是人有类似于动植物有肉体的存在，这个肉体的人就是个人。身体的形象就是个人的形象，让我们在整体论中找到了自己的位置，哪怕自己类似于浩瀚宇宙中的一粒尘埃，最起码证明自身的存在，前提是自己有身体的存在。体育是一种人类产生伊始就有的社会活动，在人类生存的不同历史阶段都能从中探寻到人类参与体育的点滴记录。而体育活动的主要载体就是我们的身体，只有身体的健康存在，人才能扮演浩瀚宇宙中那一粒“尘埃”。我们已经从生理学、解剖学、生物化学等科学的角度找到体育促进身体发展的有力明证，身体的健康程度是个人融入宇宙、大自然和群体的先决条件，所以体育中身体的整体论可以理解为：首先，体育促进身体的健康发展，有健康身体的个体才是整体论视域下的一分子，才能在浩瀚的宇宙中扮演那粒“尘埃”，以自身不可限量的主观

① 大卫•勒布雷东. 人类身体史与现代性. 王园园译. 上海：上海文艺出版社，2010：2.

② 大卫•勒布雷东. 人类身体史与现代性. 王园园译. 上海：上海文艺出版社，2010：10.

能动性来推动整个社会的进步，进而实现人的全面而自由的发展，所以我们永远不要忘记体育在哲学整体论中的应有价值。

## 三、体育的身体物质论

论及体育中身体的物质论，按照逻辑关系，研究者应该先厘清物质论是什么的问题，才能更深入地研究身体物质论是什么的问题，进而廓清体育视角下的身体物质论的内涵。哲学中的物质论是一个逐步成熟的理论观点，认为人类对世界和自身的认识经历了漫长的历史过程，从自然物质论到原子物质论再到现在普遍认可的哲学物质论，才形成了人们对世界本质认识的第一个哲学范畴，哲学范畴的形成是物质观理论发展的重要理论成就。

回顾人类的发展史，物质论的哲学一直贯穿其中。古代朴素唯物主义通过对人自身和周围世界的把握形成了朴素直观的物质论。西方世界和东方世界都产生过以典型的自然事物为依据解释世界本质的理论。古代朴素唯物主义认为，物质就是生活中可以接触到的某一实物或若干事物；哲学家亚里士多德认为物质是一切物由以构成的东西，一切物从那个最初的东西中产生，并且归根到底要受到破坏，而其中的质被自然保存下来，且按自己的特性变化着，这就是物的本质。[①]在古希腊时代的哲学体系范畴内，物质被理解为更具体的东西，常常指生活中的水、火、空气、原子等。中国古代的金、木、水、火、土的“五行说”，还有印度哲学中的地、火、水、风等均属于那时物质的范畴。用现代关于世界物质论的观点去理解以前的物质观，它们只是日常思维的产物而已，关于物质的说明还达不到哲学的深度。

近代哲学家恩格斯对日常的实物和哲学物质论有明确的说明，“物、物质无非是各种物的总和，而这个概念就是从这一总和中抽象出来的，运动无非是一切感官可感知的运动形式的总和；‘物质’和‘运动’这样的词无非是简称，我们就用这种简称把感官可感知的许多不同的事物依照其共同的属性概括起来”[②]。恩格斯这一关于物质的说明指出了具体实物和哲学物质是个别和一般的关系。哲学

---

① 马克思，恩格斯. 马克思恩格斯选集（第 4 卷）. 2 版. 中共中央马克思恩格斯列宁斯大林著作编译局编译. 北京：人民出版社，1995：342.

② 马克思，恩格斯. 马克思恩格斯选集（第 4 卷）. 2 版. 中共中央马克思恩格斯列宁斯大林著作编译局编译. 北京：人民出版社，1995：343.

上的物质反映的是各种具体事物的一般性质，而不是事物的集合体，也不是事物的组成结构成分，这就形成了马克思主义哲学物质观的思想前提。在马克思主义物质论的基础上，列宁对此有了更进一步的推进，从物质和意识的关系角度进行了具体分析，“物质是‘标志客观实在的哲学范畴，这种客观实在是人通过感觉感知的，它不依赖于我们的感觉而存在，为我们感觉所复写、摄影、反映’”[①]。列宁将物质理解为不以人的意志为转移的论断，摆脱了物质的具体形态和物质结构论，从科学抽象的高度，抓住了事物的共同本质，也抓住了世界观问题的根本点，为我们探讨身体物质论找到了立足点。

按照物质论个别与一般的观点来看待身体，身体是物质论中个别的物质。身体首先是以一种生物性的方式存在的，是一种生物有机体，身体的生理基础是身体存在的明证。具有物质性是身体作为现实细胞组织化的生物性物质实体、细胞组织的集合体、物质的生物体的自然属性。基础性则是指身体是承载权利能力与行为能力，行使法律赋予的各项权利，实现人生价值和社会价值的物质性基础，这是身体的本质特征。[②]同时，身体也是一种物质性的构成，因为身体要与外界进行新陈代谢，要与外界进行能量交换，这些行动本身就是一种基础性的物质行动。因此我们在对身体的物质基础进行考察时，必须明白身体的物质基础是人得以生存的基本保证，同时也是身体立于这个世界的基本条件。正因如此，人拥有身体，同时人也是身体。人拥有需要满足自身物质需求（需要食物、休息和住所）的身体，关乎身体的健康、体形以及面貌经常是困扰人的原因。人们必须将自己的身体作为一个客观的对象去审视、装饰、规划和控制。人们在这个世界上的存在都是基于人们身体化的这种状态，虽然知道自己最终的命运是衰老和死亡。体育活动的开展必然借助身体的物质存在，只不过这种物质存在是个别的，但也属于身体物质论的范畴。体育锻炼可以增进身体的健康，会使身体更具有物质性，更能体现身体物质论的主要内容，也从一定程度上奠定了物质论的科学基础，因为对一般人来说，在体育中这种显而易见的个别身体是最可以感知到的运动形式。

---

① 列宁. 列宁全集（第 18 卷）. 中共中央马克思恩格斯列宁斯大林著作编译局编译. 北京：人民出版社，1988：130.

② 王连运，施向峰. 身体权基本范畴研究. 徐州教育学院学报，2005（1）：42-47.

## 四、体育的身体独立论

身体的独立性是指人的身体是不可替代的，也是不可重复的，没有一个人的身体是两样的存在，每个人的身体几乎都是以独立的个体存在的，这就是身体的独立性的前提，当然就是连体婴儿也可以说在日常的生活中会形成不一样的情感和体验，虽然他们的身体是连在一起的。身体表现为一种集体实践，人们或许对这种实践有一定的控制权。在历经孩童的整个社会化的过程中，所有人都获得了某种基本的身体技术，它可以表现、支撑和再生产时空中的身体。[①]

在这样的身体历程中，我们看到了什么？看到了人的身体的唯一性，亦即不可替代和不可重复。正是身体的唯一性建立了自我与他者的关系，任何一个他者都是不同的、有差异的、神秘的。自我与他者关系的不同形态也是以身体的不同关系表达出来的。日常生活中，人与人之间的握手、拥抱、亲吻、爱抚等就是如此。但在所有身体关系中，男女身体的交往是自我与他者关系的最大敞开，一方面是差异的，另一方面是同一的。[②]但是一个人的确定首先是以身体的确立为基础的。身体独立性建立在一个人是一个活的生物体上，可以自由运动，这些都是身体作为独立个体的全部外部表现。身体的独立性还表现在人们只拥有身体，而且身体对自己而言具有双重意象：其一，“我”是身体，这是身体的主体性；其二，“我”拥有身体，其中暗含身体具有客体性因素。

## 五、体育的身体理性论

哲学中身体理性论的代表人物是法国哲学家笛卡儿。笛卡儿认为人的肉体和精神是两个完全对立的实体。这是一种极端的二元论观点，在哲学的发展史上左右着那个时代的身体哲学。笛卡儿认为精神和肉体二者是相互排斥的，肉体处于被动的从属地位，反而精神是主动、自由的。对于人的身体而言，身体就是一台机器，身体的运行也正如自动化的机器。[③]当然，他只关注发现真理的方法，认为理性有能力把握确实的知识，当然思维会受到器官的干扰。他相信主体的实质性标记就是理性，而不是感性的身体。

---

① 汪民安，陈永国. 后身体：文化、权力和生命政治学. 长春：吉林人民出版社，2003：13-14.

② 彭富春. 身体美学的基本问题. 中州学刊，2005（3）：241-243.

③ 赵敦华. 西方哲学简史. 北京：北京大学出版社，2001：160.

在所谓的理性主义时代，身体被视为一个感性事实，这与强调理性的时代精神是格格不入的。后期的哲学家黑格尔应用唯心主义思想将理性哲学推上顶峰，这时的人被抽象为意识和精神，身体在那时的哲学范围内就更没有地位可言，身体被作为动物性而遭受莫名的唾弃，所以形而上学从来不把身体看作人的本质。在那样的哲学传统观里，身体往往被理性所规定，人就是理性论范畴内的一种动物而已，是身体和思想的统一体。人主要被描述为肉体和精神的二元性。肉体是人的动物性，是动物就只有欲望和冲动，动物在社会发展中的地位是不言而喻的。那时的精神就是人的理性，它作为思想的最高要素，是原则的能力、建立根据和说明根据。鉴于肉体和精神的差异和对立，肉体是邪恶和肮脏的，精神是美好和纯洁的，于是便有了精神规定肉体的现象。所以在那时的哲学理念下，肉体（即身体）要被控制，肉体的欲望要被静止，当然这也是柏拉图主义和基督教思想的基本原则。

受到笛卡儿身心二元论和柏拉图禁欲哲学影响，有学者可能会提出那时的体育不具有促进身体发展的作用，我们也不得不承认这种哲学思想有阻碍身体发展的嫌疑，但从人类发展的历史长河中，客观分析这一理性哲学，还是有其价值的。柏拉图在《蒂迈欧篇》中明确地把灵魂和身体说成是两种存在："专门具有理智的存在的东西，是灵魂这一不可见的东西，而火、水、土、气都是可见的形体。"[①]这种观点认为灵魂是独立于身体而存在的，而不是附着在身体上的性质和能力，他提出灵魂是运动的原动力，身体只是一具类似于火、土等的形体而已，只有灵魂才能推动、才能运动。他所论述的人不是灵魂和身体的结合，而是利用身体达到一定的灵魂，这里的灵魂就是前文所提到的理性哲学的范畴。在具体论及体育促进身体发展方面，他认为体育中任何技能的习得并不是为了身体的本身，而只是为它的对象服务而已，因而体育在促进身体的发展方面并不是为了身体本身，而是为了通过体育培养人良好的意志和心灵，从而促进人的全面发展，进而实现人格的完善和理想的社会。

体育中的身体理性论在促进身体的全面发展是有重要价值的，其与以往的哲学论相比有其弊端所在，但我们也不能否定它对身体发展的积极性。个体在参与体育的活动中，不畏艰辛地锻炼身体，不只是塑造完美的体形和强健的身

---

① 柏拉图. 柏拉图论教育. 郑晓沧译. 北京：人民教育出版社，1958：80-81.

体这一基本目的，更重要的是锻炼心灵的激情部分。一般人参与锻炼，除了注意自身技术外，可能重点考虑的只是如何使自己的力气更大一些、臂膀更粗壮一些，而身体理性论认为单凭一个好的身体，不一定能够造就好的心灵和品格，相反，如果有了好的心灵和品格，必然能使天赋的身体达到更好的状态。因此，如果体育活动离开了身体理性论所提倡的美好心灵和品格的要求，就没有什么价值，也就不可能促进身体的健康发展。所以，在理性论视角下去理解体育中的身体，在现代看来也是有其价值的，身体健康不一定心灵健康，我们应该把体育锻炼的目标更多地放在心灵和品格的塑造上，进而协调身体。

## 六、体育的身体实在论

“实在”一词看似简单且抽象，但它是哲学大厦得以维系的根基。对“实在”的不同理解而引发的实在论伴随着岁月的更替已经跨越了 20 多个世纪。现在看来，它仍然是一个非常古老的哲学概念和经久不衰的哲学辩题。

实在论和理性论是相对的，二者在争论中共存，在发展中完善。实在论认为对象的存在是独立于人类心灵和认识的。赫拉克利特、泰勒斯和亚里斯多德等唯物主义把“实在”理解为物质之物，柏拉图等则用理性论将“实在”理解为精神之物。在身体哲学的领域内，也有两种理论的争论。但进入近代，身体实在论逐渐占领理论的制高点，被众多学者认可。他们认为规定人的身体不再是理性而是实在或生命，在实在和理性的关系上，实在是更本源和更基础的。[①]因此，我们可以说是实在决定了理性，而不是理性决定实在。基于此种观点的普及，身体也就获得了新的内涵。马克思主义哲学认为身体是衣食住行等，它推进了物质生产和人自身的再生产。尼采哲学所理解的“身体”是“生命力”的同义词，并且在与灵魂的关系中批判并颠覆了柏拉图主义和基督教思想的传统而成为哲学的中心思想和内涵。海德格尔哲学认为身体是在天地人神的世界中逐步形成的，是相关于人居住在此大地上的存在方式。我们从近现代哲学家的论述中可以比较清晰地厘清身体实在论的意义，一方面实在论赋予身体非常重要的意义，另一方面身体也给予实在独特的形态。实在不再是抽象的、一般的概念，而是具有肉身性、富有生命力的冲动。[②]

① 齐志家. 时尚与身体美学. 北京：人民出版社，2005：289.

② 彭富春. 身体与身体美学. 哲学研究，2004（4）：59-66.

对于身体的思考，尼采的思想是所有哲学中最卓越的。他颠覆了灵魂主宰身体的传统理性论，切实突出了实在身体的核心地位，使之逐步成为近代哲学的中心和思想的主要依赖，在漫长的理性和主体哲学之后，强调从身体出发来审视世界。而不断生成的世界正是身体的透视性解释，是生命力意志的作品。尼采说身体才是真正的大理性，前文所提到的理性论只是附着在身体上的小灵魂。人在实在论的范畴内主要体现的是身体，而理性论范畴内的心灵、灵魂和思想不过是肉体所派生出的表层而已，是肉体的工具。尼采拒绝了理性论形而上学的定义，提出人们要以身体为准绳，认为人们处在意识该收敛自己的时刻。人相对于整个世界来说，首先是一个身体和动物性的存在，所谓的理性只是这个身体上的附着物。20 世纪以来，弗洛伊德、胡塞尔、德勒兹等哲学家有关于身体实在论的相关论断，对尼采的身体哲学有了进一步的丰富和发展，引导人们在思考主体的形成过程中重视身体的客观存在。由此，身体跳出了意识长期以来的操纵和摆布，但不是取代和颠覆了意识，而是根本就漠视、甩掉了意识，进而成为主动的而且是唯一的解释性力量。身体完全可以自我做主，根据它自身的力量竞技从各个角度对世界做出解释、估计和透视。“身体在它的生死盛衰中带着对全部真理和错误的认同，它霸道地主宰着道德、知识和审美领域。”①

哲学实在论认为身体是灵魂的载体，是人类第一位的存在，是人成为人必不可少的因素，没有健康的身体为基础，又谈何人的全面发展？所以将体育引入哲学实在论的范畴是有其价值可言的。李力研指出，“体育之所以具有哲学的研究价值，简单地讲，就是体育是一种防止人种退化和机能衰竭的活动。因为它是关于人类感性如何从他自身理性的重压下获得解放的努力实践。这是发掘体育价值的历史尺度，也是展开体育哲学讨论的根本立足点”②。如果说思考问题是理性论的一种实践，那么体育就是实在论的一种实践。经常思考问题可以使人的大脑变得睿智和聪慧，体育则可以使人的身体变得强壮和健康。在体育活动中，人们可以享受体育的自由舒展，可以感受身体的力量和柔韧，正是体育的存在促进了身体的全面发展。然而，在身体实在论发展占主导的今天，我们也可感知到人类的身体正经受着各种惩罚，这使它失去自由，陷入理性的奴役中。试想一下：哪个职业会对面试者的身材进行特别的规定？有多少企业会把关心职

① 汪民安，陈永国. 后身体：文化、权力和生命政治学. 2 版. 长春：吉林人民出版社，2011：10.

② 李力研. 体育的哲学宣言——“人的自然化”. 天津体育学院学报，1994（1）：27-35.

工的身体健康放在利润之上？有多少体育教师会受到同其他科目教师等同的尊重？[①]这是造成我们当代人的体质越来越差的根本原因之一。一些人蜗居在高楼大厦里，沉迷于网络中，身体被放在可有可无的位置，这是现代人对身体的奴役，也是现代生活对身体的奴役。体育的身体实在论应该唤醒人们对抗这种理性的奴役，使身体实在论有真正的用武之地。

## 第三节　体育促进身体发展的文化学考察

对身体的研究还处于一个初始阶段，还没有一个较为全面的文化学分类，大多是西方身体研究学者在各自研究领域内对身体进行的分类，但这种分类有助于我们从多个角度来审视身体。因此，我们将这些研究者的身体分类进行归纳综合，并给出我们的分类方法和理论。

### 一、体育的本质是身体的运动

体育中的身体哲学的思考，对于更深入地揭示体育本质是有现实意义的。笛卡儿的身心二元论告诉我们，身体是一个具有广延性的实体，灵魂是一个思考着的实体，灵魂的本质在于对物质世界的思维，而身体则不能思维。[②]它的思想对于体育的意义有两点：一是身心分离学说给现代体育教育留出了发展空间，强调心之主体对身之客体的优先和主导地位，激发和引导了后来思想家、教育家对体育的认识和实践；二是它所提倡的主体性原则决定了身体与灵魂相比只能是低等的，而且处于受控制、被压迫的地位，这恰恰为后世研究体育运动做了良好的思想铺垫，灵魂学说自然交给神学研究，地位低的身体则交给自然科学研究。身体演变成和其他自然物体一样的具有物质性的内容，自然科学可以对其任意地开发和利用，直接促进了现代运动训练和运动成绩的突飞猛进。可以说笛卡儿的身心二元论为我们更深刻地理解体育的本质提供了较好的思想土壤，使我们在探究体育本质的时候可以回归到身体上来。

在当代思想中，身体被认为不仅仅是世界上的一个物体，更是“我”与世界联系的手段。所以说，体育运动的本质就是身体的运动，可以将体育理解为通过

① 马德浩. 身体的谱系——基于西方哲学的构建. 体育科学，2010（3）：83-90.

② 于涛. 从哲学角度再认识身体对揭示体育本质的意义. 上海体育学院学报，2008（3）：18-20.

身体进行的教育。早期人类在豺狼虎豹出没的时代能否生存下去，很大程度上取决于人是否比动物跑得更快、跳得更远更高，以及生存的个体是否具备在生活中的各种基本活动能力。具备这些能力的个体就能在当时的环境下生存下来，这些能力突出的个体就会受到社会的尊重。如果把这种原始生存技能归结为原始体育的范畴的话，那么当时体育的本质就是身体的运动。在人类社会后期的发展中，个体在参与社会生活中的某些基本能力和基本技能逐渐从大社会中独立出来，在一定时间和空间范围内进行专门的练习和训练。体育在人的生活世界和意义世界中始终基于人自身的基本能力和生活的基本技能而存在。

要解决体育的本质问题是身体的运动问题，研究者应该持续不断地追问“在生活世界中体育到底是干什么的”“人们用体育来干什么”等问题。只有彻底明晰了这些问题，才能为“体育的本质是身体运动”找到强有力的明证。我们首先要弄清楚社会生活中哪些活动算作体育，其次要弄清楚这些所谓的体育是不是与身体运动相关。如果二者同时具备，那么就可以说明体育的本质是身体的运动。按照坦布尔的理解，“一个动作行为是否是体育至少要有 3 个决定因素：一是要有具有活动意向性的人，必须是有意识、主动赋予活动以体育意义的人；二是意向的对象，提供抓、投、跳的对象；三是活动方式，体现一定时空关系的活动方式，如跳高、跳远或者同步跳、定时跳等”①。按照这种理论逻辑理解体育的范畴的话，那体育运动的范畴就不断扩大，随着人们生活世界的变化，反映身体基本活动能力和技能的形式也就不断多样化，而且体育的形式才能更高级、更复杂。可以说，只要身体存在时间和空间上的变化，就可以归结为体育活动，甚至我们日常生活中驾驶汽车、操作电脑也可以理解为体育。

目前全世界对体育的认识较为博杂，日本学者前川峰雄指出，体育是通过可视为手段或媒介的身体活动进行的教育②；美国学者布拟尔认为，体育是以身体活动为媒介，培养在身体、精神、情操等方面与社会相适应的公民③；《韦氏大辞典》对体育的定义是，体育是整个教育的一个方面，它采用运动活动和有关经验从心理上、体力上、道德上、精神上和社会上来使个人充分发展，使他成为

① Tamboer J W I. Sport and motor actions. Journal of the Philosophy of Sport，1992：156-178.
② 转引自韩丹. 论体育源起和体育概念的源流演变. 哈尔滨体育学院学报，2016（4）：1-9.
③ 吴杜娟，周喜业. 我国体育本质研究综述. 体育研究与教育，2012（S2）：40-42.

国家和世界上的一个有用的公民①；甚至于人类学家毛斯也曾经提出，人首要和最自然的技术对象与技术手段就是他的身体②。现实生活中我们所有的体育活动的最终承担者都是身体，可以说身体是体育最初和最终的执行者和实践者。

## 二、体育中的感性身体与理性身体

### （一）神学至上的感性身体在体育中形成

荷马时代的人类像襁褓里的婴儿，睁大眼睛对世界充满好奇，所有世界的景物都是鲜活的，充满了动感。这时候的人类，其分辨能力还很低，理解不了这个世界的变化，只能用自己编织的神话故事来解释身边发生的事物。可以说神话是人对自身的初级自觉认识，而且也是一种变形、扭曲了的感性认知，人们依据当时的认识水平来解释世界万物。虽然今天我们看起来这种解释如此稚嫩，但却是当时人类思想所能达到的最高峰。在《伊利亚特》里，神并不能完全主宰人的命运，而且神与人一样也有七情六欲，甚至有生老病死。这些都反映了当时古希腊人的身体认知观。

就对神的万能灵验反映来说，古代希腊的宗教与古代乃至今天的宗教并无本质的不同，但是这只是古希腊宗教的一个方面，它的另一方面，也许是最重要的一面，便是神与人同形同性，即神灵的外表和性情与凡人无异。从现代发现的宙斯神庙的各种雕像和著名雕塑家米隆的《掷铁饼者》、波里克利特的《持矛者》或其他希腊艺术作品中，我们往往很难区分哪个是神、哪个是人。只不过也许神的形象更加高大、威严一些，但阿波罗、赫耳墨斯、阿芙洛狄特等的雕像，不过是希腊美少年和少女在艺术中的反映而已，与凡人没有根本区别，在这一点上古希腊人的宗教观与东方完全不同。

古希腊的神不仅与人同形，而且在性情上与人也有许多相似之处。神像人一样，有男有女，他们一样要结婚，繁衍后代。在古希腊人的神灵世界里，就像在人间的大家庭里一样。更有意思的是，在人与神的战争中，神也会被人打伤，伤口会像人一样流血，完全没有东方神灵中的那种无所不能的本领。

在古希腊神灵中同样有着类似人类的社会组织结构。天父宙斯虽然权威高

---

① 韩丹. 论体育源起和体育概念的源流演变. 哈尔滨体育学院学报，2016（4）：1-9.

② 毛斯. 各种身体的技术. 余碧平译. 上海：上海译文出版社，2003：306-307.

出众神，但也不是全知全能的，只能管辖天界，而且管辖天界也不是自己挑选的，而是在瓜分宇宙时，自己抽签抽中的，对于由波塞冬管辖的海洋和哈得斯管辖的冥界，几乎无权干预。当他的情人被天后赫拉追得无处躲藏时，宙斯也只能暗中相助，不敢公开相帮。古希腊神灵的分工也和人间相同，一旦越出自己的管辖区域，神灵也便失去了能力。更有意思的是，每当神灵有大事要决定时，总是要开大会讨论。特洛伊的陷落、奥德修斯的返乡，都是在诸神大会上决定的，其差别仅仅是下发各种条文。可以说古希腊的神灵世界实质上是人间世界的翻版。

正是由于古希腊神灵的这些特性，古希腊人认为人的各种健美的体育运动会赢得神的欢心，会打动神。为了庆祝诸神的节日，古希腊人举行各种各样的庆典。在庆典上，除了祭祀、祈祷、宴会外，最主要的就是体育和文艺表演，以为神灵提供各种娱乐，达到娱乐神灵、使神灵高兴快乐的目的。从这些神话故事中，我们可以看出古希腊人当时特别重视身体的感性认知，不重视来生。

### （二）身心二元分离的理性身体在体育中形成

相对于古希腊人对身体的狂热崇拜，古希腊三圣之一柏拉图却对身体进行了猛烈的抨击。柏拉图认为身体对于知识、智能、真理、正义和美德来说是一个不可信赖的因素及通向它们的障碍，因为充满欲望、本能、烦恼、疾病、恐惧和冲动的身体总是不停地在打扰或破坏灵魂的思考和宁静。因此，人类要想获得知识，需要尽量不和肉体交往，不沾染肉体的情欲，保持自身的纯洁，否则“一个人的心灵一旦被主宰激情完全控制，他的生活就会变得铺张浪费，纵情酒色和放荡不羁”[①]。这种精神的异化导致几千年来哲学、神学、科学、理性和由此形成的各种人生观、价值观、伦理观、意识形态，除了把身体作为一个无限索取和投资的对象之外，都是对其施以压制、奴役、摧残和迫害。它不仅制造了身体和精神的分离与对立，否定了人的意志、欲望等非理性因素在认识世界和驾驭人类行为中的重要价值，而且日益加强了精神对身体的统治，把身体排斥在真理、道德和审美之外，使身体完全充当一种从属角色。[②]

亚里士多德明确指出，体育有助于“培养人的勇敢”，“勇敢”是诸多品质

---

① 张之沧. 后现代身体论. 江海学刊，2006（2）：25-30.

② 张之沧. 后现代身体论. 江海学刊，2006（2）：25-30.

教育中最重要的内容。[①]勇敢必须依靠体育，而依靠体育就离不开人们对人体及其力量的观察与思考。亚里士多德指出，“如若（身体）状况良好是指肌肉的结实，那么，状况不佳必定是指肌肉的衰弱。要造成良好的身体，就在于使肌肉结实”[②]。

亚里士多德的体育观念来源于他对人的肉体与心智结构的观察。他指出，“对我们来说，理性和欲望是自然本性的目的，所以，公民们的出生和习惯的培养训练都应该成为他们的行为准则。其次由于灵魂与身体是不同的两个基本点部分，灵魂自身又分为非理性与理性两个部分，它们有两种相应的状态，即‘情欲’和‘理智’。正如身体的降生先于灵魂，非理性以同样方式先于理智。从下列事实便可知道，孩童们与生俱来地具有愤怒、愿望以及欲望，而只有当他们长大后才是其次灵魂方面，再是关心他们的情欲。当然关心情欲是为了理智，关心身体是为了灵魂”[③]。所以体育必须优先。

总之，体育中理性身体的形成得益于身心二元论的学说，综合柏拉图和亚里士多德对身体的解读，理性身体的建构是相对和谐的论调，虽然在一定程度上影响了身体的自由发展，但总体上还是把握住了历史发展的脉搏。

## 三、体育中的生理身体和文化身体

身体是一个较为抽象的概念，特别是当前哲学界在研究身体时，更是将身体高度抽象化和象征化，身体成为一种标志物，因而缺少具体特性。哲学家在谈论身体时首先将身体不自觉地分裂为生理身体和文化身体，他们关注的重点是游离于生理身体之外的文化身体。我们在这里则不做过多分解，虽然身体的形态是多种的，但最基本的身体只有两个，那就是生理意义上的身体和文化意义上的身体。因此，我们就将身体分为两个方面来考察：生理身体和文化身体。就身体的生成而言，身体自然包括一个生物性的存在以及一个文化性的成分在内。这种自然与文化的交杂混合是所有身体都具有的共同特质，也是它不易被限定化或单一化呈现的主要原因。这种看法几乎是所有研究身体的学者的基本立场。

我们这里提到的生理身体是特指除去任何文化因子，还原人类最基本、最本真的那个躯体。而文化身体是除生理身体之外，人类与世界发生关系、产生交

① 亚里士多德. 政治学（第8卷）. 颜一，等译. 北京：中国人民大学出版社，1994：127-128.
② 亚里士多德. 尼各马可伦理学. 苗力田译. 北京：中国人民大学出版社，1994：72-73.
③ 亚里士多德. 政治学（第7卷）. 北京：人民大学出版社，1994：263-264.

往，并且通过它与世界进行体验，甚至与世界进行对话的文化意义上的身体。

文化身体是一个符号化的虚位概念，这一点与生理身体有着本质的区别。而体育文化同体育运动也不是一回事，从终极意义上来说，体育文化也是一种符号化的概念。“文化”是一个外来词，在西方，“文化”一词源于拉丁语 cultura 和 colere，含耕作、培养、教育、发展、尊重之意。最初它指土地的开垦以及植物的栽培，后指人的身体和精神的发展与培养，特别是艺术和道德方面的能力和精神的培养，进而泛指人们生活方式、思维方式以及人们在征服自然中和自我发展中所创造的物质财富和精神财富。[①]从这里可以看出，文化是抽象的概念，同样体育文化也是抽象的概念，但是其表现形式是非常具体的。文化身体就是体育文化最具体的表现形式，甚至可以说文化身体是体育文化的象征与标志。

文化身体的形成是一个漫长、渐进的过程。体育文化一开始并不是与体育活动相伴而生的，体育文化的确立是文化身体出现以后。特别是近代机器工业的发展，使人日渐异化为大机器生产中的一个重要部件，人日渐成为机器文明中的一个重要环节，自动化为流水线上的一道工序。工业社会使人忘掉了自己的身体，人被削减为一个机器或网络上的附属物，以一种物质的形态呈现在工业文明的橱窗中。但是任何事物都有两面性，在机器工业对身体的压制中，同时也包含将身体从艰苦繁重的体力劳动中解放出来的可能。体育文化与身体的联系日渐紧密，而在对抗机器压制的过程中，文化身体逐渐被推到对抗前台，体育文化反而隐身于其后，在各种错综复杂的关系网中调节着文化身体的平衡，于是文化身体又一次成为体育文化的象征和标志，指引着人类进入又一个新型社会。文化身体在体育范畴内又包括对抗身体、视觉身体和教化身体。对抗身体指的是在一切竞技体育活动中所进行的身体的直接对抗的文化意义上的存在形式。视觉身体是指在这个消费时代中人们热衷于观看各种运动比赛，在打破空间和时间界限之后，身体被视觉转化成为一种符号化的存在形式。教化身体是指在学校体育教学当中形成的放弃自然状态的身体去接受教化身体的存在形式。

## 四、体育中的自为身体和自在身体

普莱斯勒将 der Leib 和 der Korper（德语）做比较，用它们表现了人体的两

① 童昭岗，孙麒麟，周宁. 人文体育：体育演绎的文化. 北京：中国海关出版社，2002： 20-21.

个维度。前者指活生生地被激发的感官身体，后者指客观的、外在的和被体制化的身体。人的这种双重性表达了人的模棱两可的肉身：个人性的和非个人性的、客观的和主观的、社会的和自然的。我们认为这是一个基本的对比，因为它准确地表明了笛卡儿式的社会学遗产的虚弱性。这种遗产只是单独地将人体看作 der Korper，而不是同时性的 der Leib 和 der Korper。在将人体看作一个客观的、非人格化的结构时，社会学潜在地将身体降至社会行为的环境条件。der Leib 可以看作自为身体的表现，der Korper 则可看作自在身体的表现。①

按照普莱斯勒对身体维度的分类标准，可将其分为活生生的肉体和社会化的身体，活生生的肉体就是自为身体的表现，而社会身体就是自在身体的表现。体育中的身体也存在自为和自在的表现，当然二者表现是同步的，我们可以将体育中的自为身体理解为自然性，将自在身体理解为社会性。自为身体不听任世界的支配，它不是作为外部的法则去支配肉体服从，也可以理解为人的生理身体，外界对这种身体没有任何干扰，是一种理想身体。但现实中，自为身体明显是不存在的，人是社会的存在物，以身体为载体参与包括体育在内的各种社会活动，体育在与社会的广泛接触中自然造就了自在身体，只有自在身体的外延性不断扩展，才会促进身体的发展。

## 五、体育中的视觉身体和教化身体

视觉身体是一种实体的跨越距离的存在，这种打破空间和时间界限的存在提升了大众参与的热情，使视觉身体成为一种当前化的存在，人们热衷于观看各种运动比赛，在打破空间和时间界限之后，身体视觉符号化为一种巨大的冲击力。每个人都将视觉影响中的身体当作一个自己可以参与的身体，这个时候视觉身体演变为一种异地的活体存在。运动身体表现出的美感最大限度地叩击观看者的心理承受能力，观看比赛成为一种虚在的参与。正因如此，人们才热衷于观看各种比赛。贝尔在《资本主义文化矛盾》中一针见血地指出，“当代文化正在变成一种视觉文化，而不是一种印刷文化，这是千真万确的事实”②。印刷文化不断被边缘化，快速直观的读图取代了间接又需静思的文字阅读，视觉刺

---

① 汪民安，陈永国. 后身体：文化、权力和生命政治学. 2 版. 长春：吉林人民出版社，2011：14-15.

② 丹尼尔·贝尔. 资本主义文化矛盾. 赵一凡，蒲隆，任晓晋译. 北京：生活·读书·新知三联书店，1989：156.

激使感性消解了理性。视觉对身体的迷恋使身体文化暗合了当下都市文化的需求与认同。而最善于制造消费热点和追星狂潮的大众传媒与电子网络的推波助澜，又使身体文化当仁不让地成了读图时代的重要组成部分。身体文化作为大众文化的一种，在当代的凸显有着多方面的原因：消费主义使身体成为被消费的主体，大众传媒造成的视觉文化使身体成为商业影像的元素，后现代的泛审美化又使身体变成一种重要的审美载体。

杰姆逊指出，“文化是消费社会最基本的特征，还没有一个社会像消费社会这样充满了各种符号和概念”[①]。特别是随着体育比赛转播技术的进一步增强，人们可以在家里观赏到世界各地的体育比赛，人们坐在电视机或电脑前，或在手机上就可以观赏到优秀的体育运动比赛，体育运动员通过身体展示出来的超强力量进一步刺激了人们的观赏欲望。但是有一个事实是，视觉身体所展示的身体更多具有符号意义或象征意义，人们在现代消费社会中追求的更多地是来自这种符号式的刺激。一件衣服本来只是用来取暖蔽体的，但是在某些品牌符号的刺激下，衣服已经成为一种象征符号，几十元的衣服和上万元的衣服在视觉层面已经发生了变化，人们在观赏服装展示时，更多地是追求其背后蕴藏的象征意味，而衣服本身的基本作用在这里已经成为一种最浅层次的需要。所有这些的产生主要一点就是，今天是一个消费时代，是一个视觉时代，是一个符号化的时代。作为代表人类力量的身体最高展示，体育运动自然就成为人们热烈追捧的对象，主要原因就是通过视觉身体成为消费时代体育兴盛的魅力之源。

因此，当前体育名人的超强人气不仅代表着人们对体育精神的一种热烈崇拜，更重要的是这些体育名人的视觉身体文化符号。而在对符号的消费中，身体自然而然地成了各种符号彰显身份的最佳展示。于是，身体经由“消费”这一手段转化为一个社会性的文化符号。在这里，身体成为被消费的主体包括两方面的含义：一是维护自身生存的健康消费，二是美化身体形象的审美消费。尤其后者使身体文化进入审美层面而形成一种身体美学。在消费时代，消费主义一方面促使身体成为被消费主体，促成身体文化的兴起；另一方面，身体在消费的过程中，又反过来刺激着商品的生产，在“消费-生产-再消费”关系中，身体文化必然带有浓重的消费主义色彩。伴随着体育娱乐化的倾向、体育场馆剧场化的

① 转引自西莉亚•卢瑞. 消费文化. 张萍译. 南京：南京大学出版社，2003：44.

趋势，运动员在大众传媒的作用下也开始了角色的演员化转换。运动员在体育场馆内的体育竞技，在很大程度上不再单纯的是为了输赢胜负的较量，更多的表演成分融入其中，或者说运动员对胜利的渴望中加入了对观众的征服色彩，胜利不仅是实力的体现、荣誉的象征，更成了征服观众的手段。

身体文化之所以成为一种美学，其基本前提在于“健康”。对身体内在健康的呼唤与追求是当前身体文化在人类自身生存方面上的表现。尤其是在现代化进程较快的大都市，交通的拥挤、空气的污浊、水质的污染、快速的生活节奏、高强度的工作负荷使人们在享受物质文明高度发展的现代化生活的同时，也产生了“富贵病”，出现如过度肥胖、失眠、焦虑和抑郁症等问题。人们对身体健康的关注度也就大大提高。电视上体育明星代言的广告、宣扬饮食健康的各类烹饪节目、专家在线解答健康问题的互动栏目等，都流露出人们对身体健康的美好向往。另外，人们对各种体育赛事的现场转播展现出来的源自身体的力与美的欣赏，也反映了当代人追求身体健康和生命活力的普遍愿望。身体文化在当代的凸显，还有着当代人自身心理需求的内在原因。身体是主体性的标志，使人类从外在的对象客观世界分离出来，“躯体是个人的物质构成。躯体的存在保证了自我拥有一个确定无疑的实体。任何人都存活于独一无二的躯体之中，不可替代。如果说，‘自我’概念的形成包括了一系列语言次序内部的复杂定位，那么，躯体将成为‘自我’涵义之中最为明确的部分”[①]。拉康的“镜像理论”认为，自我是在通过与镜中的身体形象进行感知和认同中构成的，并在这一过程中获得一致性的愉快。在当下的体育比赛中，观众往往对荧屏上的体育精英等多元身体进行凝视，在反观自身的同时，通过认同、模仿、追捧等方式有意无意地冀望缩小自己与明星的差距，从而达到自我身体的理想化塑造与主体意识的确证。可以说，对自我身体的关注与重视，以及对他者身体的凝视和模仿，也是确定身体主体性的有效途径。现代人的自我意识觉醒和身份确证也在身体这一普泛化的层面得到了实现。

体育教育的进程和前提条件就是放弃自然状态的身体，去接受身体上的教化。在制度化的学校场域中，教育与身体成为一对矛盾，身体更多的是作为被遮蔽、被规训和被惩罚的对象，而没有得到教育者应有的关注。[②]身体在教育理论

① 南帆. 躯体修辞学：肖像与性. 文艺争鸣，1996（4）：30-39.
② 齐学红. 教育中的身体隐喻. 上海教育科研，2006（1）：15-17.

中应该具有更基础的地位，原因有以下四个方面。

第一，人的身体以及人的自然性、生物性，本应是教育的出发点与基础，但在教育理论的探讨中却不断地遭遇到某种意义上的“遗忘”，而退到教育活动的背后，成了存而不论的背景。教育学对人的身体的关注，正是将人的动物性存在从形而上学的理性中唤醒，是对人作为一种完整性存在的正视。也就是说，要将人的理性和感性合二为一，使人真正走向全面发展的正途，而不是仅仅依靠感性得到发展。这也是当前教育界普遍存在的理性主导思想的终极走向。以理性为主导的人最终要回归到感性层面去发展，理性不是人类发展的唯一和终极归属。体育教育正是在这个基础上实现理性与感性结合的最佳点。

第二，体育教育中的诸多问题都涉及人的身体，但人们却没有给予其相应的关注。体育教育理论研究无法回避身体，而且身体是体育教育的基本前提与重要内容，体育教育通过引导人运用身体，使社会性身体与生物性身体相互调节、修饰与形塑。这种教育过程实质上是人的身体规训化的过程，人们对自己的身体进行教育归根结底就是要发展身体，使身体更加健康强壮，能适应社会发展，而且在体育教育过程中，身体被提升到一个高度。由于科学技术的飞速发展、人们认识能力和水平的不断提高，人们深刻认识到增强体质和增进健康是一个社会性的系统工程，需要多方面共同协作，必须把人们的社会性的身体锻炼纳入社会的健康教育和健康促进的整体活动，所以世界的趋势是社会体育这部分逐渐以身体锻炼或运动锻炼的事项融入社会的卫生保健体系，体育则成为以学校为阵地的专门性活动。运用身体活动或练习进行的以增进健康为目的的训练，最基本的社会形态就是在学校里进行的身体教学，这是从属于教育大系统的身体教育。这种身体教育不仅传授身体文化的基本知识、基本动作和运动技术，还要进行意志素质、道德品质和审美情操等教育，使受教育者成为符合社会要求的有个性的社会人才。这种身体教育是一个国家或民族进行的基础性的教育，是保证全民族具有良好身体素质和健康水平的基础教育，属于战略性任务。

第三，身体是最真实的存在，排斥身体及其感觉的体育教育绝不是完整的人的体育教育，甚至可以说是虚幻的体育教育，因为它无视个体的真实性——“我”的本质主要取决于“我”的特殊身体，这个身体同其他社会表现者的身体不同。因此，在体育教育中要注重和尊重每个个体的身体的差异性，特别是要注意体育教育中的教化身体作用，在诸多社会文化形态中，体育运动以它的特质和魅力赢得和征服了青年。在肌肉发达的血肉身躯之间进行竞逐的背后，体育运动展现着人类的共同理想的价值观念。正是这些潜在的文化功能使体育运动汇入世界和平、进步、团结的洪流。竞技运动的外观形态是战争，而它的实质核心却是和平。

第四，随着“身体”成了反思传统观念、传统思维方式最重要的突破口，“身体”也成了反思体育教育现代性与体育教育理想的一个基本范畴，通过审视身体在体育教育中的地位与意义，可以寻求到身体的那种既抽象又具体、既冲动又沉寂、既顺从又反抗品性的体育教育学意义。提倡身体视角的体育教育研究并不是要对传统体育教育进行颠覆，而是进行补充，从而实现真正意义上的身心和谐的完人体育教育，并为构建一种以“身体”为核心概念的体育教育学及其实践意义。在现代社会里，学校被誉为人类社会发展的“动力站”。知识的保存、传授、传播、应用和创新，文明的传承和进步，人才的发掘与培育，科学的发现与技术的更新，社会的文明与理智，不同文化间的交流与沟通，无不依赖学校的基础教育。学校的使命之一是文化的传承。文化是一种生命的信念，一种带有时代特征的信念。没有文化的生活是有缺陷的生活，是遭到破坏、不真实的生活。奥林匹克是人类创造得最为灿烂的竞技文化、体育文化和身体文化，世界上任何一个学校都不应对这种文化熟视无睹，因为身体是人类拥有这个世界的总的媒体。由于现代社会中，人的片面发展在很大程度上是由人们的生活方式造成的，要使人的身、心、群得到全面的均衡发展，必须从生活方式入手，通过切实可行的途径，改善人们的生活方式，从根本上解决问题。

# 第七章　体育与人的心理发展

## 第一节　社会心理学层面的体育

马克思主义认为人类社会存在以来，现实社会中的人为了满足和保护自己的物质和精神需要，产生了特定的意向性行为及其特定的行为活动方式，以达到认识和改造世界的目的，“在社会历史领域内进行活动的，全是具有意识的、经过思虑或凭激情行动的、追求某种目的的人；任何事情的发生都不是没有自觉的意识、没有预期的目的”[①]。人是社会的人，社会心理学认为一个人的社会行为来自其对社会活动的认识和兴趣，人的思维决定人的行为，人们对体育的意识与动机是推动和维持社会主体从事体育行为与活动的主观原因和心理状态。[②]社会心理学是一门复杂的、多层面的学科，是人们在社会生活中自发产生并互有影响的主体反应，包含大量社会现象的心理本质，体育领域也是社会的一个方面，社会的各种问题和现象会以体育的形式出现在体育领域里。[③]从社会心理学层面来分析认识各种体育现象有利于进一步探究人在体育方面的发展。

### 一、体育与冲突理论

冲突既是社会发展的需要，又是社会发展的结果。社会中的冲突是一种必然存在且可以推动社会发展的冲突。冲突理论又称反功能主义，是西方社会学的经典理论之一，其主要理论来源是马克思的理论。马克思认为社会的存在在于人们如何组织起来为满足他们的物质需求而努力，从原始社会至今，社会前

---

① 马克思，恩格斯. 马克思恩格斯选集（第 4 卷）. 北京：人民出版社，1972：243-245.

② 李敏卿. 社会体育心理与新世纪体育事业的发展. 体育学刊，2002（4）：33-35.

③ 沙莲香. 社会心理学. 2 版. 北京：中国人民大学出版社， 2006：34-37.

进的动力一直都是生产力与生产关系的互动，这种关系的互动必然导致财富的聚集，从而产生统治阶级与被统治阶级的分化，而人类社会只要存在经济上的差别，阶级之间的压迫和斗争就不可避免。所谓冲突理论，简言之就是关于社会矛盾问题的哲学，是一种建立在社会发展及其分化过程的基础之上和着眼于现实生活去分析社会冲突的形成与发展方向的理论，以探究冲突对社会分化的引导作用为最终哲学旨归，并从社会学角度考察阶级问题，揭示冲突的发生、发展和结果对阶级形成的推动作用。之后，韦伯对马克思的理论进行了承袭与发展，接受马克思“人类对各自利益尤其是经济利益的追求导致了冲突”的观点，但不认为经济利益冲突是冲突产生的唯一因素，实质上强调的是社会冲突的多样性。冲突论指出一个社会的经济的存在条件是作为促成阶级形成的客观情境而存在的，客观的社会经济情境会使人成为自在阶级（客观自然存在的阶级），受客观社会经济条件制约所形成的自在阶级，并不是真正的阶级，亦即不是真正懂得为自己阶级利益而进行阶级斗争的自在阶级，这种客观社会经济条件会导致人与人之间生活情境的差距，从而使得自觉性的具有政治意蕴的组成以及透过这些组成的斗争的出现。①

马克思认为体育首先是阶级形成的一种工具。作为社会生活的一部分，体育不仅是个人身体活动的一种文化形态，同时也作为冲突发生与阶级形成的工具对社会分化起着推动作用，因此应该从冲突理论的视野下对其进行观照。冲突理论广泛应用于社会学研究中的各个领域，分析和解释了存在的和未来将会产生的冲突现象。体育作为社会发展过程中自然产生的一种形态，将冲突理论应用于体育与社会分层的研究之中已成为大势所趋。在冲突理论的视域下，阶级对立是无法避免的，人类社会是阶级对抗的社会，阶级斗争是人类历史发展的动力，且任何事物的发展变化都离不开冲突，这些冲突来源于社会中不同层次人群的权力和势力分配。虽然体育在社会生活的具体实践中一直扮演着锻炼身体的表象角色，但体育中的冲突隶属社会冲突的一部分，对社会分化、阶级形成起着不可或缺的作用。冲突的社会效应经过体育中的进一步加工，加剧了经济资源和权利的不平等分配，构成了社会分化过程中各阶级形成及其社会地位确立的一部分。斯奈德（Snyder）和施普赖策（Spreitzer）认为，体育并不是产

---

① 李英明. 马克思社会冲突论. 台北：时报文化出版企业有限公司，1990：161-162.

生财富和权力不平等分配的源泉，但它加剧了这一过程。[①]通常情况下，人们认为与运动、休闲和游戏有关的活动可以摆脱雇佣劳动的强制与规训。

随着体育运动的发展受到愈来愈多的重视，资金会源源不断地从经济的各个领域向体育聚集，这种经济上的重视也会对体育本身的健康发展造成严重的影响，甚至会改变体育的本性。可以肯定的是，体育在与社会分层的相互作用中，即一定程度成为经济利益的聚拢工具，参与了社会分层的再生产过程，在掩盖社会分层真相的过程中充当了“烟幕弹”，反过来社会分层也促进了体育的多样性。[②]体育与经济的关系是体育与社会分层相互作用的支撑点，这种关系给社会分层的发生与发展提供了空间与可能。民众是体育运动的主要参与者，体育运动发展过程中出现的社会分层问题会受到越来越多的关注，成为体育社会学研究中的一个重要内容。这个问题给当代体育的发展敲响了警钟——如何在利用经济促进体育发展的同时，保护好体育的本性，使其不被金钱主义所代替，从而沦为经济的奴隶。

## 二、体育与族群认同

族群是指一种初级社会群体，具有一系列共同的文化特征（比如语言和信仰），以共享传统的群体归属感、群体成员中的族群优越感、所属群体的成员资格以及特定的领域为基础。[③]族群认同是指社会认同中的族群成分，即个体认识到其属于特定的社会群体，同时也认识到其他群体成员身份带给他的情感和价值意义。[④]族群认同的研究隶属人类学、社会学、政治学三个领域，其理论根据族群分类标准可分为两类：第一类是18世纪出现的由语言、血缘和土地三个要素构成的族群共同体，第二类是近代出现的由信仰、体貌和习俗三个要素构成的族群。其中，第一类具有代表性的族群是希腊人与非希腊人之间各自形成的族群，前者处于领导地位，后者处于低级地位。第二类具有代表性的族群是信仰上帝的犹太人，这个族群通过信仰的传播，已经发展为遍布全球的世界性族群。

---

① 转引自仇军．西方体育社会学：理论、视点、方法．北京：清华大学出版社，2010：117-118.

② 高升．社会冲突论视域下体育与社会分层的互动．体育科技文献通报，2015（1）：129-132.

③ 麦格．族群社会学：美国及全球视角下的种族和族群关系.6版．祖力亚提·司马义译．北京：华夏出版社，2007：1.

④ 万明钢，高承海，安洁．西方关于青少年族群认同研究的现状和进展．民族教育研究，2010（6）：30-34.

民权运动之后，第一类族群的印记逐渐被抹去，第二类族群的人数和种类不断变得复杂和多样。族群认同与自尊、社会适应、社会行为有显著相关关系。

身份认同的危机、调整和构建总是和一个国家、民族或族群的重大社会变迁联系在一起的。总的来说，是生物的、自然的、原始的因素决定了个人和集体的身份和认同，而非社会的、文化的因素。

在体育领域，不同的个体拥有自己擅长的或喜欢的体育项目，具有相同体育信仰的人聚到一起组成了族群，这些族群是以体育项目为分类标准形成的，而他们的价值感与归属感也将在体育行为中体现。通过研究分析体育族群的行为与心理，可将体育族群大致分为四类：一是同一体育队组成的族群（如球队）；二是参与同一体育项目的族群（如协会）；三是具有同样体育精神的族群（如奥委会）；四是喜欢观赏同一体育项目的族群（如球迷）。在不同的体育族群里，每个成员都有积极的族群认同需要，会为了族群的利益做出一些贡献，从而提高自己在族群中的地位和归属感，当族群对贡献成员给予积极回应时，成员也会得到更高的族群认同度，从而成为该族群稳定的成员，这是族群的良性循环。

在社会中，个体为了拥有稳固的群体认同意识，会利用自身拥有的或创造需要的成分成为某个族群的一员。体育为个体增加了一类跨越性别、肤色、金钱和文化的族群，而族群也为体育提供了文化和交流的平台，两者互相辅助、互相牵制，这就是体育与族群认同的关系。

## 三、体育暴力来源的人格–情境之争

体育暴力行为即运动员不顾及他人感受，做出可能对他人的人身安全造成损害的行为，如足球比赛中的故意铲人、肘击、推人，篮球比赛中的踩脚、拉人、抓脸等。类似的行为普遍存在于各类比赛赛事中，看似微不足道，却会对运动员的身心和比赛的发展造成不利影响。体育暴力行为与每个比赛参与者息息相关，人们一方面抱怨自己受到他人的侵犯，另一方面又有意或无意地对他人做出不友善的比赛行为。

对于比赛中的体育暴力行为，人们的认识可能存在主观与客观的差别。如2006年齐达内撞人事件一度引起媒体的广泛关注，当时被撞的马特拉齐为体育暴力行为的受害者，他的教练里皮认为不管怎么样，齐达内做出这样暴力的反应都是不对的。而当大家谈到马特拉齐不该侮辱齐达内的姐姐时，即马特拉齐是这次体育暴力行为的发起者时，马特拉齐则认为由于齐达内先用一句“如果你真想要我的球衣，你可以在赛后和我交换”侮辱到了自己，自己才进一步对齐达内进行言语还击。可见，由于个体看待事件的角度不同，所以会有不同的归因，即当自己成为比赛中体育暴力行为的受害者时，往往会指责他人，认为是其固有的“恶性”人格所致，就是“赛如其人”，因而他人应该为该行为负责；相反，自己成为比赛中体育暴力行为的制造者时，人们则归因于情境因素，也就是“赛由境生”，认为或由于他人的体育暴力，或在特定的情形下，自己才做出体育暴力行为，并非自己的人格特质所致。这与行为者-观察者偏差中描述的一致，每个人都具有自觉运用可变归因模式的性能，这种可变的性能可能来源于行为者-观察者偏差，人们的直觉通常会受到行为者-观察者偏差的影响，即在同样的情境下人们会对别人采取不同于自己的评价标准。[①②]在比赛中，行为者和观察者的这两个视角正是体育暴力行为制造者和受害者这两种身份的缩影。本小节主要对体育暴力行为发生过程中人格与情境因素的不同作用进行探讨，以便为更好地认识与管理比赛中的体育暴力提供依据。

人格还是情境？对体育暴力行为来源的探讨可以追溯到 20 世纪 60 年代以来米歇尔首先引发的“人格-情境之争”，即个人的行为是由他们所处的情境决定还是由他们的人格决定（不管情境如何），或者更加准确地描述为个人的人格是否可以跨越情境为他们的行为提供一致的指导，还是他们的行为完全由当时所处情境决定。需要更加细致地了解人格和情境在个体行为中扮演的角色，才可以真正了解个体行为的发生过程。人格对行为的影响主要是内在动机驱动，而情境正是外在动机，内在动机反映了人类的倾向，具有很大的自主性，可以反映一定的行为规律，而外在动机只具有相对自主权，主要依赖于外部因素的影响。Kirsch 等在对睡眠和情境、人格的相关性进行探讨后得出，情境是暗示性、感受性、建议性的，而人格是主动的、生动的。[③]有研究发现，在社会困境测试

① Nadelhoffer T，Feltz A. The actor-observer bias and moral intuitions：Adding fuel to Sinnott-Armstrong's Fire. Neuroethics，2008（2）：133-144.

② Wallace D M，Hinsz V B. Group members as actors and observers in attributions of responsibility for group performance. Small Group Research，2009（1）：52-71.

③ Kirsch I，Council J R. Situational and personality correlates of hypnotic responsiveness. In E Fromm，M R Nash（Eds）. Contemporary Hypnosis Research（pp.267-291）. New York：Guilford Press，1992.

中得分高的人易受利他主义影响，而得分低的人则受人格的影响较大。[①]鉴于人格对个体行为的巨大作用，在欧洲高级经理的求职活动中，面试官甚至会将人格特质的重要性置于情境和人口统计学因素之上。[②]

西方心理学有关个体行为跨情境一致性的问题已经争论了很多年，人格的认知-情感系统理论（cognitive affective personality system，CAPS）是目前公认的最为合理的一种理论，它主要强调个体行为在相似情境中表现出的稳定性，认为个体的行为并不仅仅指行动本身，还包括很多认知情感元素，如编码策略、能力和自我调节策略、期望和信念、目标和价值观以及情感反应，这些元素构成了人格的整体结构。当个体面对某种特定情境时，其部分认知情感元素会受到抑制，另一部分认知情感元素则会被激活，这些被激活的认知情感元素会指导该情境下个体行为发生的方向，并抑制其程度。[③]

人格对行为的作用是直接和基础的，情境则作为一种辅助因子对行为的发生进行一定的修饰和干扰。传统观点认为外在因素的影响会掩盖人格的一致性，所以习惯于将个人的行为理解为不同情境下各种因素共同作用的结果，在反驳这种假设和实践的过程中，近期一些研究证明个人的行为沿着稳定的轨迹运行，即人们的行为不仅决定于稳定的个体差异水平，也决定于情境-行为关系的稳定模式。[④]有研究者指出个体行为差异的一致性可能来自环境适应和动物性格，然而一定程度上这种行为具有可塑性，研究者通过测试得出每种行为倾向的强弱，结果发现行为的一致性大于可塑性。[⑤]Roberts 等指出人格特质的稳定性也有年龄差异，青年人的人格特质稳定性和一致性低于成年人。[⑥]

---

① Bereczkei T，Czibor A. Personality and situational factors differently influence high Mach and low Mach persons' decisions in a social dilemma game. Personality and Individual Differences，2014，64：168-173.

② Boswell W R，Roehling M V，Boudreau J W. The role of personality，situational，and demographic variables in predicting job search among European managers. Personality and Individual Differences，2006（4）：783-794.

③ 王秋鸿，常诗晴，谢晓非. 驾如其人：为什么我们会不友善驾驶？北京大学学报（自然科学版），2013（5）：921-927.

④ Mischel W，Shoda Y，Mendoza-Denton R. Situation-behavior profiles as a locus of consistency in personality. Current Directions in Psychological Science，2002（2）：50-54.

⑤ Briffa M，Rundle S D，Fryer A. Comparing the strength of behavioural plasticity and consistency across situations：Animal personalities in the hermit crab *Pagurus bernhardus*. Proceedings of the Royal Society B：Biological Sciences，2008（1640）：1305-1311.

⑥ Roberts B W，DelVecchio W F. The rank-order consistency of personality traits from childhood to old age：A quantitative review of longitudinal studies. Psychological Bulletin，2000（1）：3-25.

体育暴力一直存在于各类比赛中，而且出现的频率也较高。这类型行为虽然性质上并不恶劣，但却让受害者苦不堪言，且这类行为中一个最重要的问题是，当自己是体育暴力当事人时，往往会把原因归咎于派生性、反应性和功能性的环境因素。人格和情境共同影响着个体的行为，这是心理学领域高度认同的观点，但对于人格和情境在行为发生过程中所起作用的大小关系至今没有定论。从现有的研究看来，人格产生的是一种原发性的、稳定的动机，而情境则是一种外在的、干预性的影响因素。正是人格的稳定性决定了行为的跨情境一致性，研究结果也再一次印证了这一观点，研究结论可以概括为“赛如其人”，通过两个测试，分别从两个方面为“赛如其人”这一观点提供理论依据，研究指出个人主义人格和竞争性倾向对体育暴力具有正向预测力，且集体主义人格对体育暴力具有反向预测力，这样从正反两面为人格对体育暴力的解释力提供了依据，另外那些体育暴力行为程度较高的个体在社会价值导向中依然表现出了个人主义人格和竞争倾向。总的来说，体育暴力程度高的个体，其个人主义和竞争性也较强，集体主义意识较弱，同时其在社会价值导向中也表现出个人主义和竞争性的人格特征。

总之，虽然大部分体育暴力行为制造者会将其行为归咎于情境因素，但情境并不能真正解释人们身边大量的体育暴力，事实上人们看到了体育暴力行为的个体在不同的情境中也表现出了其个人主义、竞争性的人格特点，所以情境只是体育暴力行为的替罪羊，真正的影响因素是人格。虽然比赛中的体育暴力层出不穷，甚至还有著名的足球栏目《天下足球》评选出了体坛“十大屠夫”，“屠夫”二字足以证明这种行为的危害之大，但这种不良行为并没有被大家真正地认识，其机理还有待进一步揭示。

## 四、体育中的集体心理

“人类行为具有理性选择的特性”这一具有统摄力的假设，使得人们开始用理性选择的原则来建构人类行为的谱系，正如艾智仁所说，人的社会性归根到底还是基于人的自利性。①

关于“集体”形成的原因，从国内外研究成果来看，观点基本一致，即集体

① 转引自李炜. 奥尔森的集体行动理论. 青年研究，1999（1）：44-47.

的成员为了分享集体所带来的益处，且这些益处是个人身份不能或很难获得的特殊利益，从而自发地聚集到一起并存在下去。集体存在的必然性在社会学中既不新鲜，也不特别，但以上观点都建立在“集体中的个人会为了共同利益而努力”的假设上。集体行动的最终成果反映了集体中所有成员在统一最终目标的驱动下共同完成行动的效率，是集体行为研究中的主要内容。当球队急需球员为其努力拼搏时，为什么有的人会消极怠工，然而有的人却能尽自己的最大努力为球队做贡献？这样的问题一直以来困扰着球员和教练，甚至是体育心理学家和体育社会学家。引入集体行动理论，从社会学的视角尝试探索集体行动的逻辑下球员个人和球队集体的利益关系，目的在于阐明球员的行为动机，从而制定一套行之有效的集体激励机制，为今后体育学的研究引入一种新的思路，并对我国体育事业的改革与发展提供理论指导。

20 世纪初，莱明用“心智归一法则”解释集体行为，一直被认为非理性、病理性的集体行为才被更正为一种有组织的集体行为。随着奥尔森提出著名的“搭便车理论”：集体行动的成果具有公共性，所有成员都能从中受益，包括一些没有分担集体行动成本的成员，这些集体行为被普遍统一为集体行动，并在社会学中逐渐形成了其独立的概念体系。[①]我国对集体行动的研究起步较晚，最早于 20 世纪 80 年代通过引进的西方集体行动理论为研究基础，所以会有明显的西方思想的痕迹。[②]

集体行动理论简单讲就是在集体行动中行动是以个人的边际利益而不是群体利益作为行动依据的。该理论的创始人是奥尔森，其主要理论来源于对马克思二元阶级分析观的批判与继承。[③]目前集体行动理论广泛应用于社会学、经济学、心理学等领域的研究，主要用来分析社会现象中集体行为的发生与发展及其过程中个体的动机和利益分配。

探讨集体中的利益关系，不得不提到奥尔森的“搭便车理论”，该理论认为公共物品一旦存在，集体中的成员不管是否对这一物品的产生做过贡献，都能

---

① 转引自曼瑟尔·奥尔森. 集体行动的逻辑. 陈郁，郭宇峰，李崇新译. 上海：格致出版社，上海人民出版社，1994.

② 唐杰. 社会抗议刍议——关于我国集体行为研究概念体系的思考. 学术界，2009（5）：168-174.

③ 何哲. 分配扭曲、阶层分化和集体行为——对中国社会危机窗口的估计. 经济社会体制比较，2011（4）：47-55.

享受这一物品所带来的好处。这也决定了另一个社会现象：一个集体为获得某一公共物品努力奋斗时，其中的每个人都趋向于让别人去奋斗，而自己坐收分成，结果就会出现“三个和尚没水喝”的局面，这就是“搭便车”困境。在这种机制下，奥尔森认为困境会随着群体成员的数量增加而加剧，原因主要是成员数量多会使每个人获得的利益少、每个人做出的贡献有限、人与人之间的监督减少、集体行动监督的成本增加，在他的研究样本中，集体中的个人会采取行动保持集体目标的成员人数是 6.5 左右。

在竞技体育中，比赛的胜利需要每个人的积极拼搏，而比赛所生产的公共物品却是由团体的所有成员按所共享，那么体育中的集体就成为“搭便车”行为发生的温床。具有共同利益的大集团中的每个人只能获取共同利益的小部分，而不论其个人为获取这种共同利益付出了多少代价。[①]随着集体规模的增加，集体内每个成员对比赛结果的平均贡献度会逐渐显得微不足道，即一个成员努力与否对比赛的影响不会很大，这也使得人数较多的集体中队员更容易发生“搭便车”行为，如羽毛球双打比赛中，每个队员对于比赛的发生与发展都起着至关重要的作用，两名队员都必须拥有较高技术水平与合作意识；篮球赛中出现更多的是“热火三巨头”“火箭姚麦组合”这样的核心球员，即球队需要两到三名核心球员，而剩下的球员起辅助作用，显然这里每个球员所担当角色的平均贡献度要低于羽毛球双打比赛选手；足球场上每个球员的贡献度要更低一些，由于这个集体有 11 名球员，所以在其他球员都不努力的情况下，一个球员即使再努力，也通常无法改变比赛的现状。

物质利益是人们生存与发展的第一需要，这是一个最基本的决定性的前提和事实。市场经济是以利益为驱动的经济，在这种体制下，竞技体育开始慢慢回归到追求物质利益的现实中，即从“利他”向“利己”的转变。马克思认为物质利益和经济利益动机始终是推动个人创造价值的原动力。奥尔森也认为理性决定了追求自身最大利益是个人努力的动机。个人参与集体性活动的前提是在综合考虑个人在对集体行动的投入与集体行动带来的收益后作出的选择，这里的主要方面有个人获益比例、效益独占可能性和组织成本。集体之所以存在，是因为在人力合作中往往会产生 1+1＞2 的效果。从理性选择的观点出发，公共物品

---

① 曼瑟尔·奥尔森. 国家的兴衰. 李增刚译. 上海：上海人民出版社，2007.

的需求才是集体行动的原动力，因为公共物品是个人很难或无法生产的，必须依赖集体的力量才可以获得。所有集体行动都是由对公共物品的需求引起的，没有公共物品的集体不会发生集体行动。集体成员身份归属感的吸引力只是一方面，更重要的是这个身份可以带来什么好处。

正如在自愿的方式下没有人会纳税，只有在强制的税法约束下才能保证这一公共物品的有效供给一样，集体利益不会由其成员自愿创造，需要采用有效的约束力，以及激励的驱动。激励的目的在于驱使成员为集体目标做出贡献，其表现形式可能是奖励性的，也可能是惩罚性的；可能是经济性的，也可能是社会性的。奥尔森提出激励的影响因素主要有情绪影响、理性选择、认同需要等，从作用对象的属性和作用形式来看，将激励分为集体激励、选择性激励、隐性激励、实物激励。不同的激励措施会使运动员产生不同的动力机制，如何根据竞技现状与运动员的需求采取合适的激励措施将成为比赛胜负的决定性因素之一。

集体激励以平均主义为前提，其基本假设是每个人对比赛的贡献一致，并且不存在“搭便车”现象。事实上，市场经济高度发展的今天，机会主义盛行，运动员的行为选择空间较大。在集体激励的制度下，因为最终的结果是集体中任何人不管是否付出努力，都将均分这份收益，所以可能有人选择不努力而获益。选择性激励意味着集体存在组织的选择性安排，运动员的上级会根据每个人的表现，分别对个人进行区别对待，比赛尽力且成绩优秀的运动员会获得更高的获益激励，而比赛懈怠的运动员则会得到较低收益，甚至会被处罚。选择性激励界定了运动员的比赛参与行为与努力空间的关系，有效地遏制了机会主义，最终驱使集体中的理性个体采取有利于集体的行动。隐形激励是一种社会性激励，主要通过道德力量对参与者的意识形态进行激励。教练员的口头称赞、队友之间的相互鼓励、球迷的殷切期望和助威呐喊、球队的组织文化等构成了竞技体育中的隐形激励体系，这种体系有利于提高运动员对球队的诚实、依赖和忠诚，从而减少机会主义行为的发生。实物激励，即金钱、物品等看得见的实在性奖励，其主要依赖于集体的经济现状与项目的受关注程度，它是对运动员角色自我实现的一种社会证明，同时也提高运动员的角色期待。

竞技体育团体竞赛是一种典型的“集体行动”，集体行动的逻辑在于采取什么样的组织结构形式才可以在避免“搭便车”的同时，更好地调动个体成员的积极性，从而达到集体的最终利益。为了让理性的人更好地平衡个人利益与集体利益之间的关系，就无法回避“博弈论”，因为集体行动本来就是个体博弈的结果。集体行动的原动力是公共物品，而公共物品本身并不足以促成理性的个体积极地参与集体行动，理性的个体在计算参与集体行动的预期收益同时，也在计算参与集体行动需付出的成本以及规避成本的可能性，在具备规避成本的条件下，行动者会趋向选择机会主义行为。奥尔森对于集体行动的困境提出了选择性激励和小集团理论，选择性激励可以分别通过奖励与惩罚有效地激发每个人的积极性，而小集团与大集团相比具有更大的规避优势，可以更好地进行激励与组织监控。

人是理性的，集体性激励无法有效地激励个人为了公共利益而奋斗，那么选择性激励就变得很有必要，这样如果一个人不参加某一集体行动就不能得到或将失去利益。在体育集体中，参与人数最多的是橄榄球（15 人），而最少的是乒乓球、羽毛球、网球双打（2 人），总体来说体育团体的容量都比较小。如果一个成员没有努力进行比赛，那么其行为也逃不过其他成员的眼睛，最终这个成员就可能无法得到集体获益，甚至会被团体边缘化。此外，这里的选择性激励也有另外一层含义，就是体育集体的权利、利益、贡献的分配不能进行平均分配。这样，一个具有领导能力的成员就会被赋予领袖地位，如队长，具有高运动水平的成员就会被放在关键位置或时刻，利益则会根据每个人的表现进行区别分配，最后整个体育团体的积极性就可以得到更好的激发。

在市场经济的规律下，球队与球员会在相互制衡中不断地产生摩擦。我国职业体育劳动力市场的运行长期处于混乱状态，主要源于我国市场经济体制缺乏独立发展能力与自由发挥空间，主管部门的非市场行为介入严重影响了自由体育市场的形成，运动员无法自由地争取自己的利益，在球队与球员的劳资关系中始终处于劣势。市场化是推动竞技体育发展的原动力，也是进一步激活体育发展的有效手段，真正地让市场在竞技体育的发展中决定资源配置，只有这样球队和球员才能根据各自利益诉求，通过不断的磨合与探索，达到平衡状态。

奥尔森的集体行动理论主要被用于经济学和社会学的研究中，但是我们通过对集体行动理论的研究认为，体育是一个多元的集体，其内部利益关系错综复杂，集体行动理论作为阐述与解决集体内部利益诉求关系的经典理论，将有助于处理好竞技体育的群体心理关系。在竞技体育飞速发展的今天，我们必须放开眼界，借鉴与吸收国内外的优秀成果，采用多元的研究方法，不断地将其他学科的科学理论引入体育学，为体育的改革与发展提供理论依据。

## 五、体育中的竞赛心理

随着体育比赛中运动员之间的较量白热化，竞争已经从竞技能力转向竞赛心理，有很多优秀运动员在关键比赛中未战而败的例子，例如网球名将德约科维奇多次在关键大赛中由于压力过大，难以坚持比赛，最终以失败告终。竞赛心理指竞赛状态下产生的独特心理状态，这是一种高度紧张和集中的心理活动状态。竞赛心理中常见的问题主要有缺失信心、情绪不佳、心理紧张等。一般来说，运动员赛前不相信自己的实力，缺失信心，比赛中就很难发挥出真实的水平。比赛开局阶段的好坏会对运动员整场比赛的情绪产生较大影响。心理紧张分为两类，适度心理紧张有助于运动员保持积极主动的竞技状态，而过度心理紧张会导致运动员担心、害怕，造成运动时僵硬、变形。[①]"竞赛心理"是一个看不见、摸不着的概念，很难定量地了解，并且心理量表的测试也会有较多影响因素，所以我们也需要通过一些定量的数据对运动员竞技过程中的心理情况进行评价，这是竞赛心理未来不断深入研究的一个领域，即生理生化指标与竞赛心理状态的相互关系。例如，张忠秋的研究发现，比赛发挥好的运动员在比赛前0.5—2小时表现出较高的心理应激水平，而比赛发挥差的运动员与之相反，并且在赛前早期和比赛后儿茶酚胺排出量明显增加，具有高焦虑的特点。[②]

优秀运动员能够保持理想的心理状态，大家所熟知的理想心理状态主要有高峰体验、流畅状态、跑步者高潮等。另外，也有一些运动员的技能水平较高，但在关键性的大赛中难以夺冠，赛前个体失败焦虑和社会期待焦虑对他们比赛状态的影响颇大，尤其是技能类项目。[③]因此，优秀运动员不仅要有充足的体能和高水平的运动技能，还要有超强的竞赛心理，这样才能在激烈的比赛中高水平发挥。为了提高运动员在比赛中的心理应激能力，提高心理素质水平，我们需要对运动员的比赛心理进行干预。比赛心理干预主要分为基本心理技能训练、社会支持和个性化心理干预三层。基本心理技能训练包括目标设置、放松训练、

---

① 邓世忠. 高校篮球运动员比赛心理特征分析. 武汉体育学院学报，2000（2）：94-95.

② 张忠秋. 运动员比赛心理发挥状况与儿茶酚胺排出量和状态焦虑关系的探讨. 体育科学，1997（3）：71-74.

③ 王智. 对我国优秀运动员理想比赛心理状态和有关心理影响因素的研究. 体育科学，2007，27（7）：41-45，50.

表象训练、自我谈话等，主要是提高运动员自我调控能力，引导他们调整自己的心态，妥善处理各种外界刺激和内外冲突。社会支持主要是指运动员从运动队、亲人、队友、朋友、领导、网络等处获得的物质或精神方面的支持和帮助。个性化心理干预是根据运动员遇到的实际问题，采取有针对性的干预策略处理问题，主要方法有生物反馈训练、放松训练、注意集中训练、表现演练、自我谈话、心率变异训练等。[①]

在竞赛中，很多心理问题会影响竞赛的顺利开展，这些问题主要有以下四类。

一是心理压力过大。适度的压力体验是竞赛的不竭动力，但是心理压力过大就会成为一种阻力，对竞赛状态具有破坏性作用。心理学研究表明环境事件并不必然产生压力体验，认知因素在其中发挥着重要作用。竞赛的心理压力过大是压力源和认知因素共同作用的结果。从心理角度而言，由于外界刺激的增强，而导致较强的心理压力，并通过运动员的比赛行为充分表现出来，如畏惧、过分紧张、竞赛动机不端正、目的不明确、信心不足、性格孤僻、情绪暴躁等，从而导致技术动作变形，战术完成不彻底，正常水平无法发挥。

二是心理状态消极。技能的发挥不仅受技术水平本身影响，同时与运动员心理状态密切相关。心理专家在进行大量个案调查后，归纳了影响运动员竞赛正常发挥的“四个怎么办”：如果比赛砸了怎么办？遇到了难题怎么办？竞赛中别人做得快怎么办？赛不出理想的水平怎么办？如果缺乏针对性的应对策略，这“四个怎么办”无疑具有消极的心理暗示作用，会对运动员的心理状态产生不利影响。

三是心理品质不良。心理品质是对心理活动水平高低的度量，如记忆的持久性、准确性，思维的灵活性、深刻性等。当前，竞赛中常见的不良心理品质主要有：过度紧张或是放松导致的粗心大意，表现出注意的稳定性不够；由赛场突发事件（如裁判判罚、设备故障、对手完成情况等）引起的遇惊就慌、遇变就乱、遇阻就急、遇难就怕，表明临场应变能力有待提高；由训练的时间较长以及技能的复杂性引起的怕苦、畏难、退缩等现象，反映了意志品质亟须完善。

四是心理危机易发。当一个人面临困难情境，其先前的处理危机的方式和惯常的支持系统不足以应对眼前的处境，即必须面对的困难情境超过了能力时，

① 赵国明，张忠秋，李坤. 中国跳水队备战重大比赛心理干预模式的理论建构. 中国体育科技，2010（6）：64-68.

这个人就会产生暂时的心理困扰，这种暂时性的失衡状态就是心理危机。易出现心理危机的运动员，一般在训练中格外努力，对自己的要求较高，对比赛的结果有着较高的期望，往往过于看重比赛的意义，且性格通常较为内向，面对比赛失利时，既无法回避，又无法用理性的方法来解决。总的来说，易出现心理危机的运动员会表现出多方面的特征：情绪特别低落，有空虚感和丧失感，言谈中流露出自责、羞愧甚至罪恶感；在认知方面，极化思维，做不合理的推论，如认为比赛失利自己的将来就一定没有前途、人生暗淡；在行为方面，回避或排斥他人，拒绝别人的关心和帮助；在躯体方面，食欲不振、严重失眠等。

随着运动员竞技水平不断提升，获得好的竞技成绩变成越来越难，运动员必须在提高运动技能的基础上，增强自身心理抗压能力、应激能力和竞赛心理调节能力，只有这样，才能在体育比赛中游刃有余、正常甚至超常发挥，取得理想的成绩。

## 六、体育与心理优化

通过剖析心理和优化的概念，结合心理优化的现代应用，我们可以将心理优化概括为个体不断地对心理内容进行完善、对心理活动进行优化，从而在发展过程中所呈现的良性状态，一般表现为消极心理的减少和行动效率的提高。在体育中，心理优化可以有效减少不必要的焦虑、提高自信心，从而为竞技水平的良好发挥提供保障。

通过查阅大量相关资料，笔者并没有在正式的书籍和期刊中发现体育心理优化理论和相关内容，但从其应用与功能来看，运动技能学习与控制理论恰恰是心理优化理论在体育中的应用，运动技能学习与控制是人类动作行为科学的重要组成部分，运动技能学习主要研究对象是人类动作技能的学习过程和影响动作学习过程的各种变量，运动技能控制的主要研究对象是动作产生、执行和控制的心理过程，以及影响其过程的各种变量。[①]

目前，心理优化在体育中的应用主要有提高体育教学效率、优化教练员培训过程、深度挖掘运动训练技术、优化运动康复效果等。第一，在体育教学中，心理优化可以丰富体育教学、训练、科研知识体系，对于提高学生的体育水平有积极作用；第二，心理优化可以为各个项目的教练员开展训练工作提供科学的

① 张英波. 运动技能学理论与实践. 北京：高等教育出版社，2012：2-3.

借鉴和参考；第三，心理优化能够帮助运动员更加高效地练习、控制动作、提高水平；第四，心理优化可以有效指导患者进行高效的康复训练。

## 七、体育与身体意识的觉醒

在西方主流社会学中，“身体”曾经一度被人们所忽视，因为人文主义社会学研究的“社会行为”常常在笛卡儿的二元论框架下开展。在笛卡儿看来，身体是被贬低的，当时的传统社会学将身体看作是客观环境组成成分，并不是富有主动性的身体。[①]在这一时期，身体在社会学研究中被忽略。尽管身体在传统社会学理论中遭到长时间的忽视，但并没有屈服，而是等待合适的时机破土而出。古希腊时期是唤醒身体的时期，在最开始人们对体育的狂热缘于战争的需要，当地处在一个小岛上，土地有限而稀少，资源也缺乏，为了争夺土地的拥有权，居住在那里的不同族群之间时常爆发战争，该时期，体育的主要功能是发展强壮的身体，培养打仗的战士。这时的身体主要服务于战争，有很多人锻炼身体并非自愿，这样的身体锻炼并非建立在对身体尊重的前提下，所以还不能完全称为体育，但可以理解为身体意识觉醒的开端。

在社会学研究中，人们对古希腊奥林匹克运动的解读达成共识，那就是它对希腊半岛的和平和人类发展所做出的贡献，这一点是古希腊文明中最突出的价值，但是，这样的说法忽略了体育对于身体的意义，奥林匹克运动在古希腊被视作一场庆典，在庆典中每个人的情绪得到释放，他们尽情地欣赏身体的竞技，身体的力量素质、速度素质、柔韧素质、协调素质都被竞技运动员充分演绎出来，身体因为体育成为万众瞩目的焦点，竞技者以体育的名义展示着身体的美丽，对大众的观念形成了极大冲击。在竞技场上，获胜者除了获得荣誉外，也获得了大家对其身体的赞赏，甚至在庆典仪式上，没有强壮的身体是没有资格参与舞蹈表演的。[②]在竞技场上，身体的价值不断被挖掘，观念的转变支持了身体从愚昧无知的客观事物成为自主认知主导的身体，这样的观念转换也开启了人们重视身体的篇章，在这一阶段，身体意识真正觉醒。

当代，身体意识的发展正在逐渐蔓延，已经发展到体育、时装、消费、舞蹈

---

① 郑震. 身体：当代西方社会理论的新视角. 社会学研究，2009（6）：187-205.

② 谢光前. 古希腊体育与身体意识的觉醒. 体育学刊，2006（2）：79-81.

和美容等多个领域，这个现象也许是身体意识繁荣的前奏。[①]当今生活节奏加快，新生事物不断更替，身体的存在感逐渐减弱，生活中不断有新生事物成为焦点。那么，体育除了保持身体健康之外，是否还能够带领身体走向繁荣？

## 八、体育与个体社会化

体育通过其内在文化的制度规范和道德规范来发挥促进个体社会化的功能：一方面，体育有其独特的规范准则；另一方面，不同体育项目形成的团体也有着自身的道德规范。体育的外在环境与人内在环境（主要为生存规范）相互适应，当社会的规范与人的自觉规范一致时，就完成了人在体育活动中的社会化过程。[②]体育促进人的社会化的原理是当人在体育活动中接受来自外界的刺激后，通过对刺激进行分析会引起对外界刺激做出反应的动机，然后做出反应的行为过程，但是对于外界刺激的反应必然会受到社会规范的制约，违反社会规范的反应将被惩罚，遵守社会规范的行为则被鼓励和奖赏，这种惩罚或奖赏的经验成为人自身思维的一部分，当下次出现同样刺激时，人便会通过以往经验做出相近的反应，这种经验也在接下来的社会生活中被不断丰富、加强和修正，最后人的行为反应便符合社会的规范准则，完成了人的社会化。

### （一）奥林匹克与人的社会化

随着人民生活水平的提高，体育运动逐渐走进各家各户，奥林匹克运动的圣火也开始照耀越来越多爱好体育的人们，奥林匹克平民化的趋势必将使体育覆盖全人类。奥林匹克精神是使每个人都看到自身发展的无限潜力和无量前途。当今，体育已经是人类不可或缺的一部分，是现代人生活中必不可少的精神追求和身体需要。同时，体育运动是人类认识和改造自身、认识和改善社会的重要手段，这一点确定了奥林匹克运动对人的社会化的贡献：奥林匹克运动为人的社会化提供了资源，奥林匹克的价值观念引导人的社会化，奥林匹克的文化为人的社会化创造了人文环境。[③]

---

① 文军. 身体意识的觉醒：西方身体社会学理论的发展及其反思. 华东师范大学学报（哲学社会科学版），2008（6）：73-81.

② 乔梁. 校园体育文化促进人的社会化. 体育文化导刊，2003（4）：56-57.

③ 王军，王猛. 奥林匹克运动与人的社会化. 体育与科学，2002（6）：20-21.

奥林匹克与人的社会化之间并不是单向关系，两者相互依存、相互补充、共同发展。[①]一方面，奥林匹克促进人社会化进程。奥林匹克提倡人的和谐发展，即人的全面发展（体质、精神、品德），这一点顺应当今社会发展的需求，受到世界各国大力推崇。奥林匹克的精神是“更快、更高、更强”，这种精神教育了参与体育运动的每个人（包括观赏体育的观众），促进了其在社会中的发展。通过奥林匹克的教育功能，大多数成员从中习得和强化了基本生活技能和运动能力，培养了集体意识和竞争意识，懂得了发展人际关系的途径，促进了身心的发展，为人的社会化打下了结实的根基。另一方面，人的社会化完善了奥林匹克的理念。人一旦从最初简单的生物人变为社会人，就意味着这个人已经具有在社会生存所必需的技能和规范，承担自身的社会角色。社会化的人在直接或间接地参与奥林匹克运动时，必然有意或无意地将社会行为规范呈现在奥林匹克运动过程中，这样一部分社会理念和规范便会参与奥林匹克运动的文化更新。

### （二）学校体育与人的社会化

每个人从出生到死亡，无时无刻不在接受着社会化的改造过程。青少年时期是人的社会化过程中最重要的时期，此时，学校是人的社会化的主要场所，其中学校体育对人的社会化进程有着举足轻重的意义。[②]完善的体育教育可以在运动技能传授和体育活动开展过程中教会学生诸多社会技能，如与人和睦相处、助人为乐、合作共赢、遵守规则等。[③]但是，通常的状态是，人们较为重视体育增强体质和教授运动技能的功能，但经常忽略体育的社会化功能。这种情形也体现在体育教材的编订和教学的开展上，体育教材中很少会书写体育精神、体育文化和体育社会学的内容，大部分篇幅用在运动技能的发展上，而在教学的开展上，一些教师也同样会将大量精力投放在运动技能教授上，并没有很好地通过体育推进人的社会化进程，这是需要注意的问题。

人的社会化过程是不断积累改造优化社会经验的过程。学校体育在优化社会经验的过程中发挥着重要的功能，主要表现为五个方面：一是体育可以培养和发展人的基本生活技能，如走、跑、坐、站等，经过一段时间体育教育的学

---

① 杨明，万晓红，欧阳柳青等. 试论中国奥林匹克教育与人的社会化、国际化. 武汉体育学院学报，2003（2）：1-3.

② 齐栋，张柳云，王港. 从人的社会化过程谈体育教学改革. 北京体育大学学报，1999（2）：90-93.

③ 赵宏. 体育对人的经验改造及促进人的社会化关系. 上海体育学院学报，2003（6）：28，32.

生，往往走路平稳，姿势立正，举手投足符合社会规范；二是体育可以为学生的不良情绪提供一个良性发泄通道，帮助其更好地控制情绪，成为情绪稳定的人；三是体育培养学生学会合作共赢的理念，合作是很多体育项目取得胜利必不可少的要素，这种理念会出现在他们未来的生活中，帮助他们更好地生活；四是体育可以提升学生的社会适应能力，在体育活动的参与过程中，个体逐渐学会小团体中的适应能力，学校就是一个小社会，这种适应能力在以后的社会生活中也会发挥作用；五是学校体育规范人的行为，为人的社会化做好准备。人的社会化就是生物人发展为符合社会规范的人。体育活动中，符合规则的行为会被提倡，而不符合规范的行为会被批评和禁止，这种规则也同样适用于社会生活中。总的来说，学校体育是学生社会化不可或缺的内容。

## 第二节　体育的认知过程

认知就是个体通过心理活动将接触的外界事物转化为自身知识的过程，主要包括五个方面：储存与提取、信息加工、表象和概念生成、输入与输出、知识运用，这是人类最主要的心理过程。人的认知过程以注意为前提，以知识为媒介，依靠思维进行。认知过程是个体不断认识外部世界、积累生活经验的过程，也是不断完善自身、提高自身的过程。一般认为，学生在学习各门课程的过程中的认知主要有三种形式：一是概念性认知，主要通过言语、符号完成学习过程，这是语文和数学等学科学习中使用的认知形式；二是形象性认知，即通过一定的形象描述以及大脑中对形象的想象发生的认知，美术、书法的学习和体育的初识都属于此类，如体育漫画通过其强大的吸引力对大众心理进行暗示，帮助人们认识体育，提高体育意识；三是运动性认知，这种认知形式以身体为载体，大脑接受身体活动信息过程中形成的认知学习，主要存在于体育学习以及其他身体技能学习课程中。[①]但是，在体育学习中，学生不仅需要通过运动性认知学习掌握身体活动技能，还通过反复身体练习加强这种身体体验，还需要通过形象示范和相关媒体教学学习动作过程。

体育的认知过程不同于其他学科，在其发生发展过程中需要三个方面的能力。主要包括：第一，预感知身体信息的能力。在动作演示过程中，学生需要认

① 杨建民. 体育漫画分析. 体育文化导刊，2009（11）：121-124，154.

真观看，将动作信息输入自身大脑中，在心里默默地做出示范，这一点等同于背课文时的默记，过程发生在心里，同时主动感受该过程中产生的内部信息，转化为自身的感受。经过该过程，学生虽然还未学会动作，也未开始做动作，但已经感知到该动作的身体信息。第二，主动分辨信息的能力。在体育学习中，随着动作学习的多样化，大部分类似的动作会出现，这样在接下来的学习中，就会出现动作混淆或动作相互影响的情况，所以学生需要在学习过程中对所学内容进行认真筛选和主动分辨，从而避免发生错误认知。第三，准确调整动作的能力。在体育学习中经常会出现这样的情况，学生虽然已经完全掌握身体感受和动作要领，但依然无法准确完成该动作，原因就在于感受信息与动作信息之间一致性不足，学生无法精确控制自己的身体，这时学生应该不断地体会、感受自身内在信息，并由旁观者提示动作的外在信息，通过比较调整，最终达到身心合一。

## 一、运动技能的形成与感知觉

感知觉由感觉和知觉两部分构成。感觉是大脑对感觉器官接受的直接刺激信息的单一反映，知觉是大脑对感觉器官接受的直接刺激的整体反映，两者经常被合并为感知觉，原因就在于感觉和知觉是密不可分、同时出现的，且感觉是知觉的基础。评定感知觉的指标主要有反应时、节奏感、时空判断、手动稳定性、视觉深度、临界闪烁融合频率、内在感知觉、皮肤两点辨别阈、用力感、关节敏感度等。[①]感知觉信息主要分为两类：外源信息和内源信息。外源信息绝大多数来自外界环境，主要指视觉和听觉。视觉可以帮助人们了解物体运动信息（运行轨迹和速度）、自身动作的时间和空间特点以及预估未来事物；听觉有时被用来预测速度和视觉不及处的动作。内源信息来自人体，一方面感受本体感觉器官发出的诸如姿势、力量和空间定向等信息，另一方面感受身体动作，即动觉，其信息主要来源于运动系统的感觉信息，如肌肉收缩和肢体动作。感知觉在人的身体活动中具有非常重要的作用，感知觉能够使人辨别自身的运动状态、姿势，以及内部肌肉和器官的工作状况。

运动技能的形成是一个复杂的过程，运动员竞技水平的高低主要取决于与

① 杨海平. 对不同级别篮球运动员 12 项感知觉指标的测试与分析. 北京体育大学学报，2005（1）：52-54.

该运动相关的肌肉的感知觉能力。感知觉在整个运动技能形成过程中起着非常重要的作用。运动技能的形成包括三个阶段。第一阶段是认知-定向阶段，这一阶段是个体对动作的初步认识和学习阶段，习得的动作较为粗糙，整体动作不协调，有多余动作出现。感知觉在这一阶段的功能是帮助肌肉产生正确的肌肉感觉，通过调整肌肉活动进一步改进动作。第二阶段是运动技能初步形成阶段，这一阶段主要去除多余动作。感知觉在这一阶段的作用是通过对照动作表象巩固正确动作，校正错误动作。第三阶段是动作协调和技能完善阶段。前两个阶段已经使动作趋于完善，主动意识对动作的控制减弱，动作趋于自动化。该阶段主要是对动作细节的把控、校准，感知觉系统在这一阶段主要通过感知觉器官提供的动觉信号来调节。在篮球运动中，竞技水平的高低主要取决于技能、体能和心智能，而这些能力都是围绕个体的球感展开的。球感即对球的感知觉，包括优秀的深度直觉、精确的本体感觉、良好的稳定性、精确的触觉等，一个感知觉迟缓的人不可能形成良好的球感，所以不能成为优秀的篮球运动员。而在跆拳道运动中，视觉、听觉、运动觉和平衡觉等感知觉起着非常重要的作用。[①]视觉、听觉只能感受单一的感觉信息，而运动觉感受的是多种感受器官的信息，并需要通过中枢神经系统进行整合，所以感知觉也是运动员选材中的主要测试内容。为了提高动作技能水平，个体亟须提高自己的感知觉能力，主要手段有正误感觉对比纠正、语言指导调动肌肉感觉、适时去除视觉因素制约、积极记录反馈感知觉信息。[②]

## 二、体育动作程序的控制

动作程序是人体进行各种动作的信息控制系统，长期存储在大脑中，如电脑程序一样，这个系统规定着动作的细节，包括动作形式和各部位的运动过程，如肌肉收缩形式、力量大小、协调情况和时机等。动作程序理论对于理解某种动作的功能性组织非常有帮助，但简单的动作程序理论并不能包含动作行为的一些重要方面。一般认为行为程序是外显行为动作和内隐认知信息的结合体，其中内隐成分包括行为策略（如放松、表象训练），外显行为即身体行为本身。影

---

① 薛新轩. 对跆拳道运动员“感知觉”“反应和反应时”及心理特征的分析. 武汉体育学院学报，2004（1）：146-148.

② 林萍. 对形体教学中正确感知觉练习的探讨. 沈阳体育学院学报，1999（3）：61-63.

响行为程序的因素主要有技能水平、性别和时间节律等。根据体育动作的进行时期不同，竞赛动作程序可以分为竞赛前行为程序、竞赛中行为程序和竞赛后行为程序。行为程序对于动作的完成过程具有主要的指导功能，这一功能体现在四个方面：第一，帮助运动员从已有程序系统中选取一个相似程序，确定后运用在接下来的动作当中；第二，引导运动员在没有意识控制的情况下自动化完成动作；第三，行为程序是运动员在非运动状况下进行表象训练，熟练和稳定运动技能；第四，它为运动员确定类似任务所需能量情况，减少能量浪费，优化能量供应。

在各类体育活动中，动作程序针对各种项目的需求，从不同方面控制动作的进行。在动作程序的研究中，通常将动作分为快速动作和慢速动作、对抗性动作和非对抗性动作。在快速和高度时间准确性动作中，如拳击、乒乓球、击剑等，动作速度非常快，无法利用比赛中的各种反馈调节和控制动作，动作的进行是单向的和开放的，运动员只能在动作结束后再修改和调整。在慢速和高度空间准确性动作中，如台球、高尔夫球、射击等，动作的进行可以不断参考各种反馈信息对动作进行调整，动作的流程是双向的、封闭的，运动员可以在动作进行过程中不断调整动作的力量、路线和幅度。在对抗性动作中，运动员处于时时变化的运动环境中，需要通过观察周围环境的变化，不断改变应对方法，选择最佳的动作程序。在非对抗性动作中，运动员所处运动环境保持绝对或相对静止状态，运动员只需要采取固定的动作程序进行比赛。例如，一些顶级的世界球星在一些大型比赛中，经常做出一些超常的即兴发挥的改进动作，即使他们处于困境，也能巧妙地以非常规的动作形式出奇制胜。

## 三、体育与选择性注意

注意是心理通过判断周围信息的意义，对无数种同时存在的信息进行主动占有的现象，选择性注意是避开某些信息以便有效地处理其他信息的现象，从这一概念中我们可以认为注意本身就是一定程度的自主选择的心理活动，对信息进行选择是注意的自带特性。人的大脑是一个非常复杂的系统，由上千亿个神经元构成，其中大量神经元组成了大脑的信息流网络，用来处理记忆、注意和意识三大认知功能，而周围环境的信息量巨大，大脑由于自身处理能力有限，只能通过选择性注意机制，使人在大量信息中选择有意义的信息。[①]选择性注意的过程和结果复杂得多，因为环境中的大量无用信息并非可以直接被忽略，部分无用信息可能被大脑识别和处理，这些无用信息被加工后会演变为干扰信息，影响个体的思维和决策。关于选择性注意的解释，知觉负载理论认为，当前主体任务所需注意资源的高低决定了环境中的注意资源整体分配，如果当前主体任务的注意需求较低，其处理过程只需要一部分注意资源，则多余的注意资源会自动溢出，去加工无用刺激，从而产生干扰效应；如果当前主体任务的注意需求较高，有限的注意资源就会被全部占用，以处理主体任务，那么与任务无关的干扰刺激就不会被加工，也不会产生干扰效应。[②]知觉负载理论虽然在一定程度上解释了选择性注意发生的条件和干扰因素产生的原理，但是该理论解释不了听觉的选择性注意，也有人认为选择性注意的决定因素较多，知觉负载理论研究的只是其中的一个方面。

在体育运动中，经常会出现注意资源的匮乏和分散现象，这时选择性注意就变得尤为重要，它可以使有限的注意资源更高效地运行，尤其是在速度较快的项目中，在运动开始前运动员经常会面对诸多信息，必须在短时间内做出反应，所以只有集聚大量注意资源到有效信息上，才能做出最佳反应。足球运动员在踢点球时经常会面临守门员和球迷的各种干扰，优秀的足球运动员能够管理好自己的选择性注意。网球运动中，球速飞快且力度较大，运动员必须通过观察准确判断球的落点，以最短的时间做好接球准备。乒乓球运动员必须通过观察判断对手的出球意图，并识别对手的假动作，做出正确的反应。这些反应动作的正确与否，都取决于运动员短时间的选择性注意能力。

对于体育参与者来说，如何训练自身的选择性注意能力，是提升体育运动水平的重要内容，也是专业运动员经常采取的发展策略，有研究指出选择性注意能力往往与知觉分析和分配情况有关。[③]优秀运动员的选择性注意能力一般表现为以下几个方面：一是预测能力强，不管是网球、乒乓球还是足球、篮球，运动员必须时刻对场上情况进行预判，从而更好地做出反应，而且越是优秀的运动员，其预测能力越强；二是简化复杂信息的识别，在比赛场上，运动员经常需

① 刘琼，秦世引，李志成. 视觉选择性注意的模型化计算及其应用前景. 科技导报，2010（1）：107-115.

② 魏萍，周晓林. 从知觉负载理论来理解选择性注意. 心理科学进展，2005（4）：413-420.

③ 朱骎，章建成，金亚虹，等. 体育运动中选择性注意的国外研究现状. 上海体育学院学报，2000（4）：46-51.

要面对较为复杂的战术体系，这些体系中包含的信息较为庞大，优秀运动员能够选择性注意其中的标志性信息，从而动用较少的注意资源识别出关键信息；三是对应的待捕捉状态，不同的运动需要被注意的细节不同，优秀运动员可以根据项目需要，在活动未开始时便已经布置好感受器官的位置，以便运动开始后可以准确无误地展开注意；四是抗干扰能力，当今的各类联赛中，球迷已经成为各支球队的标配，他们除了为自己球队加油外，还有另外一项使命，那就是扰乱对手的心理状态，因而当今各类项目的训练中都加入了抗干扰训练，即将运动员置身于极其吵闹的空间中训练，以提高他们在正式比赛中的抗干扰能力；五是合理分配资源的能力，比赛场上，尤其是多人项目中，运动员经常需要同时接受多类信息，这些信息也有轻重缓急之分，优秀运动员能够根据各方面信息的重要程度合理分配注意资源。

## 四、体育与运动反馈训练

反馈是机体在处理信息过程中将来自感受器的效果信息经过感受器传回大脑神经中枢，获得有关动作准确性、有效性的信息，从而可以进一步改进动作。在运动技能学习过程中通过反馈可以让个体了解动作的完成情况使其动作过程更加准确。根据反馈信息的来源，反馈一般分为自然反馈和外来反馈两种：第一种，自然反馈指机体在动作结束瞬间，通过身体上的感受器迅速得到的信息，是动作完成后自然发生的过程，并不需要自身之外的帮助便可以得到；第二种，外来反馈指动作完成后外界为动作过程提供的信息，而不是由机体自然产生的信息。例如，教练在观察运动员的动作后，指出动作过程所存在的问题，帮助学生纠正错误动作。大部分体育比赛中会显示比赛分数，这些分数是对运动员的量化反馈。[①]外来反馈因其评价的内容和给予方式的不同分为过程反馈和成绩反馈。在运动完成后外界环境提示的有关动作特征称为过程反馈，如足球比赛中主裁对某运动员掏出黄牌，就意味着该运动员的动作违规。成绩反馈是整体反馈中最重要的一种，是对该动作表现的官方评价，具有公示性。它可以是非常量化的分数，在训练和非正式比赛中也以模糊评价的方式出现，如“很好”“进步很大”“太棒了”等语言。

① 朱晓峰. 舞蹈动作技能学习的反馈理论. 北京舞蹈学院学报，2008（3）：82-86.

## 五、体育与表象训练

表象泛指以形象为表征的所有心理现象，是一种有自我意识的心理经验，这种经验的存在有时不需要真实发生，主要包括人脑记忆过的事物形象或人脑对已记忆事物进行加工后的内容，也可以认为是通过感觉创造或改造的一种有意识的心理经验。表象训练是以表象为内容，通过暗示语的提示，在头脑中反复演绎某种运动动作或运动情景，从而起到提高运动技能和合理管控情绪的方法。[①]在表象训练应用中，一般以“视觉化”训练、意象演练或想象训练等形式进行。表象训练理论一直是心理训练的核心内容，但相对于心理训练而言，其研究依然处于论证阶段，并没有形成一种大家普遍认可的理论，主要理论有心理神经肌肉理论、符号学习理论、心理技能理论、心理生理信息加工理论和三重编码理论。

心理神经肌肉理论对表象训练的心理神经肌肉解释已经有较长的历史，该理论认为表象可以使肌肉产生与实际运动类似的肌肉运动，唯一的区别是运动幅度减小。其原理是大脑运动中枢和骨骼肌之间相互关联，人们可以通过主动想象做某一动作，从而刺激有关的运动中枢兴奋，中枢兴奋通过传出神经传到骨骼肌，引发一定的运动动作，即主动的表象事件演绎所引发的肌肉活动与主动的身体运动在本质上是相同的。

符号学习理论认为表象主要通过充当编码来帮助人们学习运动动作，即表象的本质就是编码，这些编码在大脑中枢里会产生成功完成动作的心理过程。表象训练可以不断强化这种心理过程，从而使动作更加熟练，最终达到自动化。符号学习理论认为表象训练的效果在于其认知的自我学习。根据这一解释，表象训练对于认知成分高的运动技能具有更佳的促进效果。但是，总的来说，心理神经肌肉理论和符号学习理论都无法完全解释表象训练的心理干预功能。

心理技能理论认为表象训练是通过发展或强化心理技能而影响行为表现的，这些心理技能主要包括注意集中技能、降低焦虑技能和增强自信心技能等。表象是发展这些心理技能的重要手段。表象训练的心理技能理论将表象训练对动作或运动表现的作用归结为心理技能的改变，这克服了有些表象训练理论要么只能说明表象训练对技能学习的作用机制，要么只能说明表象训练对技能表

① 漆昌柱，徐培. 表象训练的概念、理论及主要研究领域：现状与分析. 体育科学，2001（3）：76-80.

现的作用机制的缺憾。这一理论并没有说明表象训练如何发展个体的心理技能。

心理生理信息加工理论，也称生物信息理论，该理论认为表象是一种储存于人脑中的有限模型，主要强调个体神经发生与生理反应的相关性。同时表象也包括指导个体如何反应的固定程序。运动行为与对应的表象行为是紧密相关的，运动行为会引发表象行为的发生。表象训练引起的生理反应越强烈，相应的运动行为就越明显，因此该理论提示进行表象训练时应着重激发个体的生理反应。

三重编码理论认为表象由三个部分组成：映像的使用、身体的反应和映像的形成。映像可以理解为中枢唤醒的感觉，它包含所有感觉的特征。身体的反应就是表象训练时产生的生理反应。个体都会在形成表象时将其独特的经验信息收入其中，所以即使相同的表象训练，也无法使个体产生相同的反应。因此，在应用时，必须首先弄明白某个表象对某人的特殊意义，而不能相互套用。

表象训练作为心理训练的主要手段之一，目前已经被广泛应用在体育领域。许多运动员和教练员谈到他们在运动中采用过表象训练，并从中受益。表象训练的作用是多方面的：其一，表象训练对技能获得和巩固具有重要的促进作用，也能增强自信、稳定激活水平、减缓紧张焦虑、促进运动损伤康复。其二，表象训练对运动技能的提高主要是通过改善运动认知与梳理动机两方面完成的。如运动员假想自己取得了比赛的胜利，走上领奖台上领奖，接受观众的欢呼与致敬。其三，表象训练对认知功能的改善是通过心理训练产生与比赛相关联的心理活动的策略，如在心理练习各种比赛情况下的比赛策略。进行表象训练，可以使运动员在使用这些策略的时候轻车熟路。例如，网球运动员通过内心练习接发球时注意力聚焦到对手的手臂和球拍而提高接发球成功率。越是高水平运动员，越能体会动机功能，而低水平运动员或初学者主要得益于表象训练的认知功能。此外，表象训练也适用于体育教学，对动作技能的形成和质量提高有十分显著的效果。①

## 六、体育与认知干预

认知干预是以认知和行为干预为主要思路，用来矫正个体心理的不合理或

① 刘永峰，章要在. 动作表象训练在排球扣球技术教学中的运用. 武汉体育学院学报，1999（6）：98-100.

消极的思维和想法，从而增进新的认知，忽略原有的认知，改善个体的自我认知，达到调整不良情绪和行为的目的，消除各种负面情绪和怪异行为。认知干预过程首先需要个体形成主动的求助动机，不能对其采取强制治疗措施，而应对存在适应问题的认知进行矫正，使个体在日常生活中能够积极对一些不良行为进行自我矫正。体育活动作为身体的活动形式，能够将体育的积极情感和精神逐渐渗透到个体认知中，提高个体的心理承压能力，重塑认知，从而以体育为手段达到认知干预的目的。

体育活动确实可以改善认知，这种改善功能主要表现在以下三个方面：一是身体锻炼可以引发个体形成积极的思想和情感，改善心理健康。健康心态、积极情绪的个体在生活中能够自信地面对挫折，自强地应对挫折，积极地开展生活。于志涛的研究发现，基于认知干预的体育锻炼能够有效提高大学生的心理健康水平。[①]二是体育锻炼能够提高个体的压力应对力和心理承受力。一般个体遇到高压事件时，会引发焦虑、紧张情绪和大量的应激反应，这样在处理压力事件时就无法静下心来寻求对策，往往会头脑发热或不知所措。体育锻炼有助于情绪控制和合理行为，其原理主要是体育锻炼可以分散注意力，使压力引发的应激通过无害的方式发泄出来，并使个体从运动中获得愉快感，达到满足、舒畅的状态。三是体育锻炼能够磨炼人的意志，增强心理的坚韧性。经常参与体育锻炼的个体在体育活动中与同伴、朋友的交流是放松的，在锻炼过程中个体之间会交流、鼓励，并从中获得所需的社会认同，这可以在一定程度上培养个体克服困难的信心和勇气。

在通过体育锻炼干预认知时，要结合个体的心理特点和运动项目的特性，合理安排锻炼强度、频率和时间，有目的、针对性地开展干预活动。[②]不同体育项目有自身的特点和所擅长干预的内容，如足球运动是一个集体项目，主要强调各成员之间的团结与协作，足球-认知干预的特点是着重提高人与人的交流、合作、信任能力；啦啦操以音乐为动作背景，将曲目、节奏感融入身体活动中，能够有效地调动个体的兴趣和活力，啦啦操-认知干预主要引导学生积极、专注、

① 于志涛. 基于认知干预的体育锻炼对大学生心理健康的影响. 重庆教育学院学报，2012（6）：132-133，160.

② 沈翔. 运动干预和运动-认知干预对大学生压力应对及心理承受力的影响. 武汉体育学院学报，2015（10）：76-82.

体会自我，最后达到增强自我观念、自我认同的目的；网球是一项个人或双人对抗的项目，主要强调个体在对抗时的自信心和心理承受力，网球-认知干预的特点是促进个体独立，激发正面处理问题的能力。

## 第三节 体育与个体情感

体育是人类主动锻炼身体的活动，情感是人对生活中的各种事物是否符合自己需求而产生的体验，体育是情感发生的载体。[①]情感与认识一样也是对周围事物的反映，但它强调的不是客观事物，而是客观事物与人的相互关系，当客观事物满足人的需求时，人便会产生积极的情感，反之便会产生消极情感。将这一逻辑应用到体育认识活动中，即情感为体育的发生与发展提供原动力。例如一些人之所以健身，是因为羡慕某些好身材的个体；老年人之所以雷打不动地坚持锻炼，是因为爱惜生命；年轻人之所以喜欢运动，是因为运动使他们感到快乐。

因此，从体育活动发展的视角来审视个体情感，大体可以分为三个阶段：第一阶段，情感寄托阶段。早期的祭祀仪式以及走、跑、跳、投等基本活动，再到后期形成的舞蹈，这些活动都是对神灵的敬畏，直到后来古希腊竞技体育产生时都是祭祀形式的竞技活动，情感释放也都与神有关。早期的运动会中，胜利者经常会把胜利的荣誉献给神，他们认为是神赋予了这一切，神是万能的，这时人类的情感被宗教所奴役，不是自由的情感。慢慢地，人类对神的敬畏不断弱化，主要原因在于人类慢慢发现神也不是无所不能的。随着人类生活水平的提高，娱乐性逐渐成为体育活动中越来越重要的特点，人类展现自我身体能力的需求愈加旺盛，很多人是为了展现自己的才智参加运动会。

第二阶段，情感归本阶段。自由情感的诞生源于人类逐渐意识到自身无法摆脱身体，在竞技体育活动中，个体可以清晰地感受到身体所蕴含的能量，这一变化是人类在社会生活中不断积累经验和改造自我的结果。这时的人类崇尚暴力、崇尚强者、崇尚胜利，社会常年战乱、民不聊生，亟须一种有控制的情感行为载体出现。现代竞技发源于欧洲，在国家背景下，欧洲各国的战争使人民形成了共同的价值观和情感支持，这种情感表达逐渐从战争转移到竞赛场，这时爱

---

① 李萌. 浅谈体育情感的导向. 价值工程，2014（8）：245-246.

国情感也就从战争扩展到竞赛。①

第三阶段，情感控制阶段。人类文明化的关键问题在于情感的控制要更加严格、全面，竞技场上不允许再有血腥出现，而应该是一片文明之地，是情感合理宣泄的场所。当代，体育活动中时有场上队员比赛、场下两队球迷打架的现象，偶尔会出现伤亡惨重的暴力事件，这其实也从侧面反映了情感控制的必要性。

体育活动中无不蕴含着情感的表达，每种体育行为背后都蕴含着人类的情感，因此有必要对体育活动中的情感进行解读。体育活动的开始一般是模仿学习运动技术，这种模仿是一种表征性模仿。情感产生一般需要客观事物的唤醒，例如恐怖电影会引起个体的害怕，开心的歌曲会使个体快乐，对体育活动的模仿同样也可以诱发个体产生类似体育活动演示者的情感。在模仿过程中，个体产生的所有情感体验都是存在的，具有稳定性。在比赛中，不管是运动员还是观众，其情感都会随着跌宕起伏的比赛情形而发生剧烈变化，一旦遇到不公平判定与恶意行为，个体在激烈的比赛情境下，就可能出现情感失控，导致肢体暴力冲突的发生，而在场外，也会有足球流氓群体的暴力行为等。体育比赛的规则可以理解为对情感的控制，就像前面所提到的，情感一旦不能被有效控制，便可能引发冲突。人类进化的主要标志包括文明的行为与合理的情感。但是，在情感控制和体育规则还存在着这样一种关系，那就是体育规则越详细，情感失控越容易发生，也就是情感失控率与体育规则详细程度之间存在反比关系，所以人们需要在两者之间找到一种最佳状态，当体育规则详细到某一量化值时，情感控制度最佳；体育规则一旦低于或高于该值，都会引起情感控制度下降。

## 一、体育与人的原始情感

人的原始情感是从人类远古祖先时代发展而来的，且随着人的进化和社会的进步不断演变，最后发展为丰富多样的情感。原始情感主要有爱与恨两种，现在人们的情感主要有快乐、悲伤、兴奋、愤怒、恐惧等，这些情感在每个人的婴儿期就已经存在，即使长大后学会如何控制情感，这些原始情感也依然深植在心中。弗洛伊德认为人的原始情感源于人的本能需求，本能需求所形成的原始情感是人类进化和社会发展的原动力。人的实践活动是围绕人的需求运转的，

① 郭振，友添秀則，刘波. 埃利亚斯视野下竞技体育的情感研究. 体育学刊，2012（6）：46-50.

生命的原动力是原始情感的宣泄，即人类生活中的情感以欲望、激情和冲动的形式外化。需要是有层次的，原始人类的需要主要是生理需要和安全需要，人类的实践活动也在这一层次开展：为了生存，人类必须全力发展自己的捕食技能，之后狩猎活动兴起；雄性动物想要得到雌性动物的欢欣，就必须强身健体，战胜周围的竞争者，这也是健身在原始时代的存在形式；原始丛林里有大量威胁人类生存的动物，因而人类需要不断掌握各种技能来保护自己以及家人，这些技能主要包括工具和火的使用以及打斗本领的练习。①

体育与人的原始情感又是如何联系到一起呢？它们需要一个中介，那就是宣泄，即人的原始情感有宣泄的需求，体育作为一种宣泄途径而存在。这一切都是人类文明不断发展的结果，在最开始情感的宣泄途径多是身体的流血对抗，其中最极端的宣泄形式是战争，战争中，原始的爱与恨都得到了充分的宣泄，只是代价太大，人类根本无法承受生离死别的痛苦，但是原始情感一直在内心不断积聚，人类一定会寻找一个可以合理宣泄原始情感的手段。总的来说，这种宣泄途径非常暴力，随着文明的发展，人们需要寻求一种社会所容忍和允许的手段将其表现出来，这种文明的身体对抗方式就是体育。②体育活动中蕴含人类基本上所有的原始情感，而且是一种极为有效的手段，可以完全满足人们的宣泄需求。

## 二、体育与人的道德

道德是存在于人们内心的良知，是人们对人生观和行为原则的信念。体育道德作为一种上层建筑，主要表现为体育在实践中不断丰富的规范和善恶理念。体育道德主要包括四个层面：一是体育道德认知层面，是对体育基本道德准则的认识；二是体育道德情感层面，是在体育道德行为中产生的情绪和态度倾向；三是体育道德信念层面，是个体对体育道德理念的信仰与崇尚；四是体育道德行为层面，是个体对体育道德理念的实践，是体育道德的最高层面和最终追求。③

当今，体育是一种流行的活动，遍布世界的各个角落，但大家最为认可的功能一般是其游戏功能、娱乐功能、经济功能等，至于体育中的道德品质、审美观

① 陈波. 论渲泄与人类的原始情感. 江汉论坛，1995（1）：54-58.

② 刘齐. 世界杯是《红楼梦》. 金融博览，2014（13）：82.

③ 聂丽芳. 论体育道德的构建. 体育科研，2005（6）：44-46.

和思维方式往往被人们忽视。体育的本质是公平、公正、友谊、和平，但是在现代体育中，运动员服用兴奋剂、金钱控制比赛结果等与体育道德相悖的行为时有发生。那么这些问题是什么引起的呢？

首先，虽然市场经济体制能够激发体育圈的活力和个体的积极性，但也不可避免具有功利性、竞争性和盲目性，使一些人为了金钱而不择手段地进行非正当竞争。其次，体育道德评价体系具有不统一性。随着市场经济的发展，社会的道德评价开放度不断提升，短时间内难以形成统一的评价体系，这种状况使得道德的约束力往往无法实现，就可能出现非道德行为。最后，体育法规建设落后。在体育法规尚不完善的状况下，如果个人做出违背体育规则的事情时惩罚力度较小，就可能有越来越多的人为了金钱铤而走险，承担较低的风险成本而获取高额的回报。从这个角度来看，这种行为具有诱惑力，这也是体育违规行为经常出现的主要原因，即缺乏法律约束的行为或者法律不健全情况下的行为不规范的可能性更大。

体育道德培养就是个体把从体育道德实践中获得的认知转化为个人品质的构建过程，这个过程有广义和狭义两种理解。广义的体育道德培养是体育道德教育、修养和实践等实践活动。狭义的体育道德培养是指个体的自我体育道德形成的过程。一般人谈到的是后者。①

体育道德培养过程主要分为三个阶段。一是自我认知和主动学习阶段。在体育道德培养中，首先要认识到接受教育的必要性，并在发展过程中提高自己的悟性，并主动配合体育道德培养的发展。从个人体育道德的形成来看，外界教育是外因，主要起到培养道德发展意识的作用，道德培养意识发展到一定程度，这部分意识就会转化为个体主动学习，即达到自我净化、自我完善、自我革新、自我提高，这些也都反映了体育道德培养中的主观能动性，能动地追求高尚的道德。二是循序渗透阶段。人在改造客观环境的同时，也需要不断加大自身的改造幅度和加快改造速度。体育道德是在后天的体育实践中逐渐发展起来的，因此人们需要循序渐进，沿着步步站稳，不断向前的路线，逐步完善体育道德的培养。体育道德在形成初期经常需要人们主动干预自己的行为，以便使体育道德体现在我们的行为中，而且就程度而言，人们也需要逐渐加大干预力度，为身体

① 王素平. 高校体育与社会体育指导员. 体育学刊，1996（3）：60-62.

更好地适应做好准备。三是基本道德形成阶段。这一阶段是经过个体的初步加工以及后期完善后形成的成形的体育道德。随着个体对体育道德的认识不断加深，体育品质逐渐深入人心，这种体育品质非常稳定，很难发生偏移，也可理解为道德品质转化为主动道德行为。人们应该在体育活动中滋养自身情感，端正道德理念，培养道德良知，发扬道德理性，坚持道德立场。体育道德的培养并没有终点，人们需要在发展认知、自我学习和循序推进的基本指导下不断深化体育道德实践和提高体育道德修养。

## 三、体育与人的美感

世界是由人构成的，美感也部分源于人的身体美。那么到底什么是美？美来自人的身体的感知和感受，是人的身体快感的升华和人的身体审美的潜移默化。[①]正因为这种美感来自人，所以不同的人会有不同的关于美的理念，有人喜欢健壮硕美的身体，有人喜欢消瘦苗条的身体。人不仅是审美主体，也是审美的对象，因为身体本身就是最美的艺术品，它的美需要通过身体去活动、去感知。没有身体就没有人类的审美实践和对美的欣赏，即没有身体就没有人的美感。身体是人审美能力的基础，也是人创造美的领域，说到底，美感就是人的身体在经历各种对象性刺激之后，由器官产生的愉快、兴奋、轻松的感觉。

那么体育中人的美感就是个体在参加或观看体育比赛活动时所产生的美的情感体验。体育美感主要包括四个方面：形体美、道德美、精神美和技术美。

一是形体美。形体美是体育美感的最直接的要素，主要指身体健壮、形体优美，即由生理解剖特点所建构的身体之美。它是人的自然身体经过后天的雕琢而获得的，由视觉器官所感知到的空间性的美感，是客观的美。体育中的形体美主要表现在体育参与者拥有的与各自参与项目相符合的身体之美，如举重运动员的美是健壮的肌肉，跳高运动员的美是修长有力的双腿，体操运动员的美是纤细的形体，而相扑运动员的美是硕大的体型。

二是道德美。体育运动不仅能够赋予人美的形体，也能培养美的道德。经常参加体育运动的个体更能真切地感受到父母的爱，所以早早地便学会了爱护父母。体育活动能够培养人的独立意识，减少对他人的依赖，更容易自强自立，能

① 张之沧. 身体美论. 体育与科学，2012（4）：45-48，30.

够照顾好自己。团体运动的经历使人早早明白团队合作的重要性以及互相帮助的品质，在他们身上可以看到友善互助的道德品质。

三是精神美。精神美往往表现出坚毅坚强、豁达开朗、不怕困难、勇于拼搏和乐于奉献等精神状态。体育凝聚着人类文明的高尚精神，蕴含着和平与友谊、团结与进取、公平与公正、奋斗与参与精神。在体育活动中，运动员在练习中不畏艰苦、刻苦钻研、努力拼搏，在比赛中拼尽全力、勇敢面对激烈的比赛和优秀的对手、发挥出自身的水平，为的就是在正式比赛中获得胜利，这种更快、更高、更强的精神正是精神美的表现。

四是技术美。体育的技术美需要运动员准确把握动作的幅度、力度、角度和节奏，从而赋予肢体感觉、动作轨迹和身体姿势等方面美的感觉。体操运动员的劈腿动作要做到简单、迅速和稳健，跳跃和支撑动作要做到平衡和协调，这些都是体操中人的技术美。整体来看，随着体育中人的美感从各个角度转化为当今人们对美的追求，体育美感已经成为体育发展中最活跃的要素，推动着体育事业进入发展的快车道。①

在商品社会的今天，越来越多的体育元素出现在商品中，而商品所诱发的购买欲，部分源于美的欣赏与追求，商业中的利益追逐自然也不会放过对人的美感的开发，这种开发可从早期的维纳斯女神像上看出，该雕像体现着女性的神圣美，包含美丽、温柔、神圣和妩媚，人们可以看到成熟的身体、曼妙的身材和充满活力的腰，这些美集聚到一起激发了无数后人对美的追求与欲望。因此，要培养人的美感，就需要不断地体会、感受、感悟、接受和诱发对美的追求，再通过后期自身的凝聚、积累、整合和升华。体育作为展现身体魅力的一种常见的身体活动，富含人类对身体的要求、对激情的追求和对美感的体验，是最自然的身体节律和生命的展露。体育作为一种发生在身体感觉层次的自然活动实践，通过运动生成建构了人的美感的对象，并将这种美感扩展至个人的一生，使身体成为人们美感的想象对象、欲望对象和审美对象。

## 四、体育与共情

共情是指个体在与他人互动过程中，共享和理解他人的情绪状态，并产生

① 张美江，张云龙，陈巧萍. 对“形体美”若干理论概念之辨析. 北京体育大学学报，2006（6）：862-863.

与他人类似的情感反应，主要包括情绪共情和认知共情，情绪共情是指个体产生与他人相似的情绪体验，认知共情是指个体理解他人产生特定情绪的原因。[①]作为人与人互动时产生的一种情感反应，共情并不是有主体就会发生，它的发生还需要特定的情境和关系支持，因为在真实生活中，社会信息的意义取决于情境。那么什么是情境呢？情境就是一个特定的空间场景中所呈现的能够引起个体对目标对象产生情感反应的一切事物或信息群。除了情境是共情发生的不可或缺的要素外，共情对象的身份、性别、年龄、形象、身体情况等因素也会影响共情发生的程度，如女性较男性更容易获得他人的共情，残疾人比正常人更容易获得大家的共情，漂亮的人更容易获得他人的共情，年幼者和老年人更容易获得他人的共情。

### （一）体育活动与共情

共情是个体设身处地感受他人的想法、感觉和情感的体验。从广义上来看，共情是哺乳动物具有的一种行为适应，主要包括对疼痛感受、悲喜情感和其他身体状态的情感表达。共情是一种高级的社会认知功能，对儿童青少年的心理形成具有非常重要的作用。[②]在体育领域，共情是一种极为常见的感情反应，原因在于体育是一项充满对抗，并且需要决出胜负的活动，这种活动经常戏剧性十足，极具观赏性。竞技场上，运动员同心协力，裁判火眼金睛、公正不阿，球迷忠于球队、无条件支持，比赛中每个主体，不论是参与者还是观赏者，都在不断地进行着共情的体验，也正是这些体验使得每类主体都可以全身心地投入。

竞技的主要参与者是运动员，那么我们就从运动员讲起，共情主要发生在集体运动项目中。以美式橄榄球为例，这是一项充满着雄性激素的运动，该运动时刻充斥着乒乒乓乓的撞击声，球员稍有不慎便会被撞倒在场地上，球员的一举一动都牵动着人心。有的队员被重重撞倒在场地上，本队队员看到后，似乎感受到了那种撞击，马上充满动力，所有队员同心协力，大战强敌；而对方其他队员看后，似乎感受到了撞倒对方球员的胜利感，备受鼓舞，变得更加威猛。整个比赛中，每名球员都感受着比赛带来的共情体验，这些共情体验增强了他们的

---

① 陈武英，刘连启. 情境对共情的影响. 心理科学进展，2016（1）：91-100.

② 余皖婉，梁振，潘田中，等. 暴力网络游戏与青少年共情及攻击性关联研究. 中国学校卫生，2016（4）：564-566.

参与感与团队感，使得比赛更加精彩。

比赛中往往需要裁判员维持秩序，以保证比赛公平、有序地进行。裁判员的职责是认真观察比赛的每个细节，一名优秀的裁判员能够看清非常隐蔽的行为，也能公正地判定结果，如足球场上，经常出现难以察觉的犯规，只见到被侵犯队员痛苦地躺在地上呻吟，很多人却没有看见这一幕如何发生，然后裁判果断出示相应的红牌或黄牌，被警告的队员会表现出一脸无辜的样子，而且主场球迷也会大声示威。一般人会受到被处罚队员无辜表情以及球迷喊冤等行为的共情反应的影响，但是裁判员经过长时间的磨炼，能够非常坚决地抵抗共情的影响，做出公正的处理。[①]

每场比赛都会有观众，他们是情感上完全投入比赛的群体，虽然没有参与比赛的任何部分，只是作为旁观者存在，但是他们却可以同运动员一道对这场比赛的整个过程感同身受。拳击比赛中，有人被重拳击倒时，所有人都会发出惊叹，如同自己被击倒或是自己把他人击倒一样。甚至有些人过于投入，会在比赛中，随着拳击手的动作不断手舞足蹈，仿佛自己就是拳击手，这种全身心的投入可谓将共情体验表现得淋漓尽致。从这一角度来看，体育不仅是一场简单的比赛，也可以被看作共情体验的重要载体。

另外，在体育教学中，情感是教师与学生链接的主要中介，学生在学习中首先需要接受教师，然后才会听取教师教授的运动技能。[②]而共情的核心理念是共情主体真实而可靠地存在，并且真诚相待，不加掩饰，开放地、主动地与学生交流情感，如通过共情感受肢体活动的力度、熟练动作演示过程以及体会动作完成的喜悦等体验，这样学生才能真正投入到运动技能的学习当中，也可以间接提高学生学习体育的兴趣和运动技能的学习效率。在这里，共情成为体育教学的手段，辅助学生更好地习得技能。

### （二）体育暴力与共情

随着体育运动的迅速普及，越来越多的人参与到体育运动中。在比赛中，运动员竭尽全力，观众也常常感同身受，但情感的爆发或不理智的犯规可能引发一系列暴力行为。随着暴力行为的不断升级，涉及人群将越来越广，英国就出现

---

① 陈乐. 球迷观赛文化素养研究. 体育文化导刊，2014（12）：173-176.

② 赵平. 孔子德育方法论. 社会科学家，2011（10）：15-18.

了专业的体育暴力人群——足球流氓，他们每天带着信念斗殴，各足球流氓群体甚至形成了自身的文化传统。由于体育暴力行为的横行，世界各国动用大量人力、物力来研究体育暴力这一社会现象，以及如何避免其发生。

当前的研究一般将体育暴力归因于以下几个方面：一是球员暴力成本低。暴力成本低是体育暴力频发的最重要因素。近几年，中国篮协每个新赛季前出台的纪律处罚条例基本上会比之前更严厉，但即便如此，仍然成效不显著。为何？首先是只罚不管，其次是处罚力度太小。球员发生冲突打架后，无外乎被罚款，最多就是禁赛几场。一纸通告更像一张罚款单，通常缴纳罚款了事。二是裁判员判罚尺度不一。在体育比赛中，由于判罚尺度不一，本来充当配角的裁判员经常成为比赛的主角。一个点球、一次犯规的吹罚甚至会直接决定比赛的胜负，特别是当比赛双方水平相差不大时，裁判员的判罚就更加关键。三是球迷过度发泄情绪。球迷文化是体育竞技中不可或缺的一部分。没有球迷的支持，体育比赛也就失去了该有的意义。但支持也要讲究方式方法，也要有道德、讲文明。但如果球迷之间发生肢体和语言的不尊重行为，就是对体育的亵渎。球迷基础来自历史传承和城市归属感，同时也是一个城市素质的体现。多数研究把体育暴力归因于环境因素，认为环境是引发运动员发生体育暴力行为的主要原因。

有研究指出个体的共情特质缺失是反社会人格形成的主要诱因之一，具有反社会人格的个体更容易进行暴力行为。[①]较高共情特质水平的个体可以感受到他人的现状，避免或减轻对他人的伤害行为，从而抑制反社会行为的发生。相反，共情特质缺失的个体无法通过感知他人的状态信息指导自己的行为，从而更有攻击性。此外，共情与攻击行为之间的关系还受到性别、文化背景和年龄等因素的影响。[②]女性的情感共情与攻击性的相关度通常比男性高，但结果并不具有普遍性。国外文化背景下共情能力与攻击行为的负相关较中国文化背景下更明显。随着年龄的增长，情感共情与攻击行为之间的相关性越来越高。在犯罪学中的研究中，高雪梅等指出，暴力犯在观看疼痛和非疼痛图片时产生的共情水平较低。[③]很明显，体育暴力行为者也存在共情特质的差异，即体育暴力的产生

---

① 徐凯文，王雨吟，李松蔚，等. 心理创伤、共情缺陷与反社会人格障碍. 神经损伤与功能重建，2010（4）：253-258.

② 赵陵波，蒋宇婧，任志洪. 个体共情能力与攻击性关系的元分析. 福州大学学报（哲学社会科学版），2016（1）：86-93.

③ 高雪梅，翁蕾，周群，等. 暴力犯的疼痛共情更低：来自 ERP 的证据. 心理学报，2015（4）：478-487.

原因主要是个体情感特质的差异，并非环境。

体育本来是人类崇尚身体的一种活动，但如果没有受到准则和道德的规范，就可能导致暴力频发，极大地损害参与者的身体和影响体育的健康发展。由于体育被赋予太多的经济、政治内容，以至于很多人将比赛的胜负看得过重。实际上体育就是体育，虽然竞争是重要原则，但是要平淡地看待竞争的结果，学习古人“胜败乃兵家常事”的超然心态，应强调体育参与过程中的体验，淡化比赛结果，引导队员和观众健康地参与体育比赛。体育暴力事件的出现有多种多样的原因，但总需要特定的事件作为导火索和触发点。细化评分规则、严格限制野蛮的故意伤害、严格规定裁判员的执法准则，将冲撞、误判、偏袒等可能触发暴力事件的因素减少到最低水平。友谊原则是奥林匹克的重要原则，也是体育的一个重要功能，世界各国应该重新塑造体育的友谊功能，使不同职业、不同性别、不同民族、不同国度的人，通过体育凝聚在一起。大家通过体育这种国际通用的语言，交流思想、增进友谊、促进和平、共同进步。同时，应加强戒备，严禁带易燃易爆物品和能够对运动员及其他观众造成伤害的物品（如石块、棍棒等）进入比赛场地；加强对运动场馆安全措施的建设，比如隔离带的强度、安全通道的畅通等；对于关键性的估计会产生不良后果的赛事，要加强警力；对于暴力行为的主体，应给予严厉处罚，以惩前毖后。完善相应的法律法规，以法律手段规范体育赛场，也是预防体育运动暴力行为的有效手段。

## 第四节　体育与人格

近年来，我国经济的发展，人们的物质生活不断丰富，但社会变革和突发事件（如疫情）也冲击了人的内心，引发一些人格问题。体育因其自身特性，在人格发展中扮演着重要角色。关于体育对人格发展的促进作用已被大量研究证实，认为经常参与体育活动的个体人格更加健全，主流媒体也充分肯定体育对人格的积极影响。

儿童青少年的心理和生理都处于发展期，身体和心理特征大多在这一时期被塑造。弗洛伊德就曾指出儿童的早期经验对于其自我概念的形成和未来人格的发展极其重要，甚至影响人的一生。为了培养全面发展的社会主义事业接班人，我国的教育模式正逐渐从以教授知识为主的应试教育转向以素质教育为主的全面发展模式。

有研究表明体育对于儿童青少年人格框架的构建具有积极的引导作用。学校体育可以帮助儿童青少年建立积极的生活态度、集体主义荣誉感和审美能力，使他们从小养成正确的成就观，促进其未来品质的发展。另外，体育活动对儿童应激和自尊的形成有重要影响，身体活动可以在一定程度上调控生活应激对儿童身心发展产生的潜在影响。总的来说，体育活动对儿童青少年人格的影响主要体现在两个方面：通过增强体质，为健全人格的塑造奠定生理基础；儿童青少年的性格、情绪、气质、适应能力、价值体系和道德体系还处于发展阶段，体育活动有助于模拟社会状况和发展社会认知，为人格形成提供丰富的场景。①

大学时期是学生从学校进入社会的关键时期，社会对个体的冲击和影响很大，社会适应能力弱的学生往往难以在社会上独立。大学时期是个体心智发展的重要时期，这一时期是人格完善和个体社会化的最佳阶段。但是，当前我国部分大学生存在自卑、抑郁、焦虑、自我评价错位以及自我中心主义等问题，体育对大学生健康人格塑造的积极作用已为大众所知。有研究对大学生参与篮球运动对其人格的影响做了描述，参与篮球运动的个体有积极的自我认知和自我认同，独立能力较一般人强。②也有研究者对阶段性体育训练后的大学生进行测量，结果表明大学生的聪慧性、敢为性、忧虑性变化较为明显，而合群性、持久性、自律性变化并不显著。③

体育运动有助于人格的完善和发展，主要表现在两个方面：一是体育运动对个性发展的影响，经常参加体育运动可以有效改善内向性格、消除孤独和抑郁情绪，增强意志力和勇气；二是体育运动对气质特征和适应能力的影响，体育运动可以提高个体的反应速度，增强其情绪和动作的稳定性。

## 一、健全人格与人的全面发展

人格可以看作人在社会中的自我，包括人的性格、道德品质、气质等，反映了一个人在道德、性情和品质等方面的综合情况。人格的本质是人的社会特质，人一旦脱离社会集体，人格也就不存在了。

---

① 马冠楠，徐阳. 关于体育对人格影响的文献综述. 体育科技，2011（3）：70-74，80.
② 李旭，邵昌玉，郑涵予. 大学生心理健康与积极成长. 重庆：重庆大学出版社，2018：114-116.
③ 陆宇榕，王印，陈永浩. 体育文化与健康教育探究. 北京：新华出版社，2018：98-100.

健全人格是一个人内在素质的集中反映。马克思在人的全面发展理论中指出健全的人格就是人的全面、自由的发展，主要指标就是人的生理、心理、社会、道德和审美等要素的完美统一、平衡和谐。

《中华人民共和国教育法》指出，教育是培养德智体美劳全面发展的社会主义建设者和接班人。因此，健全人格就是德智体美劳全面发展，主要体现在以下几个方面：一是优秀的社会适应能力，能够更好地适应自身身心的变化和社会发展的需要；二是清晰的自我定位和自我评价，在工作和生活中能够找到自己的合适位置，对自己的行为和认知有清醒的认识和公正的评价；三是有和谐的价值观和人际关系，有和谐的社会价值观以及与他人友好相处的能力；四是情绪稳定、意志坚强和积极进取，这样的人是充满朝气的，有无限希望，也是健全人格表现之一；五是有高级趣味和审美，对外界事物有清晰的认知，不拘泥于低级趣味；六是富有创新和开拓进取的精神，能够不断挖掘自己的潜力，为社会发展贡献力量。

人格并不是天生就有的，其每个细节都需要人慢慢习得，健全人格的形成是一个人不断完善自身的过程。健全的人格包括德智体美劳，几乎涵盖人自身生长的所有本质要素。人的发展实际是构成人格内部诸要素，即个体身心充分而和谐发展的整合过程。当代教育的根本目标是培养和发展学生的健全人格，即具有健康的体质、创造性的智慧、丰富的情感、坚强的意志力和高尚道德情操的人。体育可以发展一个人强壮体格，也可以磨炼意志、陶冶情操。健全人格是人的全面发展的要求，而人的全面发展是健全人格的表现。

## 二、体育对人格的积极影响

体育是由身体活动、心理活动和情绪体验三者组成，蕴含着丰富、生动的教育意义，对人格的发展具有重要作用，主要体现在以下几个方面。

### （一）保持心理健康状态

体育运动是健康人格形成与发展的新的方式，通过进行丰富多彩的体育活动，使得体育参与者在潜移默化中受教育、受熏陶。体育可潜移默化地培养学生广泛的社会意识、塑造性格、改变气质、提升能力，同时也影响学生的价值观。体育活动中，学生在激烈对抗、面对困难、受到嘲笑以及获得成功时，学会了冷静、容忍和理智；在表现、表演和竞技中，学会了表现美、创造美、鉴赏美。心理学家发现，一个人如果长期缺乏与别人的交往，无法与人建立起良好的人际关系，通常会有明显的性格缺陷。参与体育活动是良好的社会交往机会，有利于建立良好的人际关系。和谐的人际关系不仅反映了人格健康水平，而且影响健康人格的培养与发展。

### （二）奠定身体基础

人的全面发展是构建社会主义和谐社会的目标，和谐社会的基础是全面发展的人。全面发展的人必定是人格健全、有健康体魄的人。拥有健康的体魄是第一位的，强身健体是体育的基本功能，通过体育锻炼，人体发生的变化促进了人的生长发育，提高人体运动和免疫能力，这些变化包括人体骨骼、肌肉的改善引起的形体变化、对营养物质的消化与吸收的消化能力，以及由心肺功能加强而出现的“节省化现象”，最终发挥强身健体、防病治病、延年益寿的作用。强健体魄不仅是人格构成要素，还是人格品质发展依赖的基础。身体健康的人往往对事物具有浓烈的好奇心、乐于助人、热情活泼、心理承受能力强，并且精神充沛。相反，身体不健康的人往往精神不振、情绪消极、待人冷漠、性格孤僻且心理承受能力低。身体和心理相互影响、相互制约。健康的体魄不仅是人格健全与发展的基础，而且对人格发展有积极影响。

### （三）培养独立意识

体育活动的内容形式丰富多样、寓意深刻、趣味无穷，富有挑战性，最适宜好动的青少年，满足了他们的好奇心与冒险心理。体育运动多数为个人项目，少数为集体项目，个人项目由个人独立完成动作，集体项目则需要集体配合。体育运动对人的独立性提出了要求，在训练和比赛时运动员要善于独立发现问题以及解决这些问题的方法，不被主客观因素所干扰，在任何情况下的应对方法都由自己来决定。在状况频出的赛场上，运动员要沉着、冷静地处理问题，充分发挥自己的水平，懂得扬长避短，通过自身的努力取得理想的成绩。

### （四）磨炼坚强意志

体育运动在实践中开发人的潜力，是一个漫长而艰苦的过程。在训练中，运动员不仅需要突破人体机能指标，刷新自己以往的纪录，往往需要花几年甚至十几年的时间与精力，还要求运动员在任何情况下都能长时间保持身心紧张的状态。这一点，从他们胜利后的热泪、沸腾的热血中得到了诠释。同时，体育运动激发人体潜能的过程就是对人体机能指标的一次又一次冲刺，往往伴随着疲劳、伤痛、泪水与汗水，甚至鲜血。体育运动要求运动员具有坚忍不拔、不屈不挠的意志品质。

### （五）发展合作观念

学校体育大多以团体形式进行，篮球赛、团体操、拔河等都需要将个人融入团体中。每个成员共同分享荣誉与承担责任团体的胜利与失败，并且深深感受到集体的荣誉来自每个成员的努力，同时个人也离不开集体，从而使每个成员树立良好的集体观念、互相帮助的优良品质，以及不脱离周围现实环境的健康人格。体育运动中的集体项目，要求行动的协同性，可以增强学生的团结和凝聚力，培养学生为集体奉献的精神，使其心中装的不只是个人，还有集体，使其善于处世、乐于助人，从而为今后步入社会、融入社会打下良好的基础，并使其成为社会进步的积极推动者。体育运动具有非语言性的特点，不仅可以消除人与人之间的隔阂，还能使人心情开朗。经常参加体育活动的人，更易与他人形成亲密关系。

### （六）树立道德规范

体育不仅是培养健全人格的有效途径，更是塑造和培养学生优良道德品质的利器。向人们输送公平、公正理念的最有效的媒介就是体育。体育运动崇尚和倡导公平、公正的观念，要求每个人都享有参与、竞争、取胜的权利与机会。体育竞赛不分国界，胜负与运动员的肤色、民族、宗教信仰无关，体育竞赛中严格、公平的竞赛规则要求所有参与者按照规定享有平等的权利与义务。儿童在参与游戏的过程中学会与伙伴和谐相处，懂得遵循统一的游戏规则。青少年在体育运动中逐渐学会体育规则，并且培养了遵守规则的意识。体育所带来的竞争是友好的、和平的、团结的，而非破坏性的，体育促进了人们公平、公正、公开的道德意识的建设，对创造规范的竞争环境、规范基本的道德准则具有重要作用。

## 三、体育与个体的社会适应

适应社会是指个体在新的社会关系中通过不断调整自己的行为模式以实现个人对社会的适应过程，是个体达到自身所期望的、与其年龄和阶级相适应的社会生活状态。适应社会行为既体现在个体的社会生活能力水平上，也体现在个体适应社会环境的策略和方式上。获得新的社会角色后，个体往往需要先对新角色进行自我认知，然后通过角色的描述和角色规范进行个体适应社会需求、社会尊重以及自我认知的多重考察，对了解的内容内化并将其整理为一套确定的行为模式，以便开始正常的社会角色实践。如果角色的社会实践中，个体对社会的不解、隔离乃至担心情绪和行为得以缓解及调节，个体就会感受到由内而外的放松愉快，对其物质和精神状态感到满足，而且其社会角色实践也有利于社会的进步。个体与社会良好互动状态的出现暗示着，此时的个体在应对新的社会关系时是胜任的，也就是说，其心理和行为水平是适应社会需求的，良好社会适应结果就是个体顺利完成角色充当。

人们能够在体育行为中习得互动能力及应对新关系的策略，通过充当各类团队角色学会各种心理转换技巧，为个体在处理新的社会关系中发挥自身社会价值奠定基础。我们必须意识到适应社会是一个动态、连续的角色转换过程，每次角色转换都是对社会关系的重新梳理和适应，体现了个体社会化的水平。总而言之，体育文化从不同方面影响着个体的社会适应能力。

多数体育比赛中的犯规判罚都有一定的尺度发挥空间，并没有绝对权威的裁判，裁判认定过程需要通过与双方互动、协商而确认，所以对于犯规的争辩经常会左右裁判最后的判定。在这类运动中，运动参与者为保障自己的运动权利和争取更多的有利判定，会通过与裁判员的智勇互动来获取公正和关照，以使运动正常进行，该类争辩也成为很多运动员处理犯规必不可少的技能。所以对于运动参与者而言，只有在比赛中学会高超的争辩技巧，才能在运动中更好地维护自身利益和建立队内威信。可见在体育比赛中，为维护运动的正常有序进行所做的社会交往，无疑增强了运动员的社交技巧。

在体育比赛中，运动员经常表现出良好的竞争意识、团队精神和个人风范，在内心也形成了敢于竞争的雄心，以及在比赛失败时面对胜负的平静心情和从容应对的能力。当运动员参加比赛时，他们将不得不面对成功与失败、对手与同伴、顺境与困境以及其他各种紧急情况，这些可以练就其沉着冷静的心理状态，以及比赛时面对不同运动形势变化能全神贯注，进而提高乐观自信的应对能力。另外，在运动中，长时间与其他运动员和环境的互动是非常必要的，运动员必须具备冷静地处理相互关系的心智。显然，他们在体育比赛中所表现出的精神风貌会潜移默化地渗透到其社会交往和生活中，并能提高其社会适应能力。

综上所述，首先，体育对个体的社会适应能力的提高具有积极的影响；其次，体育运动中所体现的体育文化、体育群体环境以及体育中的人人和人境互动是体育提高个体社会适应能力的引擎；最后，体育对个体的宽容意识没有影响，这是未来人格发展过程中应该注意的问题。个体的体育参与行为不仅有利于其提高对自然环境的适应能力，而且有助于其强化心理承压能力和积极探索的创新精神。集体体育活动有助于培养参与者良好的合作精神，增强其集体荣誉感和社会责任感，以及促进人际关系的和谐发展。体育文化有助于个体学习、理解和实践社会行为规范，获得承担社会角色的经验，加快对社会节奏的适应速度，以便于个体更快地社会化。

## 四、体育与自尊

人格一般分为具体人格和抽象人格。当代的人格主要指抽象人格，包括自由、尊严、平等、独立等。

尊严是指具有伦理性品格，是个人对自身尊重和被他人尊重的结合，是对个人价值主客观评价的统一。尊严是人格的重要组成部分，是法治社会中主体作为一个“人”所应具有的最基本的社会地位，以及受到他人和社会的最基本尊重，是个人对自身价值的认识与其在社会上享有的最起码认同的心理状态。自尊是一种体现个体自我价值判断的心理品质，是个体对自身价值、重要程度、意义的内在肯定。更加详细地描述自尊，可以认为它是个体对自身习惯性持有的评价，在一定程度上体现了个体对自身心理和行为的肯定的或否定的态度，表明个体对于自己能胜任的、重要的、优秀的、有价值的形象的信任程度。自尊由整体自尊和具体自尊（如事业自尊、表演自尊、身体自尊等）两部分构成。身体自尊是一个人对自身身体所持有的评价和认知，在研究参与体育锻炼对自尊的影响中具有重要的中介作用。

在个人成长过程中，自我观念发展较快，随之而来的问题也较多，由于每个人的社会地位和文化层次不同，因此每个人在社会中生活中会形成不同的自我评价体系：高自尊和低自尊。此外，个体的自尊水平不仅影响自身的行为，也会影响其人格特质的形成与发展。有研究指出，参与体育活动可以有效改善参与者的身体自尊的各维度水平，且在一定范围内，身体自尊各维度水平与体育活动量的水平呈直线关系。①体育锻炼是改善身体状况和身体活动能力最有效、最健康、最直接的方式。身体运动能力的提高在体育活动中更容易反映出来，一旦产生正向反馈，便会使参与者更加自信，更容易产生对自身能力的肯定，进而提高对自我的正向评价，从而改善身体自尊。体育活动对自尊的影响主要有两个特点：体育锻炼对自尊的整体影响不明显；只对身体自尊各维度的影响较明显，并且在一定范围内，身体自尊各维度水平与体育参与水平成正比。

## 五、体育与唤醒状态

唤醒是指人体总的生理性激活程度，主要由感知觉、器官的激活水平以及肌肉的工作状态所决定的一种全身性的生理和心理活动的状态。唤醒状态有三个方面的表现，即脑电波水平（刺激使脑电波发生去同步化的低压快波）、行为特征（个体在非麻痹时的行为特征）、植物性神经的活动情况（高强度刺激引发的植物性神经的活动情况），这三类表现既能够同时出现，也可以单独发生。

唤醒水平对保持和改变大脑皮层的兴奋性，保持一定水平的觉醒状态有重要作用，也为注意的进行与集聚以及意识的发生提供激活支持。运动员在赛前准备阶段和比赛过程中，只有激活全身各有关器官系统，才能达到最佳状态，动员个体以最好的状态去应对比赛，以发挥出较高水平，取得优异成绩。这种对全身各有关器官系统的激活就是唤醒，也称刺激、激发、兴奋、紧张。

唤醒影响运动状态的理论主要有以下两种。一是内驱力理论，有时也直接称为驱力理论。唤醒水平的高低与各类项目运动员的成绩之间的关系可以通过下面的公式反映：运动成绩=唤醒水平×技能水平。技能水平一定时，运动成绩与唤醒水平之间的关系呈正相关。内驱力理论认为唤醒水平对于不同项目运动员的影响可能是不同的。二是倒 U 形假说。个体的唤醒水平由较低逐渐升高，但未超过临界值，随着唤醒水平的提高，运动水平也向着好的方向发展，唤醒水

① 李铁生，吴科启. 体育锻炼对大学生自尊的影响——以山东部分高校为例. 社会心理科学，2014（5）：73-77.

平继续升高超过临界点后，唤醒水平的继续升高将导致运动水平下降。一般来说，个体的唤醒水平处于中等程度时，其运动表现最佳。

不管在平时练习中还是在正式比赛中，运动员达到并保持适宜的唤醒状态都是十分必要的，也是需要经常感知和训练的内容。这主要源于适宜的唤醒状态下，运动员能够保持较高的警觉状态，这时他们的反应速度较快，动作灵活迅速，头脑机智敏锐，更容易保持较高的训练水平和取得好的运动成绩；另外，适度唤醒状态下的运动员能够提高身体能量的动员速率和释放量，以更好地满足运动需求，加快体内氧化作用和血液循环，动员更多的血液选择性地流入大脑和肌肉。有研究表明，运动员在训练和比赛时达到的最佳效果和成绩都是在适宜唤醒状态下出现的。[①]但是在正式比赛中，因运动员唤醒水平不够而影响运动成绩的情况并不多见。多数情况下，来自各方面的比赛压力使运动员赛前和赛中的唤醒水平较高，从而使其一直处于紧张状态，可能导致其运动技术发挥不到位，有时过于紧张甚至会导致运动员在比赛中崩溃。

## 六、体育对人格影响的性别差异

体育对人格影响的性别差异及其形成原因主要有三个方面。

第一，消极特质的性别差异不具有统一性，但是按运动项目类型来看，集体项目中，女性的消极特质多于男性；个人项目中，男性的消极特质多于女性。这种人格特质的形成源于一般人们会对男性独立解决各类问题的社会期望较高，而对女性独立解决各类问题的社会期望较低。在个人项目中，并不需要人与人之间过多的交互，人们主要依靠自己的能力解决各类问题。

第二，对于男性而言，过高的社会期望使其一旦没有达到这种社会期望，就会产生更多的消极特质，此外男性在个人项目中，更容易将失败归因于自身。但在集体项目中，会出现更多的人与人之间的交互过程，也需要多人相互配合、共同努力来完成项目，此时对失败的归因就会很少作用到个人身上，个人所承受的外界压力减轻，男性产生消极特质的情况就会因此而减少。

第三，对于体育对人格影响的性别差异，也有研究从篮球、乒乓球和健美操三个项目做了探讨，认为女生心理健康水平实验前和实验后均高于男生。对于

① 石岩. 射箭运动员比赛中最适宜唤醒水平的研究. 中国体育科技，1998（1）：36-38.

女生健美操对人际亲和感和自我尊重感的提高均高于乒乓球组。[①]所以，在体育领域，不管是教练员、运动员还是体育教师，都应该给予集体项目中的女性、个人项目中的男性更多的鼓励与支持，从而更好地维持其良好的自尊和运动状态。

## 七、不同运动项目的人格塑造

运动项目种类繁多，大致分为表演型、直接对抗型和隔网对抗型，以及单人型和集体型。不同项目对个体素质有着不同的要求，也会使相应参与者形成风格不同的人格。

有研究指出经常参加表演型项目的运动员比一般人更加积极乐观、勇于冒险和信任随和。例如，健美操运动中，不同的文化环境造就不同的人格，一方面，集体主义文化孕育的人具有显著的社会倾向和不显著的个人倾向，而个人主义文化孕育的人具有显著的个人倾向和不显著的社会倾向；另一方面，集体主义文化孕育的人具有显著的具体倾向（情境性）和不显著的抽象倾向（非情境性），而个人主义文化培养的人具有显著的抽象倾向和不显著的具体倾向。[②]

运动项目可以简单地分为集体项目与个人项目两类，不同类型的运动项目对运动参与者的心理有不同需求，同时也会对其心理产生不同影响。集体项目（如橄榄球、篮球、冰球等）强调集体目标的达成，需要集体成员之间的协作，集体的每个成员都应以集体利益为重，以集体目标为各自目标，团体凝聚力对集体目标的实现起着至关重要的作用，最终获得的比赛成绩是集体努力的成果体现。相比而言，个人项目（如拳击、射击、体操等）以个人目标为指引，突出个人努力和拼搏的意义，团体凝聚力通常不具有明确意义，运动成绩是个人能力、努力和拼搏的最终反映。因此，参加集体体育项目可以增强人的社会倾向和具体倾向，参加个人体育项目可以增强人的个人倾向和抽象倾向。

研究指出舞蹈技能的学习与掌握有助于个体提高自信心，使其变得活泼愉

① 苏坚贞. 基于中国健康体育课程模式的比赛情境教学效果及其影响机制研究. 华东师范大学博士学位论文，2021.

② 符明秋，张力为. 体育系大学生自我概念的性别差异与项目差异. 中国体育科技，1999（5）：19-24，31.

快、情绪稳定，并且可以在一定程度上消除担忧、恐惧心理，释放学习与生活中出现的压力，帮助其构建和谐的人际关系、提高自我适应社会能力，能够消除疲劳、保持体力，增强进取精神和接受新事物的能力，从而逐渐完善人格[①]。隔网对抗型运动员喜欢挑战，个性十足，如网球、羽毛球、乒乓球等，这类运动不需要人与人直接接触，全部对抗都表现为思维、技术、反应速度和临阵瞬间思考能力，运动员能够避免多余的干扰，头脑并用地完成比赛，不直接接触的好处在于动作发生前，运动员或多或少有思考时间，所以这时的行为都是思维参与的。而直接对抗型项目，如跆拳道、篮球、橄榄球等，动作极快，运动员基本没有反应时间，他们的动作一般是即兴发挥和下意识动作，这类项目在训练时强调动作的自动化，该类项目的运动员更加理智、稳重。单人项目和双人项目的运动员在人格特质上主要体现在易冲动和爱冒险。因为这类项目能够给予每个人更多的表现空间，让他们充分展示自己的技能，而不必过多担心是否符合团队分工，一个人或两个人就可以决定比赛的胜负。集体项目中，运动员要遵循整个团队的安排，通过团队的合作努力才能获得最后的成功，他们的人格中更多的是理智的技能控制和稳定的情绪，因为这里个性发挥的余地较小，集体才是最重要的。

综上所述，不同项目的运动对人格有着不同的影响，我们应该根据需求分项目参与各种不同的运动项目，有目的、系统性地塑造健全的人格。

## 八、体育对人格的负面影响

体育对人格发展也会产生负面影响。虽然大众舆论认为体育在“和平、友谊、进步”的思想引导下不断追求“更快、更高、更强”的目标，体育参与者在追求体育目标过程中能够不断完善健全其人格，但要记得辩证唯物主义的观点——事物都有对立的一面。事实上，体育也是一把双刃剑。首先，体育的基本特征就是竞争性，在体育比赛中，运动员为了获得比赛的胜利，有时会铤而走险，做出有悖道德的事情，这种经历必然对其人格的塑造产生不利影响；其次，体育比赛中竞争激烈，非胜即败，运动员往往处于高度紧张的状态，这种紧张状态一旦没有及时控制，就可能使人崩溃或产生极端行为，也会影响个体在焦虑控制、情绪反

---

① 夏新颜，杜智娟，赵辉. 大学生健康心理学. 南京：南京大学出版社，2018：224-226.

应等方面的能力，对运动员的人格产生极大的负面影响。

## 第五节　体育与心理干预

体育活动过程当中，既包含心理活动，也有人际交流。随着参与者的全情投入，他们会体会运动的快感，从而改善自身的神经系统发育，提高大脑皮层兴奋性，不断发展人的本体感觉器官。人体在运动时，大脑左半球会受到抑制，而右半球趋于活跃并起支配地位。在运动过程当中，人们往往可以忘掉烦恼，从而产生愉快的感觉。集体体育项目作为干预手段有它自身的特点，富有集体性、对抗性和专业性，可以使个体有效地摆脱很多无谓的思想，更加专注于合作，最终体会到成功的喜悦，并增强对生活以及与人交往的信心。目前大学生参与体育活动的方式主要以社团形式为主，体育社团能够引导大学生选择自己喜欢的体育项目，从而通过活动对自身的心理状况进行改善。我们一般认为各类体育活动可以使个体的躯体控制能力、人际交往能力和情绪调节能力都得到明显的改善。体育运动改善心理健康状况的原因主要缘于：合适强度的体育运动可以使人体产生咖啡肽，这是一种增加大脑血流量的因子，这种因子可以帮助人体提高思维能力和减少负面情绪的产生；但是当运动量过大时，体育运动则会对个体的心理健康状况产生消极的影响，如果不节制地进行运动，即使在受伤情况下也不愿停下，就会出现情绪暴躁、积极性下降受挫、心理疲劳等问题，直接影响到运动的干预效果。

### 一、心理压力的运动干预

心理压力又称心理应激，是当一个人在意识到自己正在面临着一个至关重要且难以应对的环境时，产生一种通过各种各样的心理和生理反应，表现出来的一种身心的紧张状态。一个人受到的压力超过承受范围时，就会影响到其满意度和幸福感，而且会使其心理适应能力受到影响，进而损害其身心健康。心理应对和心理承受能力是反映个体心理健康水平的一个重要指标，拥有有效的压力应对方式和一定的心理承受能力，能够使个体有效应对各种焦虑紧张的情绪，最终成功解决所面临的问题。

个体调整自身所处的压力情况，并缓解由压力引起的一系列情绪反应的认知活动和行为，称为压力应对方式，主要有积极应对、消极应对、综合应对。前两种应对方式应该很容易理解。综合应对主要是同时采用前两种应对方式，或者先消极应对再积极应对。

当代青少年是一个非常特殊的群体，正处于人生观、价值观的形成时期，而且面临学习、工作、情感、经济、人际关系等问题的冲击，导致长期处于这些问题的困扰之下，青少年会产生焦虑不安的消极心理。而且严重时，还会诱发糖尿病等疾病，严重影响他们的身心健康，以至于一些青少年没有办法通过自己的力量应对这些问题，可能选择自残、自我攻击、自杀等极端的方式。我们有必要从学校、家庭、社会这三个维度，寻找青少年存在的压力问题，进行探讨并找出解决方案。目前已经有很多研究证明，体育锻炼有助于改善和提高青少年的心理健康水平，促进其心理健康问题积极转化，减小其心理压力，培养其承受挫折的能力。

体育活动可以使青少年变得更加积极，而且可以使其情感变得更加丰富，同时，规律的运动也有助于改善青少年的心理健康状况，减少消极情绪的产生。青少年有健康心态、积极情绪时，就能在面对压力时采用更加积极的应对方式。

总的来看，体育活动对提高青少年应对压力的能力和心理承受能力的原因，主要表现在以下几个方面。

第一，当个体在面对一些压力时，会产生手足无措、紧张难受的情绪，以至于处理这类事件时，就会显得无助。而通过体育活动能够改善他们的情绪，进而改变他们的行为，从而可以采取正确的应对方式。另外，体育活动还可以帮他们分散周围的压力以及挫折的注意力，使一些消极情绪得到合理发泄，使紧张情绪消除从而产生非常良好的心理状态，他们也可以从运动中获得运动带来的愉快感，这些效应都可以使人学生在面对压力情境时，更加从容地采取合理的方式积极应对。

第二，体育锻炼能够培养人的意志，增强自信心。经常参加体育活动的青少年可以在活动过程中，通过与他人的交往获得广泛的认可，这在一定程度上也能增强他们的信心。一些民间传统武术的训练方法极其枯燥，例如马步站桩、拳打千层纸，需要持之以恒的拼搏精神，这也能培养他们坚强的意志品质。体育活动有助于改变青少年不敢应对压力的状况。当然在通过体育活动提高个体应对压力的能力时，不同的运动项目会有不同的改善效果。比如，篮球是一项集体运动，强调各自成员之间的合作，因此通过篮球活动可以使青少年更好地与周围环境和谐相处，并且增强其集体感。网球是一项对速度要求非常高的项目。这项运动对个人的体力要求较高，如果想获得较好的成绩，个体就必须坚持长期的训练，在达成这一目标的同时，自然也会形成坚强的意志、勇于战斗的勇气。健美操是以身体表演为主要形式，在音乐的带动下，让个体学会享受、体验和审美。因此，在通过体育运动锻炼个体，应对压力的能力时，应该结合个体的实际情况合理地安排运动项目，从而达到更好的效果。

如果想通过运动改变个体在应对压力时的能力，就需要知道执行该运动项目时所采用的运动强度、运动持续时间、运动频率等。其一，运动强度。一般认为运动强度分为大、中、小强度，运动强度的评价指标为心率。其二，运动持续时间。12 周的运动锻炼通常能起到更好的效果，并且还有理论认为，运动持续时间越长，越容易调整个体的心理状况。其三，运动频率。运动频率指个体每周参加训练的次数，个体要想获得更好的效果，就需要每周训练 3 次，而且每次运动持续时间为 30 分钟。

## 二、成瘾问题的体育干预

成瘾是个体对手机、网络、毒品等的强烈依赖，使自身行为失控，从而引发一系列生理、心理及其社会功能的明显损害。在各类成瘾群体中，青少年已经成为数量最多的人群。在成瘾的影响下，各类犯罪、破坏性事件频发，已经成为严重的社会危害。之所以成瘾的青少年较多，是因为他们的心智不成熟，目标感的缺失使他们无法面对和分析眼前事物存在的意义，更无法理解、应对生活和学习当中遇到的困难，由于生活节奏加快、生活方式单一、内容贫乏、行事程序化，一些人感觉到自己就像机器，生活非常单调，没有意思，难受憋屈，找不到发泄和倾诉的地方，周围人往往也不能理解他们。而且成瘾的可能存在不同程度的心理问题，这些心理问题主要表现在人际关系敏感、抑郁、经常性焦虑、有强迫症以及敌对意识较强等，这些心理问题严重影响到了他们的学习。心理学研究发现，长期成瘾会对个体判断、决策，以及学习记忆、行为方式等方面产生较大影响，使大脑结构产生变化，最终使其认知以及自控能力减弱，自律行为弱化，使其时常产生绝望的心理。

体育运动能够通过身体活动方式改善青少年的很多心理问题，如人际关系问题、抑郁和焦虑问题、强迫问题等。体育运动不仅可以改善个体的心理健康，也有益于个人的生理发展，使其行为方式发生改变。体育运动既可以作为预防措施避免成瘾，又可以作为干预措施帮助青少年戒除各种成瘾问题。当前通过体育运动来干预成瘾问题的理论主要有控制理论、学习理论等。

### （一）控制理论

成瘾行为的产生源于控制感的缺失和弱化，而这些主要源于未成年的青少年的父母对其监管不力、学校管教不严，大家都未及时发现并制止青少年的成瘾行为，最终使其形成了以自我为中心、过度追求享乐、急躁的生活方式。这时，他们非常容易冲动，容易进行一些高风险行为，可能通过追求短期的奖赏回馈——成瘾类事物，如毒品、网络、手机等，满足这种心理特征和行为方式。成瘾成为自控能力较弱的个体的非常常见的一种现象。家长和学校应该加强对青少年的监管，这样可以有效增强其自控能力，从而减少成瘾行为的发生。但是光是靠家长和学校的监督还是不够的，还要依靠青少年自身主动参与，自觉培养控制力，提高规则意识。另外，体育运动可以减少成瘾行为的发生，因为会占用青少年很多时间，这样就能减少他们进行成瘾行为的时间和精力，从而将青少年与成瘾行为隔离开。并且，体育运动可以修复青少年与社会的关系：体育运动可以强化青少年与学校和家长之间的联系，减少问题的发生；参与体育活动往往以取得优秀成绩为目标，这种追求有助于建立与巩固其社会关系；参加体育运动能够使青少年与当前的社会文化保持一致，从而预防成瘾行为的发生；经常参加体育活动的青少年更容易拥有合适的交往群体，从而促使其留在正常的学校生活中。

### （二）学习理论

青少年在社会中的成长过程就是其与家庭成员、同伴、邻居以及其他人员相互学习的过程，也就是说，如果将一个青少年置于一定的社会环境当中，那么该青少年就会模仿该社会环境当中的各种行为，并进行相应的心理建设。青少年的模仿对象当中，同伴是非常重要的，青少年产生成瘾行为的部分原因在于他们将成瘾者当作自己的学习榜样，或者经常与一些成瘾者发生社会交往；还有一些青少年，他们由于思想认识不正确，对成瘾行为持中立或者是支持态度。预防和减少成瘾行为的发生，主要在于优化青少年的交往群体，使其形成良好的社交圈子，从而使青少年远离成瘾者。体育运动能够筛选和优化青少年社交网络，使其避免与大龄青年发生过多接触，避免与成瘾类事物接触，从而减少青少年成瘾行为的发生。

## 三、特殊人群心理的体育干预

总的来说，目前我国大多数人的心理是健康的，也有部分人的心理健康状况不容乐观，有不同程度的心理问题。随着人的全面发展热潮席卷整个中国，不仅应广泛开展正常人的体育活动，也应对我国各类特殊人群的体育发展予以有针对性的关注，促进其身心健康水平的提升。心理异常人群分布在多个领域，如学生群体、白领群体、留守儿童群体、空巢老人群体等，除此还有一些疾病性心理的特殊人群，如孤独症、抑郁症、精神分裂症人群等，本小节主要选取心理障碍学生群体、留守儿童、空巢老人、孤独症儿童和抑郁症患者作为对象进行体育干预的探究。

### （一）对心理障碍学生的体育干预

学生是心理障碍的高发人群，主要源于其心理还在形成过程中，并且没有独立的生活能力，需要通过在学校不断学习，同时在家庭和社会的帮助下，逐渐适应社会规则。但是在他们还没有形成社会生活能力之前，就不得不面对社会中的很多问题，一旦问题处理不当，就可能出现心理障碍。当前我国学生的心理健康问题比较突出，如果任其自由发展下去，将会造成严重后果，甚至间接影响我国的整体心理水平，给国家的未来造成无法挽回的损失。

体育运动对心理障碍学生的干预主要表现在以下三个方面。

一是改善学生的心境状况。目前在体育改善心理状况的研究当中，最多的是关于跑步的研究，研究指出跑步 1 小时可以明显改善个体的心理状况，主要通过降低其心理紧张程度和焦虑水平，减少其逆反情绪。[①]当然除了跑步之外，经常进行舞蹈运动也可以降低学生的压抑感，改善其情绪，使其保持良好的心情。另外，体育运动对学生保持积极情绪、缓解心理压力、保持平稳心态有促进作用。在心理学中有一种状态叫流畅状态，这是一种愉悦的、放松的心理体验，是心理状态良好的标志，体育运动正是流畅状态的主要来源。

---

① 张林，等. 人体运动科学研究进展. 北京：北京体育大学出版社，2017：215-219.

二是有助于磨炼学生的意志。体育活动过程中，学生经常面临很多困难，必须拼尽全力，克服身体和心理的障碍，才能发挥应有的水平。经过参加体育运动，不仅可以提高学生的体质，也可以培养他们坚强的意志。

三是可以增强人的合群性。人是社会性动物，需要在社会中学会与其他人交往，逐渐发展自己的社会关系。在体育活动中，不管是学生与学生之间、学生与教师之间，都需要很多交流，这些交流是必不可少的。经过长时间的体育活动，学生能够学会如何与他人交流、相处，如何融入集体，从而增强其合群性。

### （二）对留守儿童的体育干预

留守儿童是指父母双方有一人或两人都外出务工，而将孩子留在老家，由其父母或亲戚代为养育，与父母分开的时间大于 6 个月且年龄为 6—14 岁的儿童。留守儿童由于缺乏父母亲的关爱，并且他们的生活中自理水平都较弱，有时他们的监护人经常会变化，在生活当中缺乏大人的管理。因此，留守儿童一般身体状况相对较差、学业成绩相对较差，并且往往存在一定的心理问题，比如自卑、焦虑、抑郁等。留守儿童的身心发展往往被忽视，以至于引发很多社会问题。随着近年来体育领域的不断发展，目前体育运动已经深入到很多研究当中，当然留守儿童领域也不例外。体育运动可以提高儿童的执行功能，主要运动方式是有氧运动，儿童在有氧条件下进行长时间耐力运动时，心肺功能会得到提高，个体的执行功能会逐渐改善。另外，国内外的研究者认为身心运动也是改善儿童心理问题的有效方式，主要有太极拳、瑜伽、气功等。

留守儿童之所以会出现这么多的心理问题，主要有两方面原因。

第一，监护方式的影响。由于留守儿童的父母都在外面打工，其监护人就成了一个必须面对的问题。其监护方式主要有两类：第一类是隔代监护，即由其爷爷奶奶或外公外婆监护，这类监护方式父母是比较放心的，但是在这种监护方式下，由于监护人和被监护人具有血缘关系，所以监督大都以溺爱的方式进行，他们往往会给予儿童物质上的满足，而给予其较少的心理关注和道德约束。此外，他们的年龄差距较大，观念不同，对很多事情意见不一，有明显的代沟现象，很难相互理解。第二类是同代监护。由留守儿童的叔姨舅姑等亲戚进行监护，由于并不是自己的孩子，所以他们在管教孩子过程当中会有所顾虑，不敢严加管教，这样的监护也大多沦为没有意义的放养，更无法对其心理进行教育。而对于非常敏感的儿童来说，容易让他们产生寄人篱下的感觉，从小形成胆小怕事、孤独、不合群的性格。

第二，生理原因。青春期是儿童青少年身心发展最快的时期，在这个时期，儿童的身体以及心理水平逐渐提高，其认知、情绪、人生观、价值观等逐渐接近成人。如果管教不力，就可能使他们出现很多心理问题，甚至产生不良行为。因此，在这个发展迅速、难以预测的时期，家长更应该做好看护工作，及时了解他们的身心状况，并做好沟通工作。

为了改善留守儿童存在的心理问题，进行体育干预一般采取以下几种方式。其一，采用一些耐力运动（如长跑）来培养留守儿童的意志。在长跑过程中，留守儿童需要不断坚持，在极点来临时，教师应鼓励留守儿童坚持运动，教会他们克服极点的方法，以培养他们坚强的意志和不畏困难的精神。在体育比赛结束之后，静静地回味经过艰辛努力获得的成功，可以让留守儿童产生积极情感。其二，身体和心理是一个有机整体，所以为了改善他们的心理状况，就需要提高他们的身体水平。所以教师需要设计一些身心运动，通过这些运动提高其心理功能，身心运动包括节律运动、协调性运动、创造性运动。身心运动的一个重要特点是在进行身体活动的同时伴随着注意力的集中，这些有助于缓解留守儿童的心理压力。

### （三）对“空巢老人”的体育干预

我国已进入快速老龄化阶段，随着我国老龄化程度的不断加深，老人问题也日益凸显，其中“空巢老人”问题尤其突出。“空巢老人”问题不是一个简单的个人问题，已经成为我国亟待破解的社会问题。老人随着年龄的增长，对他人帮助的依赖性越来越高，心理也越来越脆弱，而一些子女由于各自忙碌，很少有时间回去看望和照顾老人。由于长时间无人照顾，一些老人终日独处一室，逐渐形成了孤独、无助、无望、自卑、自责的心理问题。全社会在这时候都应给予“空巢老人”更多的关爱与关怀，积极寻求解决空巢老人心理问题的解决方案。

“空巢老人”存在的心理问题有其复杂的成因，只有充分了解其产生过程，才能更好地采取对策来解决这个问题。

一是生活适应障碍。老年人空巢综合征多发生于子女成年离开家庭之后独自生活的老人，在精神疾病分类中属于“适应障碍”的一种，主要表现为精神空虚、无事可做。缺乏亲人的关爱是导致老年人空巢综合征的根本原因。“空巢老人”往往身体状况较差、患病率较高、行为较不便，由于缺乏子女的关爱，更容易使得感到生活无趣，产生行为退缩，对自己的存在价值表示怀疑，常陷入无欲无望无趣无助的状态，情况严重的还可能引发阿尔茨海默病。

二是抑郁。抑郁性情感障碍在老年人中表现得尤为突出，严重影响老年人的生活质量。老年人年龄越大，对被照顾的要求就越高，而“空巢老人”的子女不在身边，其最基本的需求往往得不到满足，就容易形成抑郁。现代社会，人们的家庭观念转变较大，尤其是一些年轻夫妇不能或不愿与父母生活在一起，老人晚年享受天伦之乐的希望落空，抑郁等不良情绪就可能接踵而来。

三是焦虑。焦虑是一种害怕出现不良后果的复杂情绪状态。调查发现，社区老人尤其是“空巢老人”的焦虑患病率较高，“空巢老人”存在焦虑症状，并且其焦虑发生率高于抑郁发生率。①老年人的焦虑往往又会发展为抑郁或二者混合状态，进一步损害老人的身心健康。

四是孤独。“空巢老人”面临的最大问题是情感问题，主要是孤独感，大多数“空巢老人”觉得寂寞，这极大地影响了“空巢老人”的身心健康。

有研究指出，体育运动是一种放松身心的身体活动方式，适度的运动能够有效调节并改善农村“空巢老人”的心理健康状况。②为了提高“空巢老人”的身心健康水平，该如何科学、安全、有效地开展体育活动？

一是选择合适的运动项目。由于老人身体体质不同，因此在准备加入运动行列前，应做一次较为全面的体检，不可盲目跟风地进行体育活动。一般建议选择能活动各个关节和肌肉、进行不剧烈的运动，如慢跑、快走、太极拳、木兰剑等，这些运动强度不大，速度也不快。

二是循序渐进地进行体育活动。老人不要一开始就选择高强度的运动方式，宜先少量慢速活动，等身体慢慢耐受后逐渐加大运动量。每次运动能微微出汗，全身放松就行，运动一段时间后，老人就会发现精神状态、睡眠、食欲都有所改善，这说明运动有效。“空巢老人”最好能和其他老年人在一起运动，一方面增

---

① 杨伟民，付慧鹏，刘书红，等. 社区干预对空巢老人焦虑抑郁状况的影响. 中国老年学杂志，2012（4）：813-814.

② 马力，薛鹏，沈建宇. 健走运动对农村空巢老年人心理健康的影响. 中国老年学杂志，2012（13）：2813-2814.

强运动的乐趣，避免单调乏味，另一方面还可以相互交流。

三是贵在坚持。任何运动方式都要坚持下去，才能养成习惯，一曝十寒的结果往往是前功尽弃。另外，老年人要注意合理安排锻炼的时间，早上不要太早，尤其是雾天不宜过早出门锻炼，雨天可以换其他方式，如在家慢步走、做做操等。

四是教育资源向老年人倾斜。由于过去教育资源更多的是保证青少年群体，但是随着生育率降低，青少年人口数量逐渐减少，老年人数量逐渐增加，所以在今后的教育规划上，应该把老年人的要求考虑进去，以适应老龄化社会的需求。

### （四）对孤独症儿童的体育干预

孤独症也称自闭症，是一种广泛的、先天性的发育障碍疾病。①孤独症主要有三个特征：社会交往障碍、沟通交流障碍、重复性的刻板行为。这类疾病一般发生在三岁前，孤独症儿童大多智力水平低下，感知能力、语言水平和社会交往能力存在不同程度的受损，且缺乏与他人交流的能力，部分孤独症儿童语言发育迟缓，甚至终生只能保持沉默不语的状态，即使一些有语言功能的孤独症儿童，在社会交往当中也很少使用或不使用语言。

孤独症儿童比正常儿童具有更高的心理疾病风险，且在他们刚出生不久就表现出这种特征。大多数孤独症儿童父母可以在孩子两岁前就发现异样，所以有条件的父母可以尽早进行干预，这样改善的概率也会大很多。②在生活当中，孤独症儿童经常表现出一种极端的自我封闭状态以及刻板、固执的行为倾向，他们的认知能力发展迟滞，每天只能做一些类似或一样的事情，而且对很多刺激过于敏感，无法对感觉刺激做出恰当的回应，另外，他们对于一些已经习惯的事物，常常产生非常强烈的抵抗感。有部分自闭症儿童拥有天才般的记忆能力，但大多数孤独症儿童存在一定程度的智力障碍。目前，很多研究认为孤独症儿童病情的恶化与缺乏运动有关，运动不仅能使他们的身体素质得到提高，而且运动过程中的交往环境和情境也能够为他们提供一定的学习场所。

体育活动首先为孤独症儿童创造了一个公平、自然、相互尊重的环境。他们在活动当中感觉到的是安全和自由，在情绪上感觉是松弛的，并且可以获得愉

---

① 郭德华，周群，吴连春. 孤独症儿童的心理干预. 中国儿童保健杂志，2010（4）：318-321.

② 李思特，李雪荣，张献共，等. 儿童孤独症高危因素和早期特征的回顾性分析. 中国心理卫生杂志，2002（8）：552-554.

快的情感体验。在体育活动中，他们并不会感受到传统心理治疗当中医患关系，也不会产生强烈的抵抗情绪。体育活动能够使他们不断地发现和认识自我，逐渐树立自信心，促进健全人格的发展。

体育活动对孤独症儿童的促进作用主要体现在以下三个方面。

第一，体育活动为孤独症儿童提供了非常有效的教育资源，基本身体活动包括走、跑、跳、投等，同时也发展了他们的身体基本素质。如踢球可以锻炼儿童的下肢灵活性，打篮球可以增强儿童的上肢灵敏性。

第二，体育活动可以增强孤独症儿童的体质，引导他们学会集中注意力，促进其身体平衡能力、协调能力的发展。例如，篮球、羽毛球、足球等体育活动都需要他们集中精力去注意球的动向，从而提高他们的注意能力，乒乓球可以提高他们的专注水平。在体育活动过程当中，他们需要不断地通过眼睛和耳朵判定各种位置信息，这样也提高了他们的视觉水平和听觉能力。

第三，体育活动可以增进孤独症儿童的社交能力和发展情感。很多体育活动是集体项目，在集体项目当中，每个人都需要及时地、主动地与队友、教练以及裁判员交流，交流是每个社会人的基本需要。孤独症儿童在这样的大环境下会不自觉地发展与周围人的关系，并且逐渐融入集体。为了与他人更好地交流，他们也逐渐学会合作、分享、表达与控制自己的情绪。

### （五）对抑郁症患者的体育干预

抑郁症患者经常认为自己是世界上最消极悲伤的人，其自杀率较高，因此抑郁症也被称为第一号心理杀手。抑郁症是一种心境障碍，也称情感性精神病，以显著低落心境为主要特征。大量研究证明体育运动能够调节人的心境，提高愉悦度，降低愤怒和抑郁水平，降低心理疲惫程度，从而产生平衡的心理状态。

有氧运动能有效舒缓过于兴奋的情绪，转移大脑皮层兴奋性，有效控制抑郁症的发展。例如，慢跑、游泳等有氧运动能有效改善心境和减少应激状态，从而降低抑郁症患者的焦虑状态。体育干预主要通过转移注意力、引导情感宣泄、减缓紧张程度和消除情绪障碍而使抑郁症患者达到平衡的心境，也可以增强其生活信心，帮助其改善思考方式和发展自控能力。神经心理实验研究指出，当人体处于运动状态时，主管情感的大脑右半球也处于兴奋状态，这时体育参与者会沉浸在一种愉悦氛围中，体会到成功的快感。抑郁症患者最显著的个性特点是孤僻、不合群，所以通过引导他们参与集体项目，如篮球、排球、足球等，可以提高其情绪的兴奋性，增强其与他人合作的精神。

体育锻炼作为一种积极的身心活动可以起到平定患者的情绪和提高其心理承受力的目的，从而可以减轻患者的症状。[①]在运动安排上，可以按照以下基本要求：采用心率升高到本人最高心率的70%—80%的运动强度作为标准进行锻炼。有规律地从事该强度的活动有助于情绪的改善和焦虑、抑郁情绪的控制。大多数研究认为锻炼持续时间较短是不会产生较好的心理效益的，锻炼时间过长又会使个体产生疲劳状态，只有通过合适时间身体锻炼使个体进入积极陶醉状态时才能发挥干预效果，大约为40分钟，以每周三四次为宜，最终的干预行为要根据患者的实际情况而定。虽然体育锻炼能明显减轻轻度及中度抑郁症患者的症状，但体育干预是否可以完全治愈抑郁症及有无后续反弹尚无定论。[②]

人的心理现象不是先天形成的，是个体在与客观环境相互作用下产生的，是人脑对客观现实的反映。因此，在研究抑郁症患者体育干预时，研究个体早期（即婴幼儿时期）体育对个体的影响是很有必要的，可以通过婴幼儿体育促进其各方面的发展。婴儿自出生就开始与外界直接发生关系，必须独立地进行生理活动，这是一种矛盾，这种矛盾促使婴幼儿产生主体适应客观环境，独立调节自身行为的需要，从而为其心理的发生奠定基础。婴儿一出生就开始了与客观环境之间的相互作用，从而促使心理现象发生，这是个体心理活动的起点。体育锻炼育儿就是让孩子在生理机能超出其以往的经验及能力限度科学地进行活动。

婴幼儿体育与婴幼儿心理的全面发展有着密切关系，在婴幼儿成长中的作用分三个阶段。

第一阶段，体育对感觉和知觉发展的促进。感知外界环境是婴幼儿心理发展的第一步。从刚出生到能够轻便自如地翻身这一阶段，婴幼儿以自身的感知为主，这段时间为6—8个月。婴幼儿出生后前几个月，必须注意抱孩子的方式方法，特别是年轻的妈妈可能注意不到这些常识。正确的做法是让婴幼儿的头和上体尽量垂直于地面，因为这样的抱法下，婴幼儿如果出现不适，可以自我调整姿势，在改善视觉效果的同时，颈部肌肉可以获得锻炼。假如婴幼儿的长辈经常用手托着婴幼儿的头部，这样其颈部就得不到很好的锻炼。如果不能按正确

① 温俊. 抑郁症与体育疗法. 中国临床康复，2006（46）：152-154.

② 王从江. 体育锻炼对我国普通大学生抑郁症影响的Meta分析. 成都体育学院学报，2014（3）：75-79.

的姿势对待孩子，早期对婴幼儿保护不到位，特别是新生儿容易出现颈部肌肉的损伤。

在动作发展中，人们最容易遗忘的是前庭。前庭是感觉人体运动、空间位置的最重要器官，它有三个半规管，可以感觉人体任何方向的运动和方位，即通常讲的三维空间。人体三维空间的先天培养关系到后天的平衡能力、空间智力、协调肢体能力。其中的空间智力、协调肢体能力是婴幼儿综合智力的重要组成部分，对婴幼儿后期的创造力、胆量的形成起到决定性作用。发展前庭器官最有效的方法是旋转力度。子宫里的胎儿随着母亲的运动而动，如果再加上胎动，胎儿的整体移动时间比母亲还要多，所以说外界母亲的运动加上自身的胎动，在胎儿大约 5 个月时，前庭感官基本发育完全，因此新生儿具有前庭反射。但在胎儿出生后，由于这些理论知识的缺失，出生后前几个月婴幼儿一般处于静卧不动的状态，所以先天拥有的前庭感官会损失大半。假如孩子出生后，父母能够帮助孩子做旋转的游戏，那么孩子的前庭感官就能维持较高水平。

第二阶段，体育对婴幼儿心理的影响。高级心理活动对于人脑的发育有着极其重要的作用。婴幼儿还没有学会自主爬行前，该方面的训练是很少的，一般是家人和孩子玩耍时才无意识地做些什么动作，活动的机会较少，特别是受到传统抚养孩子理论的干扰，一般认为孩子出生前几个月应该少动，可能家人陪着孩子干点什么，他们就无意识地做点什么，而自发的和自觉的思维、意志等高级心理活动较少，完整的神经传导过程很少形成，因为即使婴幼儿想做些什么，也完成不了自己的意愿，所以到后来也就较少有这个意识。8 个月左右的婴幼儿学会爬行后，自身的活动范围得到扩展，接触的人和物增多，见多识广自然就聪明了。久而久之，经过几个月的爬行到最后的独立行走，在各种复杂的条件反射相继建立起来的同时，婴幼儿的思维、意志、情感、兴趣等高级心理活动大大丰富，心理发育加快。

婴幼儿体育是发展婴幼儿智力的有效手段之一，例如发展良好的感官和神经系统能够使婴幼儿正确地感知周围事物，获得知识。身体健康的婴幼儿，精力充沛，求知欲强，愉快活泼，能主动积极地参加各种活动，这就使其能广泛接触周围环境，认识事物，从而促进智力的发展。体育活动还可以使婴幼儿注意力集中、观察敏锐、思维灵活，提高其反应的敏捷性，使其获得良好的情绪。体育活动要求婴幼儿认真遵守纪律，勇敢诚实，团结互助，这就为培养良好的品质（特别是活泼开朗的性格）奠定了基础。体育锻炼能促进幼儿的心理发展，提高适应能力；能够激发幼儿愉快的情绪，促进智力的发展；还可以转移幼儿注意力，减少幼儿不良情绪的产生，或者是使幼儿不良情绪得到适当的发泄或释放。

婴幼儿期是自我意识的萌芽时期，是人的个性最初形成阶段，在人的心理社会化的形成上可以说是一个质的变化，即开始从把自己当作客体转变为把自己当作一个主体的人来认识，从而逐步学会了对自己的最初评价。这个阶段的体育，起初是在家长的辅助下完成的，随着婴儿运动能力的发展，直到其具备基础运动能力，进而参与一些有目的的体育活动。这个阶段的体育更重要的是为婴幼儿创造更多身体练习的机会，由于每个婴幼儿这种机会的不同，他们之间存在个别差异，而这差异必将影响其心理社会化的进程。换句话说，得到充分的身体练习的婴幼儿同样得到更多培养其良好的社会适应能力，以及良好的个性品质的条件和机会。体育游戏是幼儿体育的主要形式，运动与游戏相结合是这个时期人参与体育的主要方式。借助体育游戏可以提高婴幼儿的心理，使其形成积极的个性，促进其社会化发展。在户外体育活动中，如果幼儿积极投入游戏，较短时间内掌握游戏或者活动的要领，师幼、同伴关系和谐，那么幼儿在活动中就能够游刃有余，并很容易从中获得快乐。如果情况恰恰相反，那么其情绪就会变得消极，不愿意参与游戏，甚至与其他幼儿发生冲突，消极情绪发展到极点就导致挫败感的产生。但在户外体育活动中，无论是积极情绪还是消极情绪，都能够丰富学前儿童的情绪情感经验，对幼儿情绪社会化的发展有重要意义。除引导幼儿潜在能力的发挥、促进幼儿体力的提升之外，体育游戏还是幼儿学习自我保护的能力、养成独立自主个性的主要途径，同时为幼儿创造了体验团队生活的机会，促进自我认知的发展，并且认识到社会是一个整体，增进其心理社会化的发展。例如在体育游戏中，小朋友们在一起参加身体练习，以前就有的心理距离逐步缩小，孩子越玩得高兴，越感到亲切，就会越互相信赖，并由此引发彼此之间的情绪共鸣。在游戏中受到鼓励、肯定、赞赏、支持，或得到提醒、警告、停止活动的信号，不仅使游戏中情感频繁地进行交流，还使幼儿把自己融为集体中一个不可缺少的成员，对促进其自我认知和培养自信心有重要作用。

第三阶段，初级的人际交往。语言和身体移动是婴幼儿人际交往的两个基本条件，初级的人际交往则是婴幼儿心理发展的最高阶段。与人交往时，最先决的条件是能够直立行走，直立行走能够让婴幼儿更好地使用肢体语言，婴幼儿的语言发展离不开动作。婴幼儿时期的人际交流的成败可能影响其一生的社会交往能力。作为有基本社会常识的家长，更应该让婴幼儿在科学的范围内尽早地直立行走和学会语言，并多参加集体活动，这是提高婴幼儿人际交往能力的有效方法。体育活动对婴幼儿的发展起到了关键的作用，所以这一时期的婴幼儿更应该做到“四肢发达”，只有做到“四肢发达”才可能“头脑发达”。